現代の教師と教育実践

【第2版】

宮盛 邦友【著】

学 文 社

まえがき

　本書は、子どもの権利に基づいて、現代日本における新しい公教育としての学校を構想するため、「現代の教師と教育実践」に挑戦するテキストである。
　現代の教師と教育実践を理解する際、教育・文化・福祉・心理臨床・医療・法律などの諸分野で働く専門職たちによる、「子どもの生存・成長・学習を支える新しい社会的共同」、を重視する必要がある。なぜならば、それは、教師も人間発達援助者の一員だからであり、また、教師には人間発達援助実践の中で蓄えられてきた子ども観・援助観などの経験・知見について、専門領域を越えて、交流し共有し学ぶ努力が求められているからである。このような中で、他の人間発達援助者による人間発達援助実践には解消されない、教師の仕事の独自性や教育実践の固有性、を明らかにする必要がある。
　主な構成は、次の通りである。ⅠからⅣまでは、現代の教師を「人間発達援助者」として、現代の教育実践を「人格＝認識形成学校」として、聴くことと繋がることを通して、とらえる、という本書の総論である。ⅤからⅦまでは、人間発達援助者を、生活指導・社会教育・学校教育に即して、ⅧからⅩでは、人格＝認識形成学校を、子ども・父母・地域に即して、反省的実践家による開かれた学校づくりをめざして、とらえる、という本書の各論である。全体として、「現代の教師と教育実践」を探求することを試みている。
　本書は、特に、資格課程を履修している学部学生・大学院学生を想定して書かれている。いくつかの大学で非常勤講師として担当した、教職課程・社会教育主事課程の講義・演習・実習の中での学生たちとの「対話」が、本書には反映されている。
　また、現在、資格をめぐる政策と実践・運動の動向は、非常に困難な状況にある。とりわけ、教師という資格は、将来の職業を約束するものではなくなってきている。だが、子どもの権利に基づく教師・人間発達援助者の教育実践・

人間発達援助実践は、教育の危機を希望へと変える可能性をもつものばかりであり、それを深めることは、非常に重要である。その意味で、本書を手にとった学部学生・大学院学生には、学習・研究の中で、本書で得た知を大切にしてほしいと思うし、是非、教育の仕事をめざしてほしいと願っている。

　最後に、本書の出版を引き受けて下さった、学文社、なかでも、編集部の落合絵理さんに、感謝の気持ちを申し上げ、「まえがき」を終えたいと思う。

2014年1月

宮盛　邦友

第2版にあたって

　初版から5年が経過して刊行される第2版にあたって、私の構想する「公教育論としての学校論」に変更はないが、本書をテキストとした私の講義・演習・実習における学生との対話の中から執筆された補、それから、BOOK REVIEW 11・12を追加した。Ⅵ・Ⅶは、掲載された著作の改訂にともなって初出論文をリライトしたので、それを反映させた。また、2014年の地方教育行政の組織及び運営に関する法律の改正にともなって、Xの教育委員会に関する記述を書き換えた。全体として、教育や社会の動向の変化による記述の更新や参考文献の追加などの加筆・修正をおこなった。こうして出来上がった本書は、第2版でありながらも、私の学校論・公教育論をあらためて問題提起する、というような気持ちで刊行される。多くの方々に支えられて本書が出版できることを大変にありがたく、また、うれしく思っている。

2019年2月

著　者

もくじ

まえがき　i

Ⅰ　求められる教師像・教育実践像 …………………………………………… 1
1　戦後日本教育史における教師と教育実践　4
2　反省的実践家と人間発達援助者　8

Ⅱ　人間発達援助者としての教師の専門性 ……………………………………17
1　子どもが自分自身を「語る」・声を「聴きとられる」ということと
　　子どもの声を「聴く」ということ　18
2　子どもと民衆の声を聴くことを重視してきた日本の教育実践の
　　思想的系譜　21

Ⅲ　青年期の発達課題と地球時代の教育課題 …………………………………33
1　現代社会における子ども・青年＝若者の発達と教育の現代的課題　34
2　人間発達援助者としての教師による人間発達援助実践としての
　　教育実践　39

Ⅳ　学習活動と自治的諸活動の組織化としての人格＝認識形成学校 ………49
1　人格＝認識形成学校のモデル　50
2　人格＝認識形成学校のイメージ　52
3　人格＝認識形成学校のワールド　55

Ⅴ　新しい指導・支援と人間発達援助者・教師 ………………………………65
1　生徒指導・生活指導と教育相談・カウンセリング　67
2　ゼロ・トレランスと『生徒指導提要』　69
3　子どもの権利条約と『生徒指導提要』　71
4　新しい指導・支援を実現する人間発達援助者としての教師　73

Ⅵ　教師の再編成原理としての社会教育関連専門職 …………………………79
1　フォーマルな教育としての社会教育・生涯学習　80
2　ノンフォーマルな教育としてのNPO　83
3　インフォーマルな教育としての子どもの居場所・文化活動　86

Ⅶ 教員の地位と身分 …………………………………………………… 91
　1　教員の地位と身分に関する法と制度　93
　2　教員評価と開かれた学校づくり　97

Ⅷ 子ども参加と学校づくり ……………………………………………… 103
　1　子ども参加と学校づくりの実践研究　103
　2　子ども参加と学校づくりの理論研究　110

Ⅸ 親の教育要求と学校 …………………………………………………… 117
　1　教育における「親」への着目　118
　2　親をとらえなおす二つの視点　119
　3　親の教育要求による学校づくりのポジティブとネガティブ　123

Ⅹ 地域の中の学校 ………………………………………………………… 131
　1　教育における「コミュニティ」の位置　132
　2　教育改革における「学校・地域・家庭の連携」の諸問題　135
　3　教育学・教育法学における「地域」の復権　138

補　現代の教員養成における開かれた教職の専門性について
　　教育学的な検討を加える試み ………………………………………… 145
　1　教職課程のカリキュラムをめぐって　146
　2　教員養成の型をめぐって　148
　3　教師教育の中核的な学習課題をめぐって　153
　4　教職の専門性を軸とする教育学をめぐって　158

資料編 ……………………………………………………………………… 173
　日本国憲法〔抄〕／教育基本法（旧法）／教育基本法（新法）
　児童の権利に関する条約〔抄〕／教育ニ関スル勅語
　第二次教科書裁判（検定不合格処分取消訴訟事件）第一審判決〔抄〕
　学力テスト旭川事件最高裁判決〔抄〕
　東京都君が代予防訴訟事件（国歌斉唱義務不存在確認等請求事件）第一審判決〔抄〕

索引　201

もくじ

BOOK REVIEW

1 堀尾輝久『教育を拓く―教育改革の二つの系譜』青木書店，2005年
　堀尾輝久『地球時代の教養と学力―学ぶとは、わかるとは』かもがわ出版，2005年……14

2 田中孝彦『生き方を問う子どもたち―教育改革の原点へ』岩波書店，2003年……31

3 斎藤学『「自分のために生きていける」ということ―寂しくて、退屈な人たちへ』大和書房，1997年……48

4 気附千晶・福田雅章／文、森野さかな／絵『「こどもの権利条約」絵事典　ぼくのわたしの思いや願いを聞いて！』PHP研究所，2005年……63

5 汐見稔幸『「教育」からの脱皮―21世紀の教育・人間形成の構図』ひとなる書房，2000年……77

6 浦野東洋一『開かれた学校づくり』同時代社，2003年……90

7 佐藤一子『子どもが育つ地域社会―学校五日制と大人・子どもの共同』東京大学出版会，2002年……102

8 横湯園子『ひきこもりからの出発―あるカウンセリングの記録』岩波書店，2006年……115

9 柿沼昌芳『教育法から見える学校の日常』学事出版，2005年……129

10 小島喜孝『教育改革の忘れもの―子どもにとっての学校と公共性』つなん出版，2006年……144

11 喜多明人『子どもの権利　次世代につなぐ』エイデル研究所，2015年……166

12 金崎満『検証　七生養護学校事件　性教育攻撃と教員大量処分の真実』群青社，2005年……168

I

求められる教師像・教育実践像

　みなさんは、「教育」と聞いて、どのようなことを思い浮かべるだろうか。おそらく、子ども、学校、授業、先生、といったキーワードにあらわされるようなものではないだろうか。

　しかし、教育は、子どもに対してだけおこなわれるものではなく、青年＝若者やおとな、さらには老人など、子ども期から老年期まで、生涯にわたっておこなわれているいとなみである。さらに、教育は、教師がおこなっている授業などの学校教育だけでなく、親がおこなっているしつけなどの家庭教育や、社会教育職員がおこなっている公民館などでの社会教育を含む、よりひろく大きな概念である。

　このように教育をとらえると、人間は、生涯にわたって、あらゆる機会にあらゆる場所において、成長・発達・変容・学習しながら、教育と関わる存在である、ととらえることができる。

　ここで、次のような問いが生まれてくる。それは、「教育は誰のため何のために存在し、教育学は誰のため何のためにあるのか」という問いである。

　ここで、学生の声を、二つ、紹介する[1]。

　一つは、「就職不安の中で生き方を探る」学生Xさんの声である。Xさんは、小学校や中学校の授業で、「水田のダム効果」については習っていて、そのことを、「知識」としては知っていた。しかし、「米不足」・「緊急輸入」問題、米の「自由化」問題などをどう考えたらよいか、については分からなかった。Xさんは、大学のゼミナールで、これまでもっていた「知識」を組み合わせながら、現実に起きている問題について、自分の「見解」をもつことができ、はじめて勉強ができたような気がした。そのことをふまえて、Xさんは、就職活動

の面接で、ゼミナールで学習した成果としての自分の見解と外食産業のあり方とをつないでまとめ、精一杯述べた。その結果、ある外食産業の面接で、「面白い」と評価され、採用された。その会社は、外食産業の競争の中で生き残っていくために特色を打ち出す必要があり、その一つの道として、Xさんが主張したような方向を探っていたそうである。このXさんのように、現代社会における喫緊の課題に直面して、一方で、自らの将来についての不安を募らせながら、他方で、生きていくための学びを求め、そして、学んだことを就職へと結びつけたいという願いを強めている学生がいるのである。

　もう一つは、「生活実感から出発する学習へ」向かう学生Yさんの声である。Yさんは、自分のことを、「自分の頭で考えることができない」・「でくのぼうのような人間」である、と感じて自信がもてず、そのような自分を不安に思い、悩んできた。それは、「受験体制」の中で、自分の内部に知りたい・分かりたい、というはっきりした動機がないまま、また、なぜと問うことを脇においたまま、「勉強」を続けてきた結果として形成された自信のなさであり不安であった。Yさんは、卒業論文に取り組む中で、次のようなことに気づいた。主観を排除しないと科学的認識に至らないという場合、「主観」というのは、「独断」・「偏見」といった意味合いが強い。そのことは間違ってはいないが、よく考えてみると、人間には、これこそ知りたい・こだわりたい、というような、科学的な真実の探究に向かっていく「直観」・「実感」・「主観」というものがある。「主観」と「科学的認識」を対立的にとらえて、「科学的認識」を「主観」の上に置くだけではすまないのではないか。「実感」から出発して「科学的認識」に至る、「実感」の中にあるものを論理化していく、というような認識方法・学習方法こそが重要なのではないか。このYさんのように、自分たちの生活実感の中にある問題意識の萌芽を大切にして、それを発展させる仕方で人類の基本的な課題を科学的に考える、というような、生活実感と科学を橋渡ししていく学習を求めている学生がいるのである。

　この二つの学生の声からは、個人の人間形成において教育がどのような意味をもっているか、ということと、社会の中で個人がどのように教育を主体的に

とらえかえすことができるのか、という人間・社会と教育の関係をみることができる。

　教育学では、このような人間・社会と教育の関係を、「教育の目的的規定」と「教育の社会的規定」と呼んでおり、この教育についての二つの規定は、「対立しあうと同時に、またその本質をしめして」おり、深く切り結ばれなければならないものである[2]。その意味で、この教育についての二つの規定は、「教育とは何か」という、教育の本質、教育的価値、教育の独自性、そして、教育条理を示しているのである。

　現在、教育改革をめぐる論議が活発におこなわれており、多様な見解が存在している。この論議では、それぞれの論者による、「教育とは何か」という多様な見解が示されている、と理解することができる。

　このような中で、現代に求められている教育学をどう構想するのか。それにあたっては、教育の担い手としての教師による教育実践を深めることが、大変重要である。教育実践とは、「社会によってつくりだされた、人々をめぐる外的・内的諸矛盾に働きかけ、彼らの能力と人格の望ましい発達の原動力をつくり出すような、直接的・間接的働きかけのことである」[3]と定義されているが、「人間の本質とは、現実には、社会的諸関係の総体である」[4]ということから考えると、教育実践の分析は、人間科学・社会科学・自然科学を総合化して取り組まなければならない、ということになる。そう考えると、このような、教育の本質を内に含み、教師による教育実践を対象とした教育学を、「総合的人間学としての教育学」として構想することができるのではないだろうか[5]。

　以上のようなことをふまえて、本章では、「教育は誰のため何のために存在し、教育学は誰のため何のためにあるのか」という問いへの答えを模索すべく、学校論の中心的な研究課題である、現代において求められている教師と教育実践について、考えてみることにしたい。

1　戦後日本教育史における教師と教育実践

　戦後日本教育史の中で、教師はどうとらえられてきたのだろうか。また、教育実践はどうとらえられてきたのだろうか。このことを、戦後改革・戦後史・地球時代を通して、概観することにしたい[6]。

(1) 戦後改革の中から

　戦後日本の教育の特徴を明らかにする場合、戦前日本の教育との対比でとらえる必要がある。その際、「断絶と連続の構造」[7]として把握することが重要である。

　戦前日本の教育[8]は、「大日本帝国憲法・教育勅語体制」というような教育システムにのっとって運営・整備されていた。教育は、天皇にとってのよき臣民(公民)となるためにおこなわれることから、大日本帝国憲法という法によって規定されるものではなく、教育勅語(1890年)[9]という超法規的な勅令によって規定されていた。つまり、戦前日本の教育は、「義務としての教育」であり、「公民教育」がおこなわれていたのであった。その中で、教師は、天皇のエージェントとして教育活動を組織化していた。自由民権運動や大正デモクラシーなどの中で、子どもの権利や学校の公共性の実現をめざす教育実践も展開されてはいたが、それは、ごく一部の取り組みであり、全体としては、総力戦体制の中で、戦争のための教育実践が取り組まれた結果、1945年8月15日を迎えたのであった。

　それに対して、戦後日本の教育[10]は、「日本国憲法・教育基本法法制」というような教育システムとして成立した。戦後改革の中で、教育は、日本国憲法(1947年)第26条［教育を受ける権利］において、「すべて国民は、法律の定めるところにより、その能力に応じて、ひとしく教育を受ける権利を有する」と規定され、これに基づいて制定された、教育基本法(1947年)[11]第1条(教育の目的)において、「教育は、人格の完成をめざし、平和的な国家及び社会の形成者

として、真理と正義を愛し、個人の価値をたつとび、勤労と責任を重んじ、自主的精神に充ちた心身ともに健康な国民の育成を期して行われなければならない」と規定され、法の精神に基づいて教育が取り組まれることとなった。さらに、学校教育制度は、戦前日本の教育が複線型学校体系であったのに対して、単線型学校体系となり、6・3・3制という新しい学制の制定や学習指導要領の作成(1947年)など、新しい教育を模索し始めた。つまり、戦後日本の教育は、「権利としての教育」であり、「人間教育」がおこなわれることとなったのであった。その中で、教師は、真理のエージェントとして教育活動を組織化することとなった。社会科、コア・カリキュラム、平和教育、生産教育など、子どもの権利と学校の公共性の実現をめざす教育実践を展開しようとし、それらは、主として、教育科学研究会、コア・カリキュラム連盟など、民間教育研究運動に参加する教師たちによって担われていたのであった[12]。

(2) 戦後史の中から

　戦後改革の中で成立した教育システムは、間もなくすると、戦後改革を否定する仕方で社会システムが再編されるのにともなって、「日本国憲法・教育基本法法制」の空洞化として進行していくこととなる。

　1950年代になると、教師の政治的活動を制約し、教育実践の自由を抑制することを意図した、教育の中立性に関する二法律(1954年)が成立し、公選制教育委員会を規定した、教育委員会法(1948年)を廃止して、任命制教育委員会制度を規定した、地方教育行政の組織及び運営に関する法律(1955年)が成立した。また、学習指導要領の改訂(1956年)によって、これまで試案であった学習指導要領は、法的な拘束力をもつものとして運用されることになった。この他にも、教員の勤務評定、全国一斉学力テスト、教科書検定などにみられるように、いわゆる、「国家の復権」によって国家と教育の関係が変化し、その中で、国家による教育の中立性の名の下に、教師の教育の自由や教育実践の自由が奪われようとしていったのである。

　このような国家と教育の関係をめぐる問題は、教育裁判[13]へと発展してい

った。代表的な教育裁判としては、家永三郎教科書検定訴訟(1965-97年)がある。歴史学者である家永は、自らが執筆した高校の日本史の教科書が、教科書検定で不合格となり、そのことによる精神的苦痛に対して損害賠償を請求する、という訴訟を第三次まで起こした。この教科書裁判を通して、教師の教育の自由や教育実践の自由のもつ意味が深められていったのである。

そして、教科書裁判や学力テスト裁判をはじめとする教育裁判の中で生まれた戦後の教育学・教育法学の理論が、「国民の教育権論」[14]である。国民の教育権論は、生涯にわたる発達と学習の権利と子どもの権利という思想によって成り立つ理論であり、広義には、「教育の当事者である子ども、親、教師、国民、国家等の、教育に関する権利・義務、責任と権限の関係の総体」であり、狭義には、「教育する権利(権能ないし権限)」[15]と定義されている。国民の教育権の構造は、国民主権を前提として、子ども・青年＝若者の学習権を基軸におき、それを保障・救済する親の教育責務とその信託、そして、信託された学校と教職員集団の権限と責務を規定し、それらに対する地方教育行政と地域住民の責任、さらに国の責任を問題とする、という内容である。

その後、中央教育審議会答申「今後における学校教育の総合的な拡充整備のための基本的施策について」(1971年)、臨時教育審議会第1～4次答申(1984-87年)、教育改革国民会議最終報告(2000年)にはじまる教育基本法改正問題(2006年改正)など、教育改革提言が矢継早に提出され、また、東京都の高校教員による国旗・国歌予防訴訟に象徴されるように、戦後改革の中で成立した教育システムは、能力主義教育、さらに、教育の国家統制を内在化した新自由主義教育へと変容していっている[16]。このような背景には、登校拒否・不登校、少年非行、児童虐待などの、いわゆる子ども問題が顕著になったことがあげられるが、教育改革は、この子ども問題に対応するために、専門職支配という考え方に基づいて対応しようとした教師の専門性を疑いながら、次々とすすめているのである[17]。

Ⅰ　求められる教師像・教育実践像

(3) 地球時代の中から

　戦後、新しい平和な国際秩序をどうつくるのか、という観点から、国際連合やUNESCOなどがつくられた。

　国連は、世界人権宣言（1948年）を採択し、その第26条において、「教育を受ける権利」を規定した。この世界人権宣言を受けて、国連は、子どもの権利に関する宣言（1959年）を採択し、原則7において、「子どもの教育に関する権利」を規定した。その後、国連は、世界人権宣言を発展させた国際人権規約（経済的、社会的及び文化的権利に関する国際規約：A規約、市民的及び政治的権利に関する国際規約：B規約）（1966年）と、子どもの権利宣言を発展させた子どもの権利条約（1989年）[18]を採択し、国際人権規約（A規約）第13条において、「教育についてのすべての者の権利」を規定し、子どもの権利条約第28条において、「教育についての子どもの権利」を規定した。国連における「権利としての教育」は、「宣言から条約へ」と展開しているのである。

　また、ILO・UNESCOは、特別政府間会議において、「教員がこの役割にふさわしい地位を享受することを保障することに関心をもち、〔中略〕教員の地位に関してすべての国々で同じような問題が起こっており、〔中略〕教員にとくに関連する諸問題に関した諸規定によって現行諸基準を補足し、また、教員不足の問題を解決したいと願い」とうたった教員の地位に関する勧告（1966年）を採択し、UNESCOは、国際成人教育会議において、「学習権とは、読み書きの権利であり、問い続け、深く考える権利であり、想像し、創造する権利であり、自分自身の世界を読みとり、歴史をつづる権利であり、あらゆる教育の手だてを得る権利であり、個人的・集団的力量を発達させる権利である」とうたった学習権（1985年）を採択した。UNESCOは、勧告・宣言という仕方で、「権利としての教育」を保障・救済しているのである。

　このように、戦後改革の中で成立した「権利としての教育」は、国際社会における教育に関する条約・宣言・勧告[19]の精神と合致するものであり、それと同時に、条約・宣言・勧告は、「権利としての教育」をより豊かに解釈する契機ともなっている。教育を人権としてとらえる国際的な動向と日本の教育を

重ねて考えると、日本の教育システムは、「日本国憲法・教育基本法・国際人権条約法制」ととらえることができるのである。

2 反省的実践家と人間発達援助者

　これらをふまえた上で、現代において求められている教師像と教育実践像とは、どのようなものだろうか。ここでは、戦後日本教育史における教師と教育実践をふまえたうえで、現代にふさわしい教師像と教育実践像として提起されている、「反省的実践家としての教師」と「人間発達援助者としての教師」を概観してみることにしたい[20]。

(1)「反省的実践家としての教師」と「学びの共同体」
　第一は、「反省的実践家としての教師」[21]についてである。
　反省的実践家としての教師とは、教職を高度の専門職と規定するが、その根拠を科学的な知識や技術に求めるのではなく、実践場面における省察と反省を通して形成され機能する実践的な知見と見識に求め、官僚的な制度化に対抗して民主的な自律性を主張し、生徒や親や同僚や他の専門家との協同関係を築きあげて、科学的技術では解決できない複雑で難解な問題の解決に創造的に立ち向かっている教師像のことである[22]。
　反省的実践家としての教師は、「子どもたちが学び育ち合う場所とするだけでなく、教師たちも教育の専門家として学び育ち合う場所〔中略〕であり、親や市民も学校教育に参加して学び育ち合う関わりを築く〔中略〕教育行政の人々も学校の改革に協力して学び育ち合う関わりを築く」[23]というような、「学びの共同体」をつくるために、実践的知識を高め、専門的な成長のために、医者が臨床研究を、弁護士が判例研究をおこなうように、「授業の臨床研究（事例研究）」をおこなう必要がある[24]。
　佐藤学は、このような教師のもつ教職の専門性の内実について、①子どもの学習と発達を個性的に理解し生き生きとした人間的な関係を取り結ぶこと、②

教科内容（学問や文化）を教材に翻案し方法的に組織して、授業に構成し展開すること、③子どもの学習活動を触発し対応し援助すること、④授業の経験を反省的に検討し、他者の授業からも学びながら、実践と研究を専門的に高めること、⑤同僚とともに学校の運営に参加し、学校全体の専門的力量の向上に努めること、という五点を指摘している[25]。

反省的実践家としての教師という理念に基づいて、神奈川県茅ヶ崎市にある浜之郷小学校をはじめとする全国各地で、学びの共同体を軸とした教育実践は展開されている[26]。

このようなことから、反省的実践家としての教師は、教職の専門家であると同時に、カリキュラム・教育内容の専門家でもあり、学校経営の専門家でもあるといえるだろう。

(2)「人間発達援助者としての教師」と「子ども理解のカンファレンス」

第二は、「人間発達援助者としての教師」[27]についてである。

人間発達援助者としての教師とは、教育・福祉・医療・心理臨床・文化・社会教育などの諸分野で、生活と成長の過程で問題や困難に直面している子どもたちやおとなたちを支えて働いている、子どもの人間発達援助の専門家の一員であり、同時に、子どもの生存・成長・学習を支える人間関係をその子のためにコーディネートする役割をあわせもつ教師像のことである[28]。

人間発達援助者としての教師は、子ども理解を深めることを軸に、教師同士の支え合う関係を強めていくために、一人ひとりの子どもについて相談する会議である、「子ども理解のカンファレンス」をおこない、このカンファレンスの積み重ねを軸に、学校づくりの努力をすすめていく必要がある。子ども理解のカンファレンスのもつ意味は、「教育実践の質を左右する子ども理解のセンスを鍛えあう」、「『共通理解』と『個性的理解』を同時に深める」、「子どもとともに生きている周囲の人々への関心を広げる」、である[29]。

田中孝彦は、このような教師像の特徴について、「何よりも、子どもの生命を守り育む。そして、子どもたちがより良く生きるために文化を学べるように、

学習の指導を行う。そして、地域の父母・住民や諸領域の『発達援助専門職』の人々と相談しながら、学校を運営していく。そういう人間発達援助の専門家が現代の教師である」と、このような教育実践像の特徴について、「『子どもたちが安心して生きるための根拠地』『より良く生きるために文化を学ぶ場所』『父母・住民と相談しながら運営していく場所』──〔中略〕私は、私たちが共通に目指している学校像と言ってよいような普遍的な内実を含んでいる」[30]と指摘している。

人間発達援助者としての教師という理念に基づいて、北海道や山梨県や兵庫県などをはじめとする全国各地で、子ども理解のカンファレンスを軸にした教育実践は展開されている[31]。

このようなことから、人間発達援助者としての教師は、「授業者」であるだけでなく、子どもの人間発達を援助する「教育者」でもあるということができるだろう。

(3) 人権としての教師、民主主義としての教育実践

現代に求められているこの二つの教師像と教育実践像に共通することは、教師の仕事を人権主体としての専門職と把握し、教育実践の質的向上のために、民主主義として同僚性を形成して、お互いの話を繰り返し聴き合う、ということである。そして、ここで大事なのが、教師の「学びの精神」であり、教師自身が、自己理解を通して、自己教育主体となる必要がある、ということである。

すなわち、生存・成長・学習の当事者である子どもの声を聴くことを通して、教育観を深める、という、「子どもの権利の再定義」に基づいて、人間発達援助のためにつながりあって経験と知見が交流され共有されることを通して、学校の公共性を創りだす、という、「教育基本法の再発見」という二つの基軸から構成される、「開かれた教職の専門性」が、いま、求められているのではないだろうか[32]。

〈注〉
（1）詳しくは、田中孝彦「大学教育の実践者として考える」『生き方を問う子どもたち　教育改革の原点へ』岩波書店，2003年、参照。
（2）勝田守一「教育の概念と教育学」『勝田守一著作集6　人間の科学としての教育学』国土社，1973年，420-421頁、参照。
（3）坂元忠芳「教育実践と教育科学」『子どもとともに生きる教育実践』国土新書，1980年，27頁。
（4）カール・マルクス「フォイエルバッハにかんするテーゼ」（1845年），フリードリッヒ・エンゲルス著（松村一人訳）『フォイエルバッハ論』岩波文庫，1960年，89頁、参照。
（5）堀尾輝久『人間形成と教育―発達教育学への道』岩波書店，1991年、堀尾輝久『教育入門』岩波新書，1989年、堀尾輝久『現代教育の思想と構造―国民の教育権と教育の自由の確立のために』岩波書店，1971年、参照。
（6）戦後日本教育史を概観したものとしては、堀尾輝久『日本の教育』東京大学出版会，1994年、佐藤広美編『21世紀の教育をひらく―日本近現代教育史を学ぶ』緑蔭書房，2003年、など参照。
（7）堀尾輝久「戦後改革をどうとらえるか―その断絶と連続の構造」，前掲『日本の教育』、参照。
（8）戦前日本の教育については、堀尾輝久『天皇制国家と教育　近代日本教育思想史研究』青木書店，1987年、など参照。また、個別研究については、中野光『大正自由教育の研究』黎明書房，1998年、寺崎昌男『増補版　日本における大学自治制度の成立』評論社，2000年、斉藤利彦『競争と管理の学校史―明治後期中学校教育の展開』東京大学出版会，1995年、など参照。
（9）教育勅語については、山住正己『教育勅語』朝日新聞社，1980年、など参照。
（10）戦後日本の教育については、海後宗臣監修『戦後日本の教育改革』全10巻，東京大学出版会，1975年、など参照。また、個別研究については、『勝田守一著作集第一巻　戦後教育と社会科』国土社，1972年、『梅根悟著作選集6　コア・カリキュラム』明治図書，1977年、『宗像誠也教育学著作集第5巻　平和と教育と学問』青木書店，1975年、『宮原誠一教育論集第一巻　教育と社会』国土社，1976年、など参照。
（11）教育基本法については、堀尾輝久『いま、教育基本法を読む　歴史・争点・再発見』岩波書店，2002年、宮盛邦友『戦後史の中の教育基本法』八月書館，2017年、など参照。
（12）民間教育研究運動については、川合章『教育研究　創造と変革の50年―人間の教育を求めて』星林社，1999年、など参照。
（13）教育裁判については、堀尾輝久『新版　教育の自由と権利―国民の学習権と教師の責務』青木書店，2002年、堀尾輝久『教育に強制はなじまない　君が代

斉唱予防裁判における法廷証言』大月書店，2006年、など参照。
(14) 国民の教育権論については、堀尾輝久『人権としての教育』岩波書店同時代ライブラリー，1991年、兼子仁『教育法〔新版〕』有斐閣，1978年、戸波江二・西原博史編著『子ども中心の教育法理論に向けて』エイデル研究所，2006年、など参照。
(15) 堀尾輝久「国民の教育権の構造―子どもの学習権を中軸として―」前掲『人権としての教育』，121頁，参照。
(16) 現代教育改革については、堀尾輝久『教育を拓く　教育改革の二つの系譜』青木書店，2005年、佐貫浩・世取山洋介編『新自由主義教育改革　その理論・実態と対抗軸』大月書店，2008年、レオナード・J・ショッパ著（小川正人監訳）『日本の教育政策過程―1970～80年代教育改革の政治システム』三省堂，2005年、など参照。
(17) 1970年代以降の子ども問題については、民主教育研究所編集『年報第7号　現代の子どもと教育実践』，2006年、など参照。
(18) 子どもの権利条約については、三上昭彦・林量俶・小笠原彩子編『子どもの権利条約　実践ハンドブック』労働旬報社，1995年、子どもの権利条約市民・NGO報告書をつくる会編『国連子どもの権利委員会への市民・NGO報告書　"豊かな国"日本社会における子ども期の喪失』花伝社，1997年、など参照。また、子どもの権利論については、堀尾輝久『子育て・教育の基本を考える―子どもの最善の利益を軸に』童心社，2007年、福田雅章『日本の社会文化構造と人権　"仕組まれた自由"のなかでの安楽死・死刑・受刑者・少年法・オウム・子ども問題』明石書店，2002年、宮盛邦友「教育における〈政策と運動〉論の再構築―子どもの権利条約第44条【締約国の報告義務】および第45条【委員会の作業方法】に基づく日本政府と市民・NGO間の〈社会的対話〉を中心に」『東京大学大学院教育学研究科紀要』第46号，2007年、など参照。
(19) 国際社会における教育に関する条約・宣言・勧告については、堀尾輝久・河内徳子編『平和・人権・環境　教育国際資料集』青木書店，1998年、永井憲一監修・国際教育法研究会編『教育条約集』三省堂，1987年、など参照。
(20) 教師教育については、日本教師教育学会編『講座教師教育学』Ⅰ－Ⅲ，学文社，2002年、など参照。
(21) 反省的実践家については、佐藤学『教師というアポリア―反省的実践へ』世織書房，1997年、佐藤学『学校改革の哲学』東京大学出版会，2012年、佐藤学『学校を改革する　学びの共同体の構想と実践』岩波ブックレット，2012年、佐藤学『学校見聞録　学びの共同体の実践』小学館，2012年、勝野正章『教員評価の理念と政策―日本とイギリス』エイデル研究所，2003年、ドナルド・ショーン著（佐藤学・秋田喜代美訳）『専門家の知恵―反省的実践家は行為しながら

考える』ゆみる出版，2001年、など参照。
(22) 佐藤学「教師文化の構造」前掲『教師というアポリア』，93頁。
(23) 佐藤学「改革の指針」『教育改革をデザインする』岩波書店，1999年，129頁、参照。
(24) 佐藤学「教師の実践的な見識を高めるために　授業の臨床研究へ」前掲『教師というアポリア』，174-177頁、参照。
(25) 同上，179頁，参照。
(26)「学びの共同体」の実践研究としては、佐藤学『学校の挑戦――学びの共同体を創る』小学館，2006年、など参照。
(27) 人間発達援助者については、田中孝彦『人が育つということ』岩波書店，1994年、田中，前掲『生き方を問う子どもたち』、田中孝彦『子ども理解――臨床教育学の試み』，岩波書店，2009年、田中孝彦『子ども理解と自己理解』かもがわ出版，2012年、ジュディス・L・ハーマン著（中井久夫訳）『心的外傷と回復〈増補版〉』みすず書房，1999年、など参照。
(28) 田中孝彦「子どもを支える共同関係を結ぶ」・「教師と学校の役割を探る」前掲『生き方を問う子どもたち』，106-107・121頁、田中孝彦「『子ども理解』の今日的課題と臨床教育学」田中孝彦・筒井潤子・森博俊『教師の子ども理解と臨床教育学』群青社，2006年，37頁。
(29) 田中，前掲「『子ども理解』の今日的課題と臨床教育学」，42-56頁、など参照。
(30) 同上，41-42頁。
(31)「子ども理解のカンファレンス」の実践研究としては、田中孝彦編著『現代の発達援助実践と教師像』群青社，2008年、など参照。
(32) 子どもの生存・成長・学習を支える新しい社会的共同については、宮盛邦友編著『子どもの生存・成長・学習を支える新しい社会的共同』北樹出版，2014年、参照。

『教育を拓く──教育改革の二つの系譜』
　　堀尾輝久,青木書店,2005年

『地球時代の教養と学力──学ぶとは、わかるとは』
　　堀尾輝久,かもがわ出版,2005年

　教育学・教育法学を代表する堀尾輝久が、二冊の本を上梓した。

　一冊は、『教育を拓く』である。本書は、堀尾が、1970年代以降、今日までに書いた論文や講演から、「教育改革」に関わるものを選んで構成した本である。政府・文部(科学)省あるいは経済界の多様な教育改革に対して、子ども・青年＝若者の人間的成長・発達と子どもの権利という一貫した思想を対置する中で、公教育や教育の公共性を構想している教育改革論である。

　もう一冊は、『地球時代の教養と学力』である。本書は、堀尾が、「地球時代」に関して考え、話してきたいくつかの講演などを基にして、再構成し、大幅に加筆した本である。現代を地球時代としてとらえ、その入口を1945年として時期区分し、どのような教育の課題があるのか、そこでの教養・学力とは何か、学ぶ・分かるとはどういうことなのか、といった問題を、現代思想としての「共生」を軸にして展開した地球時代論である。

　この二冊は、この10年ほど、堀尾が展開してきた教育学論・教育法学論であり、また、中央大学時代に堀尾が講義してきた「教育法」(教育改革論)・「国際・比較教育学」(地球時代論)に対応しており、その集大成でもある。また、教育改革論は教育政策批判が、地球時代論は発達論・学習論をふまえた未来創造が論じられており、両書を一体のものとして読むことによって、堀尾の教育の全体像を知ることができる。両書の関係は、「批判と創造」にとどまるものではない。おとなを含むすべての人が、平和・人権・環境・共生という地球時代の教育課題を問い・学び・理解し、「開かれた学力・教養」をもつことを、地球時代は要請している。その教育改革主体は、現代の教育改革を積極的に担うことになるのである。この意味において、両書は、現代における教育本質論・教育条理論を展開しているということができる。

　また、両書に貫かれている視点は、「子どもの権利」である。現在の教育改革論議において、子どもの権利を正面にすえた議論は、堀尾以外になく、非常に重要である。さらに、堀尾は、子どもの権利をただ繰り返し唱えているのではなく、その時代ごとの教育改革論に対して、児童権利宣言・国際児童年・子どもの権利条約などの国

際的な動向をふまえて、堀尾が向き合っていた子ども・青年＝若者や、彼ら・彼女たちの成長・発達を支える教育実践に学ぶ中で、理論構築をしてきた。例えば、能力主義教育に対して、子どもの学習権を対置する形で、堀尾が理論的・実践的に子どもの権利を深めてきたところに、その問題意識をうかがいしることができる。現在の教育改革論に対しても、子どもの学習権だけでなく、「子どもの権利とは何か」という視点から、子どもの権利を全体としてとらえることを通して、子どもの権利を深めてきたことが分かる。このようにして、堀尾は、子どもの権利の内容を、歴史的に豊かに発展させてきているのである。

　しかし、両書にとっては、アクチュアルな問題である義務教育改革などにどう対抗できるか、という課題は残っている。義務教育費国庫負担制度に関して、教育の論理ではなく政治や経済の論理で議論がすすめられていることにあらわれているように、理念と現実の解離が大きく存在している。堀尾の教育改革論・地球時代論では、これらは読み解けないかのようにも見える。このことをもう一歩深めてみると、そもそも、教育権論が、家永三郎教育裁判をはじめとする教育裁判や、社会教育実践を基礎とする社会教育論などの現実との関係で発展してきたことを考えれば、堀尾の教育改革論・地球時代論は、教育法社会学的研究や質的研究など、現実から立ち上げる理論とは順接的であり、堀尾の教育学・教育法学、すなわち教育法哲学に学ぼうとするならば、現実からの理論を構築することによって、本書の意味を再確認することができると思われる。

　義務教育改革や学力問題などが叫ばれる今日、まさに時宜にかなった実践的理論書であり、両書を併せて読む時、そこに、堀尾輝久教育学・教育法学の新たな地平が切り拓かれていることに気がつくのである。　　　　　　　　　　（2005年12月）

人間発達援助者としての教師の専門性

　子どもの権利条約は、1989年11月20日に、国連総会において全会一致で採択されたが、その第12条（意見表明権）には、次のようなことが書かれている。

　　1　締約国は、自己の意見を形成する能力のある児童がその児童に影響を及ぼすすべての事項について自由に自己の意見を表明する権利を保障する。この場合において、児童の意見は、その児童の年齢及び成熟度に従って相応に考慮されるものとする。
　　2　このため、児童は、特に、自己に影響を及ぼすあらゆる司法上及び行政上の手続において、国内法の手続規則に合致する方法により直接に又は代理人若しくは適当な団体を通じて聴取される機会を与えられる。

　子どもの意見表明権の解釈の仕方としては、子どもと子どもに日常的に接する親やおとな全体に流れる、「〈interactive〉（主体的な交流）と表現される質の関係」を権利としてとらえるというものであり、子どもが自由に意見を表明する権利と、表明された権利を適切に重要視するおとなの義務がある、というものである[1]。
　意見表明権は、従来、手続的権利、子どもの自己決定的な権利の行使に道を開く権利、市民的権利、子どもの参加の権利、と理解されてきたが、この間の国連・子どもの権利委員会の動向や国際的な発達理論研究の展開をふまえて、「人間関係的権利論」として理解されるようになったのである。
　人間関係的権利論としての意見表明権を具体化しようとする動きは、教育・福祉・医療・心理臨床・文化・社会教育などの諸分野において、「子どもの声

を聴く」という仕方でひろがりをみせており、特に、諸分野に数多く存在する教師・ソーシャルワーカー・医者・カウンセラー・弁護士などの人間発達援助者たちは、「子どもの声を聴く」ことをその専門性として重視している。このような動きは、「子どもの権利の民衆的自覚の動き」(2)と呼ぶことができるものである。

そもそも、現代において、なぜ、「子どもの声を聴く」ということが重要なのだろうか。そのことを問われると、理由を説明することができる人は必ずしも多くないのではないだろうか。

現代の人間発達援助者の中核的な専門性ととらえられている「聴く」とはどういうことなのか。また、子どもにとって自分自身を「語る」・声を「聴きとられる」とはどういうことなのか。

本章では、子どもが自分自身を「語る」・声を「聴きとられる」ことの意味と、人間発達援助者が子どもの声を「聴く」ことの意味を深め、人間発達援助者の一員である教師が、「聴く」ことを軸とした教育実践に取り組んできた歴史をみていきたいと思う。

1 子どもが自分自身を「語る」・声を「聴きとられる」ということと子どもの声を「聴く」ということ

「子どもの声を聴く」ということは、「当事者の声を聴く」ということである。「当事者の声を聴く」ということは、当事者の声を記録することを通して、当事者のもっている自己観・他者観・世界観などを明確にして、生活史や自己形成史などの事実を質的に解明していき、当事者自身が自分の人生を決めることを援助する作業でもある。

語りを聴く方法として、ライフサイクルにおけるアイデンティティを記述しようとしたライフヒストリー研究の古典であるエリック・ホーンブルガー・エリクソン『老年期』、近年のナラティブ・セラピーの動きにも影響を及ぼしている医療人類学の開拓者のアーサー・クラインマン『病いの語り』、精神医学・

臨床心理学の注目すべき古典的作品であるフランク・パトナム『解離』、などを読むと、「語る」・「聴きとられる」ことと「聴く」ことが相互に連関していることに改めて気づく[3]。

「語る」・「聴きとられる」ことと「聴く」こととの意味を深めるために、ここでは、内田義彦『読書と社会科学』とジュディス・ハーマン『心的外傷と回復』を読んでみることにしたい。

(1) 内田義彦『読書と社会科学』を読む

経済学史の研究者である内田義彦は、『読書と社会科学』(1985年)[4]において、読書論を展開しているが、その内容は、子どもの声をいかに聴くか、聴きとった声をどのように理解するか、について考える手がかりとなるものである[5]。その中で、内田は、次の重要な二点の指摘をしている。

第一は、「話し上手」になるよりも「聴き上手」になることである。内田は、「魂がさまたげを排除しながら伸び育ってゆく時の充実し満たされた情念」という意味で、読書会が楽しくなるためには、「報告をし発言した人が、私の下手な話をよくもこうまで聴きとって下さった、本当はそう思っていてうまく言えなかったんだというように事が運べば、そのような聴き上手に皆がなり、聴き上手を得て皆の考えがそれぞれに伸びてゆけば、万事目的は達する」のであり、「皆が下手に『話し上手』になって、結果として話し下手の人の口ごもりながらの発言を圧倒するようになることこそ、避けるべき」である、と述べている[6]。これを「子どもの声を聴く」ということにひきつけると、魂がさまたげを排除しながら伸び育っていく時に充実し満たされるために、子どもは声を聴きとられる必要があり、聴き手が話し上手になってしまって子どもの声を圧倒しないようにして、子どもがうまく言えなかったことを聴き上手になって聴く、ということが大事である、と理解することができる。

第二は、「共通理解」と「個性的理解」についてである。内田は、読書会で本をくりかえし読んでいくと、「恣意的であったものが正確な読みで正されてくる面」と「平面な共通認識〔中略〕が、〔中略〕次第に個性的になってくる

面」があり、「この二つの、見かけ上対立する方向の深化は、ともに、正確な理解に不可欠なのであって、何れかを欠けば認識の深化はとまる」、と述べている[7]。これを「子どもの声を聴く」ということにひきつけると、聴きとった子どもの声を、恣意的ではなく正確に理解することと、個性的に認識すること、が大事である、と理解することができる。

　このように、内田の『読書と社会科学』は、子どもの声を聴くことの意味と子どもの声を聴く際の態度、聴きとった子どもの声の理解の仕方を考えさせられるものである。

(2) ジュディス・ハーマン『心的外傷と回復』を読む

　精神医学の領域で仕事をしているジュディス・ルイス・ハーマンの代表作である『心的外傷と回復』(1992年)[8]は、外傷後ストレス障害(PTSD)とその治療の方向性について論じている書である[9]。ハーマンは、この書について、「本書はつながりを取り戻す本である。〔中略〕本書はコミュニケーションにかんする本である」[10]と述べている。

　「第一部　心的外傷障害」について。戦争、レイプ、監禁、児童虐待などのように、「生命を脅かし、身体の統一性を脅かす。〔中略〕暴力と死とに直接に個人が遭遇する」と、権力をもたない者が苦しむ「心的外傷」を受け、被害者は、「圧倒的な外力によって、無力化、孤立無援化されている」、という。そして、PTSDの症状として、「過覚醒」・「侵入」・「狭窄」がみられるようになり、「〈自分以外の人々との関係において形成され維持されている自己〉というものの構造を粉砕する」[11]ようになる。

　「第二部　回復の諸段階」について。「回復」とは、「被害者に力と自己統御とを奪回すること」であり、それは、「人間関係の網の目を背景にしてはじめて起こ」るとしている。回復の展開としては、第一段階が、身体と環境の統御による「安全」、第二段階が、被害経験者が外傷のストーリーを語るという「想起と服喪追悼」、第三段階が、自分を支える信念を改めて発見するための他者や通常生活との「再結合」、である。そして、被害者は、「私は私自身の持ち主

Ⅱ　人間発達援助者としての教師の専門性

だ。これは確かだ」・「自分がなりたい人間になる」のであり、やがて、グループの中で、「人間の共世界に再加入しはじめる」(12) ようになる。

「被害者の声を聴く」ということを「子どもの声を聴く」に置き換えて考えてみると、権利侵害にあっている子どもたちは、無力感・孤立無援感に陥っているが、安全が保障され、権利侵害の出来事をくりかえし語り、それを聴きとられることによって、対人関係や社会関係を再結合する、と解釈することができる。

このように、ハーマンの『心的外傷と回復』は、心的外傷のメカニズムと回復のプロセスを通して、子どもの声を聴くことが子ども自身の主体性をつくりだす、ということを考える契機となるものである。

2　子どもと民衆の声を聴くことを重視してきた日本の教育実践の思想的系譜

　子どもが人間主体となるためには、その子どもが自分自身を語り、声を聴きとられる必要があり、人間発達援助者は、子どもの声を聴きとるに際して、共感的態度をもって向き合わなければならない、ということを確認してきた。このような「子どもの声を聴く」ことの意味を日本の教師たちが自覚したのは、子どもの権利条約が登場してからのことではなく、戦前の教育にまでさかのぼることができる。教師は、語りを聴く、綴方を読む、生活を記録する、などの、子どもの声を聴きとる教育実践をおこなってきており、教育実践記録という遺産がある(13)。

　ここでは、聴くことを軸とした教育実践である、柳田国男民俗学の方法、学校教育における生活綴方、社会教育における生活記録運動・自分史づくり、をみていくことにしたい(14)。

(1) 柳田国男民俗学の方法

　柳田国男の民俗学とは、「黙々と民衆の生活――それも歴史の中で民衆自身に

よって蓄積された風俗、習慣、行事や生活組織の中にわけいって、民衆の意識や行動の内面への認識を深めていく一つの科学運動の展開」[15]のことである。

　教育学において、柳田民俗学を積極的に受容した大田堯は、民衆の子育てなどを中心に教育の習俗研究をおこない、「種の持続としての教育」を提起した[16]。大田は、教育の習俗研究の基礎をなすものとして、1950年代に、柳田民俗学の方法と重なる、共同学習や生活記録を用いて、「ロハ台」(＝無料ベンチ)の教育実践[17]をおこなっていた。共同学習を用いた教育実践については、「『共同学習』も、現在の時点からみれば重要な学習方法の結実であり、学習方法や組織のあり方としても再評価されるべき意義を内包して」[18]いる、と指摘されている。

　ロハ台の教育実践は、1954年2月から1956年6月ごろにかけて、埼玉県浦和市西堀という農村で、「オイソレ連中」という青年を対象とした青年学級において取り組まれていた。青年学級の教師として大田が、チューター(助言者)として正木欽七が関わっていたが、大田は、ロハ台での青年の語りを、文集「ロハ台」として記録し、青年たちは「回覧ノート」をつくっていた。

　ロハ台では、「彼らが暗い家と部落からのがれたわずかな空間であるロハ台で考えたりしゃべったりしたこと、そういう雰囲気を青年学級の中にもちこんできて、口で表現したものを文字化して、生活の問題として考え合っていく」ということがおこなわれており、大田は、「そういう学習の中で私も学び、彼らも学ぶという経験をしたのです」[19]、と回想している。

　ロハ台の教育実践の意義としては、「自分というものをそれをとりまく現実とのかかわりの中で、本音として吐露する。そのことで自分と現実とを直視する。人びとの前に表現することと直視することとは、いわば同時に成立するともいえましょう。密室の独白ではありません。そして、〔中略〕仲間とかの検証を受ける。いろいろと意見をきく。そのことによってさらに自分をたしかめ、まわりの事実のとらえかた、実相をまたたしかめる。そういうことによって自分をつくりまわりをつくる。そういう相関運動〔中略〕によって、既成事実としての現実への埋没から一歩抜ける」というものであり、「身のまわりを直視し、

自分を直視することによって、自分を回復するというプロセスを助けうながす、そういうものとして外から入ってくるものを位置づけていく、それが人間の発達にとって必要である、成長にとって不可欠なものである。そういうプロセスの進行をうながし合うこと」[20]が青年たちと大田・正木の間でおこなわれていたのであった。後に、「資料『ロハ台』は、『戦後』という一つの歴史的時期に、農道のベンチに坐っては憂さ晴らしをしていた"ぼんくら青年"たちが自分たちをうたった、その記録（＝物語り）だといってよい。〔中略〕つまり、彼らは仲間と自分を再認識する過程をとおして、それぞれに『自信』と『希望』を恢復していったのである」[21]と指摘されているとおりである。

このように、柳田民俗学の方法を用いた教育実践は、自分を語ることと他者に聴きとられることをくりかえしおこない、また、語られた内容を通して、仲間と聴く・聴きとられる関係をつくり、それらのことを通して、自己理解を深め、自分の中にある矛盾を乗り越えていくことを描き出す、という意義をもっているのである。

(2) 学校教育における生活綴方教育

生活綴方とは、「子どもや青年に、生活に取材したひとまとまりの母国語の文章を、一定の体系に即し手順をふんで書かせ、さらには、こうして書かせた文学作品を、かれらに読ませ聞かせること、および、これらの仕事に派生して生じる諸種の教育活動」[22]のことであり、その代表的なものとしては、無着成恭『山びこ学校』（1951年）がある。後に、生活綴方教育の精神としては、「日本の教師たちの蓄えてきた子ども理解の思想の一つの結晶」にあり、生活綴方の今日的意義としては、「教師たちが、人間としての誇りと子どもの発達を援助する専門職としての自信を回復していくためには、〔中略〕日本の教師たちの蓄えてきた経験と思想を継承し発展させる」[23]ことが必要である、と指摘されている。

ここでは、岐阜県・恵那の小学校教師であった丹羽徳子の生活綴方の教育実践[24]を紹介したい[25]。

1976年、丹羽は6年生を担任していたが、5月に、押垣泉という男の子が、「はっちゃんのことを真剣にかんがえるようになったぼく」という綴方を書いてきた（以下は、その抜粋）。

　ぼくの家には、おとうさんの妹で35歳になる、ぼくたちが「はっちゃん」とよんでいる（おばさんになる）初世という女の人がいる。
　ぼくが、「おばあちゃん、そのころ、はっちゃんのことで、たるいおもいしたことない。」と聞いたら、「あったさあ。みんなみたいに字もかけんし、学校へ行っても、いじめられて泣いとったということ聞いてたるかったよ。そうやけどなあ、いちばんたるかったことは、ばあちゃん、承知はしとったけど、先生に『やめりんさい』っていわれた時、ものすごくたるかったよ。」と教えてくれた。ぼくはあ（これだ！）と思った。
　ぼくが、（はっちゃん、へんやなあ）と、思うようになりだしたのは、三年生ぐらいのころだったかなあと思う。そのころに、おばあちゃんが、どうしてはっちゃんが、あんなふうになったかを教えてくれて、「はっちゃんはむごいで、みんなで、だいじにしてやってくれよ。」といったことを今でもはっきりと、ぼくは、おぼえている。だけどぼくは、なぜか（いややなあ）というほうが多くて、みんなに知られたくない気持ちでいっぱいだったと思う。
　先生が、『ぼく　クズやない人間や』の本のことを話してくれた時や、三組の黒木久美ちゃんの綴方の時も、「心や体の不自由な子をだいじにすることをせな人間のねうちはない」といったことが、ぼくの胸にグサッときたみたいだった。ぼくは、はっちゃんのことなんか、かくしておくことでもないし、みんなで考えていかなあかんなあと思いはじめていた。
　ぼくは、（はっちゃんだって、すきでまっちゃうんやない。かわいそうなんや。おばあちゃんに「安心して行っておいでよ、ぼくんたあが、めんどうみるで」っていったんやで。こんなことちゃんとやらなあかんのや）と、思った。ぼくは、はっちゃんのうんこのしまつを、はじめてしてやれた。（おばあちゃん、

いつもこうやってやってやらんなんでえらいなあ)ということと、(はっちゃんが、入れる学校があったら、はっちゃんだって自分でちゃんとうんこをまるようになったかもしれん。もっとはっちゃん、しゃべれるようになっとったかしれんなあ)と思ったし、(まんだはっちゃんは35だ。今からだって、はっちゃんが入れる学校ないかなあ)と思った[26]。

　泉は、この生活綴方の中で、障害をもつはっちゃんのことを、いやや・かくしておきたいと感じている自分、みんなで考えていかなければならないと感じている自分、その両方の感情をもっていることに矛盾があると思っている自分、を直視している。そして、自分自身がはっちゃんを大切にできる人間にどうしたらなれるか、ということを考えようとしている。

　このような生活綴方を子どもたちが読み合うことの意味は、生活綴方が、「他者の作品の分析をとおして、一人ひとりの自己の中に他者の生活実感を意識させていく作業であり、それをとおして自己の生活実感をも意識化させていく作業である」ということである。そして、生活綴方教育は、「一人ひとりの子どもの生活綴方表現にたいする指導を直接行なうのではなくて、他者の綴方表現をとおして、生活実感と表現の緊張を客観的に研究することをとおして、その一般性の認識を、精神発達にそくして、次第に子どもの心のなかに刻みこんでいく」のであり、「一人ひとりの綴方表現のなかに直接教師の指導が及んでいかないように感じられるのは、この指導のいわば間接性のなかに、子どもによる実感と表現の自己選択が残されているから」[27]なのである。

　このように、生活綴方教育は、子どもたちが自己を綴り、一方で、自己の綴方を他者と読み合いながら、他方で、教師の指導の間接性を意識して、それらの中で、自己理解を深めていく、という意義をもっている教育実践なのである。

(3) 社会教育における生活記録運動・自分史づくり

　生活記録とは、「生活綴方のうち、初等の学校教育という特殊の教育環境から離れた青年や大人を指導対象と書き手とするもの」[28]であり、生活記録運動

とは、「共同学習と重なる1950年代の特徴的な学習文化運動」[29]である、と定義されている社会教育実践である。

「自分史づくり」とは、「『歴史』の学習であり、『書くこと』をおり込んでいる。〔中略〕歴史のなかの『自分』をみつめること、すなわち自己認識を深めることにある。それをとおして、権利主体としての自らの自覚を促すことになるというものである」[30]と考えられている社会教育実践であり、「共同の知の産出による集団的な認識の構築の方法として、『記録化』の営みは社会教育研究の方法手段から学習実践過程の創造へ、さらには社会文化的な表現の創造へと連関している」[31]という意義をもっている。

ここでは、昭島市公民館社会教育主事の佐直昭芳が取り組んだ自分史づくりの社会教育実践[32]を紹介したい。

昭島市公民館では、1977年から、「高齢者のかかえるさまざまな課題（福祉、健康、仲間づくり、生きがいなど）の学習の一環として自分の歩んできた歴史を学び語りあうこと」[33]を主眼とした高齢者教室が始まり、その中で、自分史学習と手書きの文集『ほた火』の発行がおこなわれた。自分史学習という方法を用いたのは、「高齢者自身が主体的な学習方法を身につけるために、聞き取りの手法を学ぶ」必要があったからである。

高齢者が自分史を語るということは、自分自身の「歴史」・「生活」・「地域」を語ることである。「生活基盤をもつ高齢者が自分史に取り組んだとき、その方法は、自分と地域と社会をつないで展開され、そこから生み出されるものは、民衆史的な証言という性格をもつことになる」のであり、「少しずつでも自分の重い歴史を書きあうことで、人と人との共感の関係をつくるということが大切にされた」[34]のである。

当時の高齢者教室に参加していた上島喜代子は、「思い出したくない」・「忘れてしまいたい」という強烈な、しかし、同時に、絶対に「忘れることができない」思い出を、自らの心の中にかたくなにしまいこんでいたが、自分史学習を通して、参加者同士の受けとめる関係が生まれ、自らの思い出を書き綴り始めた。その「聞き書き」は次のようなものである。

Ⅱ　人間発達援助者としての教師の専門性

　昭和一九年四月十日　午前十時出征　／　小さい子供三人残して　子供頼むよ　と　／　何度も言い残して　主人は私から去っていったのです　／　そして間もなく　／　「しばらく　手紙を出せなくなるから」　／　という便りが　それっきり　／　あとで聞いた　／　「ボタンコウ」から「ビルマ」へ行ったと　／　妹が戦火に焼かれて　着のみ着のまま　／　子供をおぶって私の所へ来ました　／　妹の夫も出征しているので　／　私と二人力を合せて必死に働きました　／　闇の石鹸を売って咎められ　／　闇の飴を売ったり　／　いろいろ生きるために一生懸命でした　／　近所の人が　あなたのご主人はきっと帰ってくるから　子供を大事に育てなさい　／　励ましてくれましたが　とうとう　とうとう　／　二十年の暮に　戦死の知らせがありました　／　けれど　そんなの嘘だわ！　嘘だわ　／　うそよ　うそ　うそにきまっているわ　／　自分に言い聞かせ　／　一年待ち　二年待ち　三年　十年　二十年　／　待って　待って　／　もう今年は四十年目です　〈一九八四年〉[35]

　この上島の自分史について、佐直は、「彼女の作品は、句読点もなく、詩とも散文ともつかず、決して整った文章とはいえない。しかし、彼女がずっと心の奥深く秘め続けた真実のことばがそこには表現されており、読者の心をつかんで離さない。そして、彼女が書き続けるという行為こそどんなにも苦しい、辛い思いからみずからの心を解き放つことであり、みずからの生きた歴史を刻むことだと納得できる。こうした上島さんのケースは、一人ひとりの心の奥底をしっかりと受けとめる場と機会ができさえすれば、〈だれでもが書き綴る〉ことができることを実証している」[36]とふりかえっている。
　このように、自分史づくりは、自らの歴史を生活・地域とつなげて語ることを通して、他者との共感関係をつくり、その中で、自己理解を深めていく、という意義をもっている社会教育実践なのである。

〈注〉
（１）世取山洋介「子どもの権利論の基本問題をめぐって―『服従かさもなくば解放か』あるいは関係の質の改革か」民主教育研究所編集『季刊人間と教育』第31号，旬報社，2001年，124頁、参照。また、宮盛邦友「戦間期日本における子どもの権利思想―平塚らいてう・下中弥三郎・賀川豊彦の思想と実践を中心に」日本教育法学会編『年報第33号　教育における〈国家〉と〈個人〉』有斐閣，2004年、宮盛邦友「家族・親権・子どもの権利―臨時教育会議における論議の分析を通して」日本教育法学会編『年報第36号　教育基本法体制の危機と教育法』有斐閣，2007年、なども参照。
（２）田中孝彦「子どもたちの声を聴く」『生き方を問う子どもたち　教育改革の原点へ』岩波書店，2003年，32頁。
（３）E. H. エリクソン，J. M. エリクソン，H. Q. キヴニック著（朝長正徳・朝長梨枝子訳）『老年期　生き生きしたかかわりあい』みすず書房，1997年、アーサー・クラインマン著（江口重幸・五木田紳・上野豪志訳）『病いの語り―慢性の病いをめぐる臨床人類学』誠信書房，1996年、フランク W. パトナム著（中井久夫訳）『解離　若年期における病理と治療』みすず書房，2001年、参照。
（４）内田義彦『読書と社会科学』岩波書店，1985年。
（５）「子どもの声を聴く」という観点から、『読書と社会科学』に言及したものとしては、田中孝彦「聴きとられる喜び」『人が育つということ』岩波書店，1994年、田中孝彦「保育実践と保育者の課題」『保育の思想』ひとなる書房，1998年、など参照。
（６）内田，前掲『読書と社会科学』，7・10・9頁。
（７）同上，29頁。
（８）ジュディス・L・ハーマン著（中井久夫訳）『心的外傷と回復〈増補版〉』みすず書房，1999年。ハーマンの著作（翻訳）については、ジュディス・L・ハーマン著（斎藤学訳）『父－娘近親姦―「家族」の闇を照らす』誠信書房，2000年、もある。
（９）「子どもの声を聴く」という観点から、『心的外傷と回復』に言及したものとしては、田中孝彦『子ども理解―臨床教育学の試み』岩波書店，2009年、横湯園子『教育臨床心理学　愛・いやし・人権・そして恢復』東京大学出版会，2002年、など参照。
（10）ハーマン，前掲『心的外傷と回復〈増補版〉』，xiv頁。
（11）同上，46-47・49・75頁。
（12）同上，248・205・241・318・340頁。
（13）教育実践記録の意義については、汐見稔幸「〈インタビュー〉実践記録の意味と可能性を考える」教育科学研究会編集『教育』No. 719，国土社，2005年12月

号、参照。
(14) この他にも、聴くことを軸とした教育実践としては、開かれた学校づくりで取り組まれている三者協議会・学校フォーラムをあげることができる。詳しくは、宮盛邦友「子ども参加と学校づくり」小島弘道編『教師教育テキストシリーズ8　学校経営』学文社，2009年，(本書第8章)、参照。
(15) 大田堯「柳田国男」民間教育史料研究会・大田堯・中内敏夫編『民間教育史研究事典』評論社，1976年，413頁。
(16) 「種の持続としての教育」については、大田堯『教育研究の課題と方法』岩波書店，1987年、大田堯『子育て・社会・文化』岩波書店，1993年、汐見稔幸『親子ストレス　少子社会の「育ちと育て」を考える』平凡社新書，2000年、など参照。
(17) ロハ台の教育実践記録としては、大田堯『日本の農村と教育』国土社，1957年、大田堯『教育とは何かを問いつづけて』岩波新書，1983年、など参照。
(18) 佐藤一子「社会教育実践の創造と成人学習論」『現代社会教育学——生涯学習社会への道程』東洋館出版社，2006年，110-111頁。
(19) 大田堯「人権と教育と」前掲『教育とは何かを問いつづけて』，123頁。
(20) 同上，125頁。
(21) 畑潤「『ロハ台』の会話の広場から学ぶ——1950年代の共同学習・生活記録運動を見つめ直す視点」北田耕也・草野滋之・畑潤・山崎功編著『地域と社会教育——伝統と創造』学文社，1998年，111頁。
(22) 中内敏夫「生活綴方」民間研ほか，前掲『民間教育史研究事典』，88頁。
(23) 田中孝彦「子ども理解と生活綴方教育の再発見」前掲『子ども理解』，179頁。
(24) 丹羽徳子の生活綴方の教育実践記録、および、恵那の生活綴方の教育実践記録については、編集委員会『生活綴方：恵那の子』全9巻，草土文化，1981-82年、日本作文の会編『子どもの作文で綴る戦後50年』全17巻，大月書店，1995年、など参照。
(25) 恵那の生活綴方については、五十嵐顕「教育実践についての考察——生活綴方における時間の問題(上)・(中)(中の2)(中の3)」日本民間教育研究団体連絡会編集『季刊教育実践』第36・37・38・40号，民衆社，1982-83年、など参照。
(26) 編集委員会『生活綴方：恵那の子　明日に向かって(上)　丹羽徳子の生活綴方教育』別巻2-1，草土文化，1982年，170-180頁。
(27) 坂元忠芳「未来を語る生活綴方」『現代の子どもと生活綴方』青木書店，1985年，169頁。
(28) 中内敏夫「生活記録」民間研ほか，前掲『民間教育史研究事典』，83-84頁。
(29) 片岡了・辻智子「共同学習・生活記録」日本社会教育学会編『講座現代社会教育の理論Ⅲ　成人の学習と生涯学習の組織化』東洋館出版社，2004年，114頁。
(30) 上田幸夫「『生活』と『歴史』をつなぐ『自分』の発見——『自分史』学習の系

譜」横山宏編『成人の学習としての自分史』国土社，1987年，11頁。
(31) 佐藤，前掲「社会教育実践の創造と成人学習論」，115頁。
(32) 昭島における自分史づくりの実践記録としては、佐直昭芳「草の根の語り手たち―昭島市高齢者教室文集『ほた火』の実践から」横山，前掲『成人の学習としての自分史』、など参照。
(33) 同上，130頁。
(34) 辻浩「歴史と自己をつなぐ自分史学習―昭島市高齢者教室の実践と思想」『住民参加型福祉と生涯学習―福祉のまちづくりへの主体形成を求めて』ミネルヴァ書房，2003年，82・85・84頁。
(35) 佐直，前掲「草の根の語り手たち」，150-152頁。
(36) 同上，150頁。

『生き方を問う子どもたち──教育改革の原点へ』
田中孝彦，岩波書店，2003年

　「臨床」という言葉が流行している。私も、この言葉にひかれる一人である。言葉にではなく、その本質において、切実に「臨床」に期待する人たちもいる。臨床教育学を構想する本書に登場する「『非行』の娘を抱えたある母親」もその一人である。
　この母親の娘は、中学2年生の頃からハメをはずし始め、高校時には暴走族とつきあい、バイクを乗りまわし、夜中に遊び回って家に帰らず、水商売のアルバイトをしていた。娘が全く違う世界に行ってしまったと感じた時は、子どもを失った悲しさとはこういうことかと泣いたものだ、と母親はいう。娘と共に生きる中で、「深夜のドライブ」や「深夜の読み聞かせ」、「保育実習」などの体験をしたことについて、著者の田中孝彦は、「やはり問われるのはおとなの対応」であり、「日本の庶民の親たちのあいだに蓄えられてきている子育ての底力には相当なものがあるのではないか」と述べている。親の自己教育である。私は、一般にいう非行少年ではなかったものの、自分の生き方を悩んだ青年期・思春期を送っていた。高校生の頃、母親と「深夜のドライブ」に行ったものである。父親や母親には心配をかけた、といまにして思う。
　私が「臨床」にひかれるのは、現代の「非行」と私の研究する「子どもの権利」と私自身の「自己形成」が一つのものとしてつながると直観的に思ったからであろうか。だから、何か響きあうものがあって、この母親も参加する「『非行』と向き合う親たちの会」に関わりはじめようと思ったのかもしれない。
　この会で求められるのは、非行で悩む親の役に立つ発言や研究ではなく、ただ聴くだけのことかもしれないが、「共感的態度」をもつことだ、と思うようになった。それは、田中が、「困難・問題に直面した子どもや親や専門家から、相談したい相手として選ばれる存在でなければ、臨床教育学を学習・研究しようとしているなどとは言えないだろう」と述べていることと通じるものがあると思う。
　「生存と成長の当事者である子どもたちの声を聴き、また子どもたちと共に生きる父母の声に耳を傾け、さらに子どもたちや親たちを支えて働いている諸領域の発達援助者たちに近いところで仕事をしてきた」田中が、教育基本法改正問題を意識した「子育て・教育の改革を論ずる場合に踏まえるべき『常識』『作法』について」考えた意欲的な著書である。非行の子どもたちやその親たちとともに歩もうという気持ちを改めて確認した思いである。

（2005年4月）

III
青年期の発達課題と地球時代の教育課題

 「学校とは何か」。この問いには、教育の本質へと結びつく重要な契機が含まれている。

 歴史的に見ると、(制度としての)学校は、社会的統制、職業的訓練、文化価値の内在化(教養)、という三つの機能がある、と指摘することができる。それと同時に、学校は、子どもの学習、技術革新・マスコミュニケーション・選抜制度・国際関係などと関連しながら、現代社会を担う役割をもっている、ということもできる[1]。

 このことを、現代日本の学校に即して端的にいいなおせば、学校とは、学習活動(教科指導)と自治的諸活動(生活指導)、すなわち、教授学校と生活学校を統一した「人格形成学校」である、ということになる[2]。その人格形成学校の任務は、総合的な人格の形成、社会的統制機能と自治能力の形成、人材配分機能と進路選択、教育と福祉の機能の統一などがあげられるが、人格形成学校の基本問題は、子どもの権利のための子どもの科学的認識をめぐる問題にある。

 それは、ジャン・ピアジェ流にいえば、学習を通しての同化と調節をくりかえしながら、古い概念をくずして新しい概念をつくる、という構造化と再構造化の過程として説明される。一方で、ピエール・ブルデュー流に言えば、学習すべき科学的知が、歴史的・社会的な枠づけによって規定されている、という知による支配としても説明される。つまり、子どもの科学的認識をめぐる問題の検討にあたっては、心理学的な見方からのみでも、社会学的な見方からのみでも、ともに不十分であり、それらの接点にある教育学的な見方から探らなければならないのである[3]。

 このことをふまえたうえで、科学的知との関係を問わなければならないのが、

道徳教育・道徳性・道徳的な価値といった「道徳」である(4)。これまで、道徳は、科学的知と対立するかのようにとらえられ、道徳教育は、学習活動や自治的諸活動と別の活動として理解されることが多かった。しかし、子どもの道徳性は、道徳だと考えられているそのものを教えることで発達し、そのことによって、子どもは、道徳的な価値の判断をおこなうことが可能になるのだろうか。

本章の問題の焦点は、ここにある。「現代学校において、子どもたちは、道徳をいかにして学びながら自己一身上のものとすることができるのだろうか」。

この問いは、社会秩序の維持のために少年事件に対処する現代教育改革の中で論争となっている、心の教育や『心のノート』問題、日の丸・君が代問題、愛国心問題などを考えるうえでの手がかりとなりうるものだろう(5)。

以上のことを受けて、本章では、第一に、子どもたちが学ぶべき現代的課題としての、発達的な課題(青年期の発達課題)と人類的な課題(地球時代の教育課題)を概観する。第二に、発達的な課題と人類的な課題をつなぐ教職の専門性を論じながら、子どもたちが学ぶべき重要な現代的課題である、「子どもの悪」をケース・スタディとして教育実践を展望してみることにしたい。

1 現代社会における子ども・青年＝若者の発達と教育の現代的課題

現代社会において、子どもたちにとっての発達的な課題とはどのようなものだろうか。また、人類的な課題とはどのようなものだろうか。ここでは、発達的な課題と人類的な課題の内容を例示しつつ、それらに取り組む教育実践を紹介することにしたい(6)。

(1) 青年期の発達課題──生命・性・生産・政治・神聖

中学校・高等学校の現場の教師たちは、青年期の発達課題として、「5つのセイ」という言い方をしている。「5つのセイ」とは、生命・性・生産・政治・

神聖のことである。

　「生命」について。青年期になると、子どもは、生きることや死ぬことなどをはじめとする「人生(life/Leben/la vie)」に関わる諸問題を漠然と思いあぐねるようになる。このことは、人間の根源や人類の行方という生成と消滅を探る重要な課題へとなっていく。

　「性」について。子どもは、児童期から青年期へと精神的・身体的な成長をしていく過程で、異性を意識しながら、「愛と性」について切実に思い詰めるようになる。このことは、他者を通して自己を再認識する過程であると同時に、社会における種を持続させるという課題へとつながっていく。

　「生産」について。青年期になったら、子どもは、社会におけるどこかの何かの「職業」を担うために、自発的に職業選択をおこなおうとするし、また、おこなわなければならなくなる。このことは、自己と社会の関係をつなげながら両者を認識していく課題でもある。

　「政治」について。18歳を目の前にすると、子どもは、主体的に社会に参加することを自分から求め、また、他者から求められるようになり、「主権者」としての自覚をもつ必要性が高まってくる。このことは、社会の一員として自己をみすえながら、自らが必要な政治的教養を獲得していくという喫緊の課題である。

　「神聖」について。青年期には、スピリチュアルなものや崇高なもの、あるいは、神秘的なものなどの、特定の宗教ではない、「宗教的なるもの」を深く信じるという現象がある。このことは、聖なるものという無限性の前にある自己の生命という有限性を知る、という言語化することが難しいが、しかし、非常に大事な課題をその内に含んでいる。

　総じて、青年期の発達課題とは、「子どもの自分くずしと自分つくり」[7]と表現されるような、青年期という人間のライフサイクルにおいて、子どものアイデンティティの形成をしていく契機となる課題だということができる。そして、子どもにとっては、個人に関わる何かしらの価値を選択していくという意味において、道徳性を自分自身のものとしていくプロセスだということができ

るのである。

　ではここで、「生命」・「性」を中心とした教育実践に取り組んでいる東京の大東学園高等学校の総合学習を取り上げてみることにしたい。

　近年、援助交際をはじめとする子どもたちの性をめぐる問題が頻発している。それは、ジェンダーを通しての子どもの生存に関わる危機である。と同時に、おとなたちの性に関するライフスタイルを含んだ生き方が、子どもの有り様によって問われてもいる。

　このような子どもたちの状況の中で、「性と生」を正面に掲げた総合学習を展開している、大東学園高校の国語の教師である丸山慶喜は、「性を人間の生きることと切りはなさず、脳とつながった人間ぐるみのものとして考えたい」・「自分をわかり、他を理解し、そのことで自己否定感を乗り越え、自己確立をしていく力にしたい」という目標を教師集団とともにたてて、総合学習に取り組んだ。その目標は、子ども自身が、「いま・ここ」の問題としてではなく、「性をきちんとわかることは『寝た子を起こす』のではなく、自分づくりに向かう一人ひとりの子どもたちが、自分なりの設計図を描く時の重要な材料になる。それは生きていくための力＝学力であり、自分の行動を正しく選択していくことのできる力となります」という子どもと社会の未来へ向けての学びとして組み立てられている。

　総合学習の内容は、性、避妊と中絶、性交という性の機能を学び、援助交際、同性愛、性衝動と性行動という社会の中の性の役割を考え、講演・レポート・発表をおこなう、というものである。

　カリキュラム開発をしていくうえで丸山は、「生徒は自分の中にある、現実を生きているなかでかんじていること、考えていることを実に自由に表現しながら、授業に参加をしている」のであり、「集団的な学習への参加のなかで、自分の中に溜め込んだ世の性情報から得たたくさんの"知識"を越えて、本当に『わかった！』と思える体験をしていく」[8]ということを方法として重視している。

　子育てをする親にとってわが子に性をどう教えるのかは切実な問題である。

しかし、それだけに、情報化社会の中で生きる子どもたちが多様に存在する性をどのような価値をもって獲得していくのかは難しい。丸山の教育実践は、性を意識する子どもたちが、こういった「性と生」の問題を多面的に学ぶことで、道徳的価値を通して自分自身の生き方を見つめなおしながら、他者とつながり、社会を変えていく、ということへの希望をもたせてくれる学習指導である、ということができるだろう。

(2) 地球時代の教育課題──平和・人権・環境・共生

　国際連合や UNESCO を中心とした国際社会では、地球時代の教育課題を、条約・宣言・勧告の理念として採択している。その条約・宣言・勧告の内容とは、平和・人権・環境・共生に関する事項である。

　「平和」について。世界各地に噴出している国家間での戦争や個人間での暴力という「戦争と平和」の問題に対して、平和主義を軸としている憲法をもつ日本の子どもたちは、主体的に向き合わなければならない。このことは、子ども自身が平和的に生きていくということの意味をとらえなおすことにつながる重要な問題である。

　「人権」について。子ども・女性・障害者・マイノリティなどの「差別と人権」に関する保障・救済を、人権主体である子どもたちは、私と私に関係する人々のこととしてとらえる必要がある。このことは、自分自身の内なる他者理解を問いなおすことにもつながっていく。

　「環境」について。私たちの外界に存在する環境という「人間と自然」の関係について、現代日本における喫緊の課題として、子どもたちが思考し行動することが要求されている。このことは、人間自身がどのような生活をいとなんでいるのか、という生活の質を問いなおすことにつらなっていく。

　「共生」について。国際理解を深めるためには、言語や宗教を学ぶことは必要不可欠であり、子どもたちには、「寛容と共生」の感覚を身につけることが求められている。このことは、自分自身が誰とともに世界を切り拓くのか、を問うことにつながっている。

総じて、地球時代の教育課題とは、「地球時代をどう生きるか」(9)と表現されるような、自分自身が社会の一員であることを自覚すると同時に、人生の主人公であることを再認識する契機をもつ課題だということができる。そして、子どもにとっては、社会に関わる何かしらの価値を選択していくという意味において、道徳性を自分自身のものとしていくプロセスだということができるのである。

　ではここで、「生命」・「環境」を中心とした教育実践に取り組んでいる札幌琴似工業高等学校の川原茂雄の授業を取り上げてみることにしたい。

　2011年3月11日に起こった東北地方を中心とした東日本大震災は、私たちの心に深く刻み込まなければならない。この日からの地震・津波に関することと原発事故・放射能拡散に関することは、「天災」と「人災」と区別しながら、日本だけでなく世界の問題として、私たちが思考し行動しなければならない、私たちの生き方に関わる課題となった。

　このような状況の中で、高校の公民科の教師である川原茂雄は、「原発がどれほど危険なものであるか、放射能がどれほど恐ろしいものであるかを、私自身はよく『知っていた』のに、〔中略〕それを学校の授業の中で生徒たちに『何も語っていなかった』」という自分自身の授業について反省し、そのことを、「不作為の責任」と表現する。そこで川原は、「教師として、まずやらなければならないのは、いま自分の目の前にいる生徒たちに、自分が知ってたこと、わかっていたことを、もう一度しっかりと伝えていかなければならないのではないのか」(10)と考えるようになり、学校では、原発・放射能に関する現代社会の授業を、学校外では、あらゆる機会あらゆる場所においての「出前授業」をおこなっている。

　授業は、原発のしくみと原発事故、放射性物質と放射線、チェルノブイリで起こったことの現実、核燃料サイクルと放射性廃棄物、隠されている原発の情報と真実、で構成されている。授業をするうえで川原が重視していることは、現代社会の内容を基礎としながら、事実に基づいてよく分かる授業にする、ということである。

北海道には泊原発があり、福島第一原発での出来事は他人事ではすまされない。福島第一原発事故の提起している問題は、日本各地にある原発が、そこに住む住民の問題であると同時に、日本国民全体の問題であり、世界市民の問題である、ということである。川原の教育実践は、世界の中の日本に住む子どもたちが、こういった原発事故・放射能拡散の問題を、目の前にある事実と道徳的な価値を相互に行き交いながら学ぶことで、これを引き起こしたおとなたちとの信頼関係をどう結びなおし、自分たちと社会の未来をどう創るのか、ということへの期待へつながる学習指導である、ということができるだろう。

2　人間発達援助者としての教師による人間発達援助実践としての教育実践

　このような青年期の発達課題と地球時代の教育課題は、どのようにしてつなぐことができるのだろうか。ここでは、青年期の発達課題と地球時代の教育課題をつなぐための、子どもの声によって規定されている開かれた教職の専門性を深めたうえで、青年期の発達課題と地球時代の教育課題の接点の一つである、「子どもの悪」という道徳教育の課題を素材として、教育実践の開発を試みることにしたい[11]。

(1) 子どもの声と青年期の発達課題・地球時代の教育課題をつなぐ
　　教職の専門性

　近年、現代の教師像として、「人間発達援助者としての教師」[12]が提起されている。
　人間発達援助者としての教師とは、教育・福祉・医療・心理臨床・文化・社会教育などの諸分野で、生活と成長の過程で問題や困難に直面している子どもたちやおとなたちを支えて働いている、子どもの人間発達援助の専門家の一員であり、同時に、子どもの生存・成長・学習を支える人間関係をその子のためにコーディネートする役割をあわせもつ教師像のことである。この教師像の特

徴は、子ども理解を深めることを軸に、教師同士の支え合う関係を強めていくために、一人ひとりの子どもについて相談する会議である「子ども理解のカンファレンス」をおこない、このカンファレンスの積み重ねを通して、人間発達援助実践としての教育実践に取り組んでいるところにある。

このような人間発達援助者としての教師が子ども理解を深めるためには、「子どもの声を聴く」必要がある。なぜならば、当事者である子どもの意思を実現するために、一方の当事者である教師が、子どもとともに教育活動を組織化しなければならないからである。

この子どもの声を聴くという思想は、権利性をもっている。そのことを法的に規定したのが、子どもの権利条約第12条（意見表明権）である。子どもの意見表明権とは、子どもが自由に意見を表明する権利と、表明された権利を適切に重要視するおとなの義務によって構成されると解釈する、「人間関係的権利論」のことである。

このような解釈からすると、学校において、意見表明権という子どもの権利は、教職の専門性のとらえなおしを要求している、ととらえることができる。この点については、勝野正章が、「現代社会における『専門職としての教師』は、〔中略〕『生徒の声』に応え、自らの内側に潜む『何をどう教えるかは教師の専決事項である』という専門職観〔中略〕を克服することが求められている」[13]として主張していることと共通している。

では、人間発達援助者としての教師は、学習指導をどのようにつくっていくのだろうか。それは、子どもの声として発せられた内容を、現代の子どもたちの生存・成長の過程で直面して考えざるをえない基本的な青年期の発達課題として把握したうえで、それらを人類の本質的な問いである地球時代の教育課題へとつないだ時に見えてくる、現代的課題としてつくっていくのである。ここに教師の仕事の独自性がある。

このように考えると、子どもの価値意識に深く関わる道徳的な価値は、青年期の発達課題と地球時代の教育課題をつないだ学習指導をつくる開かれた教職の専門性によって、子ども自身が学ぶことは可能である、ということができる

だろう。

(2) ケース・スタディ教育実践〈子どもの悪を考える〉

　現代の子どもたちは、激しい社会変動のまっただ中で、情動・感情の発達、友達づくり、性的成長の混乱、職業・進路をめぐる不安などの、人間形成の根本問題に直面せざるをえなくなっている。人間形成の根本問題の多くは、子どもが自分自身の人生をよりよく生きるために、自分が重要だと感じた道徳的な価値を選ぶという意味で、道徳性の発達と不可分である。

　だが、そもそも、子どもの道徳性はどのように発達するのだろうか。そのことに対して、教育は、どのような影響を与える可能性があるのだろうか。そして、教師は、子どもに対してどのような援助をおこなうことができるのだろうか。

　このような問いに対して答えを出すことは、たやすいことではない。ただ、この問いに答えを出すための手がかりとなるであろう、特に重要な課題として、「子どもの悪・攻撃性・負の感情・暴力に関する諸問題」がある。少年・少女による殺傷事件が、この間、常態化している。このことに対しては、現代の子ども問題として非難されたり、社会問題として物語られたり、政策課題として議論されるなど、さまざまな対処の仕方が模索されている。いずれにしても、当事者である子ども自身のこととして考える必要性があることだけは、確かである。現代の子どもたちは、自らの中に蓄積されてくる、「いらだち」・「むかつき」・「不安」・「恐れ」などの攻撃的な感情の正体や原因を考え、それらをコントロールしていくためのスキルを求めている。そして、教師には、人間の悪的なるものとは何かという問題を、学習指導の課題として取り上げることが必要とされている。子どもの悪は、人間から見ると、自己が直面している問題をどのように考えるのかという意味で、青年期の発達課題であるということができると同時に、社会から見ると、社会の秩序をどのようにつくるのかという意味で、地球時代の教育課題であるということができ、その両者の接点にある課題だといえる。すなわち、「子どもの悪を考える」ということが、開かれた教

職の専門性を基盤とする現代の教師と教育実践にとって、喫緊の課題となっている、ということなのである(14)。

そこで、この課題を深める一つの素材として、「教師が、フロムの〔中略〕探究のあとを教材にし、子どもたちがそれを辿る機会をもったらどうであろうか。それは、子どもたちが、自分のなかの攻撃性を、自分自身に特有なものであると同時に社会のあり方に根をもつものととらえ、自分の生き方と社会のあり方とを結びつけて考えていく一つのきっかけになるのではなかろうか」(15)という田中孝彦の提案を受けて、教育実践のケース・スタディとして、エーリッヒ・フロムの『悪について』（1964年）と『破壊』（1973年）を教材としながら、道徳的な価値を内容とした学習指導を構想してみることにしたい。

まずは、学ぶべき内容としての「子どもの悪」を、フロムの言葉を用いながら、俯瞰してみる。

子どもの悪を理解するうえで前提とすべき重要な観点なのが、「人間の本性とは何か。人間を人間たらしめているものは何か」という問いである。なぜならば、人間についての哲学をもたずに、子どもの中にある負の感情を抑えるというような技術主義に陥ってしまっては、その子どもが生活をいとなんでいく中で、他者と対等な関係を結ぶことができなくなってしまうからである。

そのうえで、フロムが、人間の攻撃性を、「良性の攻撃」と「悪性の攻撃」に区別していることに注目する必要がある。「良性＝防衛的攻撃」・「悪性＝破壊的攻撃」とひとまずは押さえたうえで、「本質的な区別、すなわち本能と性格、もっと正確に言えば、人間の生理的要求に根ざした動因（有機体的動因）と、人間の性格に根ざしたとくに人間的な情熱（〈性格的、あるいは人間的情熱〉）」というように人間の諸機能に即して区別し、「簡単に言えば、本能は人間の生理的要求への回答であり、性格に条件づけられた人間の情熱は、彼の存在的要求への回答であって、とくに人間的なものである」という人間把握の仕方をしている。つまり、良性の攻撃は、動物および人間に共通する脅威に対する防衛的攻撃であるが、悪性の攻撃は、動物の本能によるものではない人間のみがもつ独特な何の目的も必要とせずに快楽に満ちている破壊性と残虐性である。しか

し、悪性の攻撃は、「人間存在の条件そのものに根ざした人間の潜在的可能性」(16)をもっている、というところが重要なのである。ここで考えるべき問題の中心は、人間に特徴的な悪性の攻撃、すなわち、破壊性と残虐性、具体的には、サディズム（性的な努力と何ら顕在的関係をもたないサディスティックな欲望）やネクロフィリア（死体と性交あるいは他の何らかの性的接触をおこないたいという欲望）にある。おそらく、一見すると子どもの悪とは無関係であるかのように見えるサディズムやネクロフィリアの中に、子どもの悪を考える手がかりとなる共通性がありそうである。

では、人間が、サディズムやネクロフィリアという欲望をもつようになったのは、なぜだろうか。それは、「全面的に技術化された生命なき世界は、死と腐敗の世界の別な形にすぎない」(17)というように、近代国家の成立によって、社会が人間の中に悪性の攻撃を生み出したからである。別の言い方をすれば、悪性の攻撃は、社会によってつくられたものであって、人間が生まれつきもっているものではない、ということである。しかし、これでは、子どもの悪の正体や原因を説明しただけであり、それをどうしたらよいのか、という説明にはなっていない。

それではどうしたらよいのかというと、人間は、死へ向かうサディズムとネクロフィリアではなく、それらを生へ向かう情熱にしていく努力をしなければならない、ということになる。なぜこのことが可能なのかといえば、人間の本性は、「人間存在の条件そのものに根ざす《矛盾》」にあるからである。

かくして、フロムは、人間の悪を理解する観点として、「①悪ということは特別に《人間的》現象である」・「②悪の程度は、同時に退行の程度でもある」・「③退行の程度が減少するにつれて、悪もまた減少する」・「④人間は退行する《と同時に》前進もする傾向がある」・「⑤人は自己の行為に対して自由に選択しうるかぎり、それについて責任を有する」・「⑥人の心情は硬化することがありうる」(18)という六点をまとめている。そして、フロムは、自由へ向かう愛を求める人間を理解する概念として、「ヒューマニズム」を提起した。ここに、子どもの悪を通して、人間の道徳性の根拠となるものを理解し、人間の生き方を見

出すことができるのである。

これらをふまえたうえで、このような人間の悪を子どもたちが学ぶ際の目的・内容・方法の観点を提示してみる。

学習指導の目的としては、①「善」か「悪」か、あるいは、「生」か「死」か、という二者択一で問題を把握せず、すべての事柄をホリスティックにとらえる、②子ども自身の攻撃性を、自己が創りだしたものであると同時に社会が生み出したものである、というように、本質論的・実体論的にではなく存在論的・関係論的に理解する、などが予想される。すなわち、学習指導の規範的な目的を、単に道徳的な価値に求めるのではなく、かといって、科学的知の獲得に求めるのでもなく、道徳的な価値を根拠とする科学的知として設定する、ということである。

学習指導の内容としては、①世界史を、キリスト教やファシズムといった観点からの暴力の歴史として構成する、②生物学を、人間と動物の行動の関係や人間と機械との関係として構成する、などが考えられる。すなわち、学習指導の内容を、単なる事実の羅列として編成するのではなく、大胆ではあるかもしれないが、青年期の発達課題や地球時代の教育課題などの現代的課題の観点から、人間の生活（life/Leben/la vie）として編成する、ということである。

学習指導の方法としては、子どもたちの生活を科学へとつなげる、ということが求められる。すなわち、学習指導の方法としては、生活指導の問題を学習指導で取り上げて、その後、再度、生活指導に戻していき、そこでさらに起きた生活指導の問題を学習指導で取り上げる、というような教育活動として循環させる、ということである。

このような学習指導をおこなうことで、子どもたちの認識はどのように発達し、どのような人格が形成されるのであろうか。子どもは、悪・攻撃性・負の感情・暴力などが、確かに自分の中に存在するのだけれども、同時に、それは、社会によってつくられたものである、ということを、科学的知として認識することとなるだろう。しかし、自己の中に存在する悪・攻撃性・負の感情・暴力などを社会の問題として解消するのではなく、ホリスティックな人間観をもっ

て自己の問題として引き受けた時、それは、生きる力としての人格を豊かにすることとなるだろう。それが、道徳的な価値を獲得したヒューマニズムなのではないだろうか[19]。

そして、本章の問題の焦点である、「現代学校において、子どもたちは、道徳をいかにして学びながら自己一身上のものとすることができるのだろうか」、という問いに対して答えるならば、「子どもたちは、自分自身の価値形成にとって必要不可欠なものである道徳的な価値を、開かれた教職の専門性による援助を受けながら、青年期の発達課題と地球時代の教育課題をつなげた現代的課題について、自己の認識を変化・変容させながら学ぶことで、自己の人格の課題として道徳性を獲得していく」、ということができるだろう。

〈注〉
（１）勝田守一「学校の機能と役割」『勝田守一著作集５　学校論・大学論』国土社，1972年、参照。
（２）堀尾輝久「教育とは何か」『教育入門』岩波新書，1989年、参照。
（３）堀尾輝久「教育学的認識論の構想」東京大学教育学部教育哲学・教育史研究室『研究室紀要』第14号，1988年、参照。
（４）モーリス・ドベスは、「教育学上の議論における最後の対立命題は、知育と徳育である」というように、教育学の重要な課題として知育と徳育の関係を位置づけている。モーリス・ドベス（堀尾輝久・斎藤佐和訳）『教育の段階―誕生から青年期まで』岩波書店，1982年，21頁。このことは、ヨーロッパ近代における公教育の基本的課題であるともいってよい。
（５）道徳教育の基礎研究としては、『勝田守一著作集４　人間形成と教育』国土社，1972年、田中孝彦『子どもの発達と人間像』青木書店，1983年、藤田昌士『道徳教育　その歴史・現状・課題』エイデル研究所，1985年、など参照。愛国心問題などの道徳教育の発展研究としては、柿沼昌芳・永野恒雄編著『シリーズ「教育改革」を超えて』全５巻，批評社，2003-2005年、西原博史『良心の自由と子どもたち』岩波新書，2006年、など参照。
（６）青年期の発達課題や地球時代の教育課題を機軸とした代表的な教育実践記録としては、渡部淳『国際感覚ってなんだろう』岩波ジュニア新書，1995年、大津和子『社会科＝一本のバナナから』国土社，1987年、横湯園子『登校拒否・新たなる旅立ち』新日本出版社，1985年、仲本正夫『学力への挑戦―"数学だいきらい"からの旅立ち』労働旬報社，1979年、など多数ある。

（7）竹内常一『子どもの自分くずしと自分つくり』東京大学出版会，1987年、竹内常一『子どもの自分くずし、その後　"深層の物語"を読みひらく』太郎次郎社，1987年、など参照。
（8）丸山慶喜『人間まるごと学ぶ　丸さんの明るい性教育—大東学園の総合学習「性と生」の実践から』民衆社，2004年，23・84・33頁。
（9）堀尾輝久『地球時代の教養と学力—学ぶとは、わかるとは』かもがわ出版，2005年、堀尾輝久『未来をつくる君たちへ　"地球時代"をどう生きるか』清流出版，2011年、など参照。
（10）川原茂雄『高校教師かわはら先生の原発出前授業　①大事なお話—よくわかる原発と放射能』明石書店，2012年，4頁。また、川原茂雄『高校教師かわはら先生の原発出前授業　②本当のお話—隠されていた原発の真実』明石書店，2012年、川原茂雄『高校教師かわはら先生の原発出前授業　③これからのお話—核のゴミとエネルギーの未来』明石書店，2012年、なども参照。
（11）子どもの悪を考えるための教育内容開発の手がかりとなる資料・史料としては、斎藤学『いじめをなくす親子関係』旬報社，1997年、アルバート・アインシュタイン＆ジグムント・フロイト（浅見昇吾編訳）『ヒトはなぜ戦争をするのか？—アインシュタインとフロイトの往復書簡』花風社，2000年、森ルツ子「映画評『アメリカンヒストリーX』『マイ・ネーム・イズ・ジョー』—たとえば、『人を殺してはいけない』と子どもに教えるには？」民主教育研究所編集『季刊人間と教育』第48号，旬報社，2005年、吉野源三郎『君たちはどう生きるか』岩波文庫，1982年、能重真作『それでも愛してくれますか』新科学出版社，2003年、など参照。
（12）人間発達援助者としての教師については、田中孝彦『人が育つということ』岩波書店，1994年、田中孝彦『生き方を問う子どもたち—教育改革の原点へ』岩波書店，2003年、田中孝彦『子ども理解—臨床教育学の試み』岩波書店，2009年、など参照。なお、類似の教師像を提起している「反省的実践家としての教師」については、佐藤学『教師というアポリア—反省的実践へ』世織書房，1997年、など参照。
（13）勝野正章「現代社会における『専門職としての教師』—『生徒による授業評価』を手がかりに考える」堀尾輝久・浦野東洋一編著『日本の教員評価に対するILO・ユネスコ勧告』つなん出版，2005年，82頁。
（14）子どもの悪に関する研究としては、坂元忠芳「子どもの『病的悪意』の発達をめぐって—現代教育学の展開のために」民主教育研究所編集『年報第7号　現代の子どもと教育実践』，2006年、坂元忠芳「子どもの『悪』の発達と教育をめぐって」教育科学研究会編集『教育』No. 733，国土社，2007年2月号、横湯園子「神戸児童殺害事件・二つの視点」民主教育研究所編集『季刊人間と教育』第15号，旬報社，1997年、横湯園子「子どもの攻撃性とその対応」・「『悪

的なるもの、秘密の共有」『教育臨床心理学：愛・いやし・人権そして恢復』東京大学出版会，2002年、田中孝彦「人間の『悪』を見すえる—今日の教育実践の一つの課題」民主教育研究所編集『季刊人間と教育』第16号，旬報社，1997年、田中孝彦「子どもの『悪』を見すえる」『子どもの人間形成と教師』新日本出版社，1998年、など参照。
(15) 田中孝彦「学校生活と人間形成」前掲『子どもの人間形成と教師』，162-163頁。
(16) エーリッヒ・フロム（作田啓一・佐野哲郎共訳）『破壊　人間性の解剖』上，紀伊國屋書店，1975年，8・7・296頁。
(17) エーリッヒ・フロム（作田啓一・佐野哲郎共訳）『破壊　人間性の解剖』下，紀伊國屋書店，1975年，565頁。
(18) エーリッヒ・フロム（鈴木重吉訳）『悪について』紀伊國屋書店，1965年，161・202-204頁。
(19) なお、フロムの人間観については、さらに深化させる必要性がある。さしあたり、エーリッヒ・フロム（樺俊雄・石川康子訳）『マルクスの人間観』合同出版，1970年，参照。また、堀尾輝久は、博士論文『現代教育の思想と構造』（1962年）の最後において、「ヒューマニズムとしての教育」を提起しており、フロムこそ引用してはいないものの、教育学の中心的課題としてのヒューマニズムを展望している。堀尾輝久『現代教育の思想と構造—国民の教育権と教育の自由の確立のために』岩波書店，1971年，262-267頁、参照。

BOOK REVIEW 3

『「自分のために生きていける」ということ
―寂しくて、退屈な人たちへ』

斎藤学,大和書房,1997年（新装版・2004年,文庫版・2010年）

　「あなたは、本当のところ、何をしたいのでしょうか。あなたの『個性』、あなたらしい『生き方』とは、どんなものなのでしょう。流行でもない、他人に望まれた像でもない、しかたなく続ける毎日でもない、あなたのホンネはどこにあるのでしょう」。生きづらさを抱えるさまざまな人たちの声を丁寧に聴いてきた精神科医である著者の斎藤学は、「退屈と寂しさ」に向き合うためにこう語りかける。

　確かに、私自身のことをよく考えてみると、これまでの人生でつねに気を使ってきたように思えて、結局、何のために生きているのか、と悩むことが、いまも、しばしばある。しかし、悩むことができるのは、まだよい方なのかもしれない。こういう悩みに向き合うことができずに、仕事やアルコールなどの「嗜癖」（不安から逃れようとして、目前の快にしがみついている状態）に溺れてしまう人も多い。

　斎藤は、「退屈感や寂しさの基底には、自己認識の問題が横たわっている」と明確に主張する。「今まで、あなたから健康な自尊心や自己評価を奪いとったものについて怒れ。それによって傷ついた自分をいたわれ。傷つけられたあなたが悪いのではなく、傷つけたほうが悪い。傷つけられたあなたは、癒されなければならない。これ以上、自分を叱咤激励する必要はない」と自らを認めたうえで、「悩みを通りぬけ、寂しさを通りぬけ、怒りを通りぬけた後に、ひと回り成長したあなたは、自分のための人生を生き始めることができる」と「悩み」をもつことの重要性を述べている。「誰のためでもない、誰のせいにもしない、自分自身をハッピーな状態にすることが、あなたの第一にするべき仕事です。全員がそのことに力を傾けていれば、個人と個人がきちんとぶつかり合えます。どちらかが支配したり、食いつぶす関係にはなりません。個人個人がそれぞれ自分の欲望をまっとうに追求できる社会にしていくためには、まず、あなた自身が自分の欲望を見つけ、自分のために生き始めてください」と優しい言葉をかけてくれる。

　本書は、インタビュアーの質問に応える形でまとめられており、一人でも多くの読者に読んでもらおうとする斎藤の配慮がうかがえる。私は、本書を読んで、自分自身を見つめなおすために、斎藤が代表を務めている家族機能研究所（IFF）の連続講座を訪れたのであった。

（2006年1月）

Ⅳ
学習活動と自治的諸活動の組織化としての人格＝認識形成学校

　現代にふさわしい学校、それを「人格＝認識形成学校」と呼ぶ。
　人格＝認識形成学校は、「子どもの権利」と「学校の公共性」を基本理念とする。子どもの権利とは、「青年＝若者の権利・老人の権利などの人権の基底としてのライフサイクルの権利」という発達軸と、「子どもの権利を保障・救済する他者の権利のあり様としてのアイデンティティの権利」という関係軸から成立する現代人権のことである。学校の公共性とは、「一人ひとりのものであると同時にみんなのものとしての民衆論」から成立する現代統治機構論である。
　問題は、「人権」と「統治機構」の関係が、本来的には、矛盾しているところにある。教育においては、人権は心理的発達によって、統治機構は社会的機能によって基礎づけられている。人間のみを主軸におくならば、人権の理念によって統治機構は組織されなければならないことになるし、国家のみを主軸におくならば、統治機構の現実によって人権は管理されなければならないことになる。すなわち、どちらか一方からのみで説明したのでは、もう一方のもっている本来的な性質を損なうことになってしまうのである。
　この問題を「教育目的」をめぐる問題にまでひろげてみると、問題はさらに複雑化する。教育目的は、「民衆にとってよき人間を教育する」という人間教育と、「国家にとってよき公民を育成する」という公民教育に区分することができる。この両者は、同時に成立することはできない。教育目的の根拠を「神」に求めることができるならば、問題は何も生じない。しかし、近代以降、教育における公から宗教が姿を消してからは、それを「法」や「子ども」に求めてきた。しかし、法にあっては国家が、子どもにあっては民衆が、それぞれつか

さどってきたがために、結局のところ、教育目的を、「人間教育か、それとも、公民教育か」という二者択一に落とし込んでしまった。

では、教育の存在根拠をどこに求めたらよいのだろうか。それは、「教育」そのものに求める以外にない、ということになるのではないか。「教育」そのものとは、教育の本質・教育条理といいかえられる。そして、その内実は、「開かれた教職の専門性」と「コミュニケーション的行為の授業」となるだろう。

「人格＝認識形成学校」とは、こういう視野をもった、現代の教師と教育実践として把握する新しい現代学校論のことである。あえて、定義するならば、「人格＝認識形成学校とは、教養と指導を要として総合学習を軸とする、学習活動と自治的諸活動を組織化した総合的な現代学校」となる。

以下、本章では、まず、人格＝認識形成学校のモデルとなっている堀尾輝久の人格形成学校について概観し、次に、人格＝認識形成学校のイメージとなっている、佐貫浩の学校論を教養の観点から、児美川孝一郎の子ども・青年＝若者論を指導の観点から、それぞれ検討する。最後に、人格＝認識形成学校のワールドとなっている佐藤広也のアニマシオンの探偵団を分析することで、全体として、現代にふさわしい人格＝認識形成学校を展望したい。

1　人格＝認識形成学校のモデル

まずは、人格＝認識形成学校のモデルとなる、堀尾輝久の人格形成学校について検討することにしたい。

「人格形成学校」とは、「『全体としての人間形成』（これを人格とよんでもよい）にそれぞれの要因がどのようにかかわりあうのか、という課題をもって、それぞれの教育的機能を位置づけ、〔中略〕解決されるべき現代的課題を子どもの発達に即して総合化すること、そのための〔中略〕総合学習を含む教科の教授＝学習と自治的諸活動を通しての」[1]現代の学校のことである。

この説明より、人格形成学校を構成する要素は、①人間形成（人格）、②教育的機能、③教授＝学習と自治的諸活動、ということになる。これらは、それぞ

Ⅳ　学習活動と自治的諸活動の組織化としての人格＝認識形成学校

れ、現代教育学を構成する、①人間学・子ども論、②学校論・公教育論、③教育学・教育科学論、に対応している。

そこで、それぞれについて詳しく見ていくことにする。

第一、人間形成（人格）について。堀尾は、人間形成（人格）について、「人格概念を訓育とのみかかわらせるのではなく、知的能力と道徳的能力、さらに芸術的能力等の人間的諸能力を統合する主体という意味で、とらえるべきであり、その上で、それらの諸能力の発達がどのようにかかわり合うかを問うとともに、それぞれの人格形成機能を問題にすることが必要になっています」[2]と述べている。この意味において、人間形成（人格）は、言語教育、人文科学・社会科学教育、自然科学教育、身体教育、芸術教育、などの総体としての授業実践を中核として、人格発達と認識発達を通して、構築されることになる。いいかえれば、「教養」をわがものとすることで人間形成（人格）が完成するのである[3]。

第二、教育的機能について。堀尾は、教育的機能について、「道徳性の形成にかんして、認識の発達が情動を統制し道徳的行為を可能にするという仮説のもとで、〔中略〕知育の訓育的機能が教科・教材とその授業に即して発達的視点から具体的に追求されることが必要です。そしてなによりも教材の質と授業の質が変わらなければならないのです。このことはまた、教材を支えている科学・芸術の質そのものの検討と不可分の関係にあります。さらに、行動と思考が発達においてどうかかわるかが明らかにされねばなりません」[4]と述べている。この意味において、教育的機能は、道徳教育、特別活動、生徒指導などの総体としての授業外実践を中核として、社会的機能を通して、構築されることになる。いいかえれば、「指導」をわがものとすることで教育的機能が完成するのである[5]。なお、この点に関して、堀尾は、社会的統治機能と自治能力の形成の関係、人材配分機能と進路選択の関係が課題であることを指摘している。

第三、教授＝学習と自治的諸活動について。堀尾は、教授＝学習について、「教科教育の任務は、単に知識の伝達や技術の定義にとどまらず、陶冶（教養）を通して広く世界観の基礎、人生に対する態度を養うという意味での訓育的機能をもっています」と、自治的諸活動については、「生活指導は、学級づくり、

自治的・文化的活動、サークル活動などを通して、集団的規律を身につけ、集団活動への主体的参加を通して、自治と責任、他者との連帯・協同などの価値を自分のものにしていくことを主たる任務としています」(6)と述べている。この意味において、教授＝学習と自治的諸活動は、教科指導と生活指導の総体としての科学と生活の教育実践によって、学校教育を通して、構築されることになる。いいかえれば、「教育と福祉」をわがものとすることで教授＝学習と自治的諸活動が完成するのである(7)。なお、この点に関して、堀尾は、教育と福祉の統一が課題であることを指摘している。

このような人格形成学校の創造は、「子どもから学校を見なおす」という理念によって支えられており、「国民の教育権の実質」となっているのである。別の言い方をすれば、学習権論は、教育と教育実践によって基礎づけられているということになるのである(8)。そして、人格＝認識形成学校は、このような人格形成学校をモデルとしているのである。

2　人格＝認識形成学校のイメージ

次に、人格＝認識形成学校のイメージをつくるために、教養と指導について検討をおこなうことにしたい。

(1) 学力と市民形成

人権を支えている心理的発達の中核をなしているのが、「教養」である。現代の学校においては、基礎的教養は学力として、政治的教養は市民形成として、それぞれ論じられる傾向がある。

そこで、佐貫浩の学力論・市民形成論の検討をおこなうことを通して、人格＝認識形成学校の要となる教養論を深めることにしたい。

第一、学力について。佐貫によると、「学力というものは、全体的な構造を持つものとして把握する必要があると考えられる。そこでいう全体性とは、学力が人間のなかで生きて働く力となって存在するために必要な学力のトータル

Ⅳ　学習活動と自治的諸活動の組織化としての人格＝認識形成学校

な構造のことを意味する」⁽⁹⁾、という。学力の全体性は、三つの階層、すなわち、第一の階層は基礎的知識の習得・理解、第二の階層は習熟（無意識化としての習熟／能動的習熟）的学力、第三の階層は探求・創造・表現の力、によって把握される。

　日本の教育の場合、学力の全体性が循環していないところに問題点がある。佐貫によると、ある学年の第一の層が次の学年での第一の層へと増大・増加するという、知識の量を拡大する学力のベクトルが肥大化したため、第一の層から第三の層までで獲得されるという、知識の使いこなしを重視する学力のベクトルが衰退してきた、という⁽¹⁰⁾。

　学力のベクトルの肥大化・衰退が生ずる原因は、学力観の相違に求めることができる。佐貫によると、基礎学力のモデルは、五つある。第一は、個における学習発展のモデル、第二は、教科における積み上げ型基礎学力モデル、第三は、教科の共通基礎（読み書き算）型モデル、第四は、〈学力の中の基礎要素（知識・技能等）＝基礎学力〉モデル、第五は、学力の全体性をもった基本形が相似的に発達していくモデル、である⁽¹¹⁾。

　基礎学力モデルは、学習観が決定的に重要となる。佐貫によると、教科学習のベクトルは、第一の階層から第三の階層へ、総合学習のベクトルは、第三の階層から第一の階層へ、それぞれ向かっている、と述べている⁽¹²⁾。

　以上のことより、人間が全体性の存在であることから、知を自己のものとするベクトルをもつ学力もまた全体性で把握されなければならず、その学力とは、実体的ではなく関係的な学習観を基盤として同構造において発展していく、ということになる。

　第二、市民性について。佐貫によると、「人間的コミュニケーション（表現）と人権を行使して公共の討論の場を生みだし、公共の正義や合意を生みだし、自分が属し生活する世界を統治していく主体」を「市民」と呼び、「基本的人権に立脚して公共性を自治的に担う方法と力量を備えていること」を「市民性」と呼ぶ⁽¹³⁾、という。市民性が展開する場は、地域、学校、職場、自治体、国家、世界などである。

このような市民形成はどのようにしておこなわれるのだろうか。佐貫によると、市民性を立ち上げる教育は、憲法学習、平和教育、体罰と教育、である、と述べている[14]。

　以上のことより、あらゆる機会あらゆる場所においておこなわれる市民形成の教育は、憲法や平和を課題とする統治主体形成の教育である、ということになる。

　問題は、学力と市民形成の関係である。学力は学校において、市民形成は学校と社会において、おこなわれている。学力と市民形成の関係を学校の中で考えた時に、学力は人格形成学校でいうところの学習活動にあたり、市民形成は人格形成学校でいうところの自治的諸活動にあたる。学習活動で取得した学力を、自治的諸活動で確認し、学力として確認した市民形成を、再度、学習活動で獲得する。市民形成として獲得した学力を、自治的諸活動で確認する。このように学力と市民形成の関係をとらえ、また、学習活動と自治的諸活動を組織化することによって、人格形成と認識形成をめざす現代にふさわしい「教養」が創出されるのではないだろうか[15]。

(2) 子ども・青年＝若者

　統治機構を支えている社会的機能の中核をなしているのが、「指導」である。現代の学校においては、生徒指導・進路指導は子ども・青年＝若者理解として、論じられる傾向がある。

　そこで、児美川孝一郎の若者論の検討を通して、人格＝認識形成学校の要となる指導論を深めることにしたい。

　子ども・青年＝若者理解について。児美川によると、「若者を理解するとは、〔中略〕どこかに特定の『評価』基準を設けて、そこから若者たちの意識や行動を裁断したり、非難したり、しないこと、しかし、逆に、若者たちの実態を、ただたんに現状肯定することもしないということ」である。すなわち、若者たちを理解することは、「みずからが設定した『基準』そのものも、つねに相対化する視点をもちあわせようとする」、「私たちが、自分たちが生きている現代

Ⅳ　学習活動と自治的諸活動の組織化としての人格＝認識形成学校

社会のありようを評価し、理解しようとする営みと相即である」、「私たちの社会と文化における『大人』を理解するということでもある」[16]、という三つの意味がある、という。

　このような若者理解の現場はどのようなところだろうか。児美川によると、自分探しをめぐる本当の自分症候群の隘路、家族という親密圏の背負い続け、降りたくても降りられない学校の存在感、ヤマアラシのジレンマというネット社会の中の友達との交友、新しい働き方という将来展望の迷宮、結婚という通過点としてのジェンダーという分水嶺、浮遊する社会的政治的関心と地域アイデンティティ、である、と述べている[17]。

　以上のことより、若者理解とは、自己と他者の関係を問い続けながら、心理＝社会的アプローチによって、誕生から死までを見すえて理解されなければならない、ということになる。

　若者理解は人格形成学校でいうところの自治的諸活動にあたり、学習活動にあたらないように思われることがある。しかし、若者理解は、固定的に理解することではなく、動態的に理解することに他ならず、意味ある他者との臨床的な相互性の中で全体的な志向性をもつ必要があるのである。全体的な志向性は、学校では学習活動や自治的諸活動に必要不可欠であり、自分自身で取り組む指導ということになる。このように学習活動と自治的諸活動を組織化することによって、自治能力形成（社会的統制）と進路選択能力形成（人材配分）をめざすと現代にふさわしい「指導」が創出されるのではないだろうか[18]。

3　人格＝認識形成学校のワールド

　それでは、人格＝認識形成学校のワールドをつくるために、北海道・札幌の小学校教師である佐藤広也の教育実践について分析することにしたい。

　佐藤の教育実践は、「『探偵団』で新たな知的活動のスタイル」[19]である、という評価が、汐見稔幸によってなされている[20]。

　佐藤広也は、1958年札幌生まれ・札幌育ち、北海道教育大学札幌分校を卒業

後、共同学童保育所つばめクラブ指導員を経てから教員になり、釧路・浜中町、胆振・豊浦町、札幌市の小学校で勤務をしている小学校教師である。
　佐藤の教育実践の理念は、次の通りである。

　　見ることは見えることとはちがう。見ること、それは目であるくこと。新しい世界へと。(21)

　これを具体化したのが、学級づくりの基本コンセプトである。それは、次の三つである。

①地域のなかで仲間とともにモノにこだわり、人にこだわりながら自分を見つけていく「みるみる」と「探偵団」の活動と「ほう、そうかフットワーク」のとりくみ。
②おいしい技、人を喜ばせる技をつかむ「物を食べる授業」のとりくみ。
③子どもたちの書く・表現したものを中心につくる「趣味の」学級通信活動(22)。

　このような学級づくりの基本コンセプトに貫かれている教師観・教育実践観、それは、次の通りである。

　　教師は名探偵である。探偵団員の学級の子どもたちのよきアドバイザーとしていわば「明智小五郎」のようにあれ〔中略〕。子どもたちが「なんだろう？はてな」という疑問を持つ。それを探求的に追い求めていく授業を基本として総合化していく過程、これが「たんてい」。2人以上は「たんていだん」である。教師はへっぽこ探偵の場合も多いが。子も教師も町、地域という場所で共に生きる一瞬を作る。すべての学びを「たんてい」「たんていだん」でイメージして実践しよう。子どもたちが自らの五感を使ってモノに、人にこだわる学習をしていこう。知りたいから学ぶという本来

Ⅳ　学習活動と自治的諸活動の組織化としての人格＝認識形成学校

の要求に根ざした子どもたちの学びを支え、生み出す教師こそが求められる。[23]

　以上のように、佐藤の教師論・教育実践論は、子どもと地域の教育思想、すなわち、子どもの権利を中核にすえている。それを具体化した、子どもの組織化としての子どもたちと地域の組織化としてのコミュニティの計画、すなわち、学校の公共性を全体として徹底しているのである。汐見は、「探偵団は教師論でもあり、学校論でもあり、方法論でもある」[24]と指摘している。

　浜中町・豊浦町・札幌市、それぞれの小学校における佐藤の教育実践については、昆布を素材とした生活綴方や探偵団など、佐藤の紆余曲折したいくつものドラマがあり、それらを表現した教育実践記録が多数ある[25]。ここでは、子どもの権利条約時代の中での「大豆探偵団」の教育実践を紹介する[26]。

　佐藤は、札幌市三角山小学校の小学校3年生を担任していた一年間、大豆で始まり大豆で終わる、「大豆探偵団」に取り組んだ。春には畑に大豆を植えて育てて、豆腐屋さんへ探偵に行き、大豆探偵団の活動報告をおこない、ずんだもち・きなこづくり・手づくり豆腐などをつくった。大豆のひな人形もつくった。秋の学芸会では、「未熟豆も完熟豆もどちらも豆なんだ！」というセリフのある劇に取り組んだ。ここには、佐藤の学級づくりのコンセプトが全体において貫かれている。

　このような学級で、よしこちゃんの事件が起こる。全校をあげての三角山祭の前日、よしこちゃんが、絶対に大きな声が出せないから、三角山祭には出ない、と言って固まった後に逃げたのである。「大豆探偵団探偵事務所」で学びの報告をするのが子どもたちみんなの「共通項の彼岸の此岸」であり、その中によしこちゃんもいる、と佐藤は思っていた。なぜならば、「知ってきた学んできたおどろきや発見を誰かに伝えたいよろこんでほしいと思う時に、その貧困な発想や技能を認めつつもなお、よりよき高みへの方向を示唆するのは、そこに子どもの〈願い〉があるから」である。しかし、いつのまにか、「此岸と彼岸のあり方」が、「〈人間〉を無視して、その〈成果〉の善し悪しに目が向い

てしまうとだめなのだ」ということになってしまったのである。そこで、佐藤は、「よしこちゃんの『今』に寄り添うゆとりが私にはなかったことになる」という反省をおこなうのである。ここからは、「子どものために」という理念が、かえって、「子どもを追いつめる」という現実をつくりだすことにもなる、ということを示している。ではどうしたらよいのか。よしこちゃんは、嫌いなもの・ことに対しては、心を閉ざし固まることが度々あり、今回のこともまた、「いつも」のことだったのである。教師の子どもたちに対する「技術」が問題なのではなく、「事実」の理解の仕方が問題なのである。そうすることによって、「教師はよしこちゃんの宇宙を守りながら、子どもたちの願いと発達を守る」[27]という責務をおこなうことができるのである。すなわち、教育は、子どもの権利を守り育てることであり、子どもたちの権利を守り育て、魂をつくっていくのである。

「子どもが子どもの成長を発見していった瞬間を見た。幸せであった」[28]という佐藤の率直な情動・感情は、子どもたちが支えあい、親や教師や地域とつながりあいながら、変化・変容していった時、教師にとっては喜びである、ということを物語っている。

人格＝認識形成学校でいえば、佐藤の教育実践は、学習活動と自治的諸活動を組織化した、総合学習を志向しているといえる。しかし、そのことは、教科教育や教科外教育を無視しているわけではない。特に、教科教育においては、モノ・コトに対する理解を子ども集団において科学的・文学的に深めることを佐藤自身が厳しくおこなっている。その前提には、佐藤自身が、モノ・コトに対する探求をつねに欠かしていないことを忘れてはならない[29]。

すなわち、教師（開かれた教職の専門性）を支えているもの、それは、「子どもたちは、『知』的であるとは、〔中略〕自分で意味を豊かにしていく、自分の文脈を作っていく、創作的・活動的なイメージでとらえるべきものであることを学んでいく」と汐見が指摘すること、つまり、教養である。教育実践（コミュニケーション的行為の授業）を支えているもの、それは、「クラスに多人数がいるということは、多くの意見が吟味されつなぎ合わされていく可能性を示して

Ⅳ　学習活動と自治的諸活動の組織化としての人格＝認識形成学校

いる。つなげさえすれば子どもたちは、他者をくぐって自分を豊かにする」[30]と汐見が指摘すること、つまり、指導である。

　私たちは、このような人格＝認識形成学校を、21世紀の学校構想として、めざさなければならない。佐藤は、ある座談会で、「僕はこの本を読まれる方が、自分の授業をつくるときに、どういう経験や体験や討論がどういう教材にあると、子どもが『ほう、そうか』というふうになるか、子どもからため息がでるようになるか、こうやれとかああやれとかいうのではなくて、こうやると子どもが考え込むぞ、しゃべりたくなるぞ、というヒントを、それぞれの実践記録から見つけ出してくれれば、と思っています」[31]と語っている。人格＝認識形成学校をめざす私たちも、このような観点から、人格＝認識形成学校のワールドを展開している佐藤という教師の教育実践から、教職論、授業論、学習論、教材論などを深く学ぶ必要がある。それは、人格＝認識形成学校の先に、「子どもの権利を基軸とした生涯にわたる発達と学習の権利の計画化」[32]があるからである[33]。

〈注〉
（1）堀尾輝久「学校に期待されるもの」『教育入門』岩波新書，1989年，122-123頁。
（2）同上，118-119頁。
（3）発達教育学については、堀尾輝久『人間形成と教育―発達教育学への道』岩波書店，1991年、など参照。なお、社会教育における発達教育学については、藤岡貞彦『社会教育実践と民衆意識』草土文化，1977年、など参照。
（4）堀尾，前掲『教育入門』，120頁。
（5）教育権論については、堀尾輝久『現代教育の思想と構造―国民の教育権と教育の自由の確立のために』岩波書店，1971年、など参照。なお、社会教育における教育権論については、藤岡貞彦『教育の計画化―教育計画論研究所説』総合労働研究所，1977年、など参照。
（6）堀尾，前掲『教育入門』，119頁。
（7）教育学的認識論については、堀尾輝久『現代社会と教育』岩波新書，1997年、など参照。なお、社会教育における教育学的認識論については、原正敏・藤岡貞彦編著『現代企業社会と生涯学習』大月書店，1985年、小林文人・藤岡貞彦編『生涯学習計画と社会教育の条件整備生涯学習計画と政策のあり方、公

民館、図書館、博物館の新しい役割と基準法制を展望する』エイデル研究所，1990年、など参照．
(8) 学習権論の教育学的・教育実践論的基礎については、堀尾輝久「学ぶことと子どもの発達」前掲『教育入門』、宮盛邦友「学習権論の教育実践論的基礎―能重真作と桐山京子の教育実践記録の観点から」『戦後史の中の教育基本法』八月書館，2017年、など参照．
(9) 佐貫浩「学力の構造　学力、習熟、基礎学力、学習の総合化」『学校と人間形成―学力・カリキュラム・市民形成』法政大学出版局，2005年，41頁．
(10) 同上，49頁．
(11) 同上，51頁．
(12) 同上，60頁．
(13) 佐貫浩「市民形成の教育統治主体形成のための学習空間を考える」前掲『学校と人間形成』，142頁．
(14) 同上，143-146頁．
(15) 佐貫浩の教養論については、佐貫浩『学力と新自由主義　「自己責任」から「共に生きる」学力へ』大月書店，2009年、など参照．
(16) 児美川孝一郎「おわりに」『若者とアイデンティティ』法政大学出版局，2006年，174-176頁．
(17) 児美川孝一郎「若者たちのアイデンティティ形成の『現場』」前掲『若者とアイデンティティ』．
(18) 児美川孝一郎の指導論については、児美川孝一郎『権利としてのキャリア教育』明石書店，2007年、など参照．
(19) 汐見稔幸「〈学び〉の授業のさまざまな可能性」『「教育」からの脱皮―21世紀の教育・人間形成の構図』ひとなる書房，2000年，198頁．
(20) なお、堀尾は、佐藤についての直接的な言及はないものの、佐藤と共同してアニマシオンの教育実践をおこなっている岩辺泰史の教育実践について、学習権を保障する実践として、「学校への希望をつながせてくれます」と評価している。堀尾輝久「わかる喜びを育てる―実践からの報告」前掲『教育入門』，183頁、参照．
(21) 佐藤広也「学校はぼくらの宝島―探偵団・北の大地を行く」教育科学研究会編集『教育』No. 563，国土社，1993年7月号，23頁．
(22) 同上，16頁。佐藤は、学級づくりの三つの基本コンセプトを多くの教師たちが活用できるようにするために、佐藤広也『子どもたちはワハハの俳句探偵団―俳句づくり・学習実用アイテム』労働旬報社，1997年、佐藤広也『動物園のアニマシオン　わくわく探偵団』柏書房，2004年、石井智恵美・大久保洋子・佐藤広也・濱崎タマエ・馬場裕・森祐里『見直そう！食と人とのつながり・スローフード』草土文化，2003年、にまとめている．

Ⅳ　学習活動と自治的諸活動の組織化としての人格＝認識形成学校

(23) 佐藤広也「耳をすます、目を見はる名探偵的な学びをつくる教師にこそ　『探偵』的な学びを根本にすえる」近藤邦夫・汐見稔幸編『【教え】から【学び】への授業づくり⑨　これからの小学校教師』大月書店，1997年，48頁。別のところで、佐藤は、「アニマシオンとは、ラテン語のアニマ（anima）＝魂・生命に発し、すべての人間がもって生まれたその命・魂を生きいきと躍動させること、生命力・活力を吹き込み心身を活性化させることを意味している。ヨーロッパを中心とした第二次世界大戦後の文化復興運動の一環であり、私は探偵団活動と翻訳したい」と述べている。このことからして、佐藤の教育実践は、「生（life/Leben/la vie）の教育学」ということもできるだろう。佐藤広也「日本国憲法と子どもの権利条約を学ぶということ（上）―夢見る権利を行使するために」教育科学研究会編集『教育』No. 736，国土社，2007年5月号，44頁。
(24) 汐見，前掲「〈学び〉の授業のさまざまな可能性」，201頁。
(25) 例えば、佐藤広也「北海道は"赤信号"、人々の多くは出稼ぎへ」教育科学研究会編集『教育』No. 481，国土社，1987年6月号、佐藤，前掲「学校はぼくらの宝島」、佐藤広也「探偵団で、ほう、そうかフットワーク―学習観の転換と基礎学力」教育科学研究会編集『教育』No. 601，国土社，1996年6月号、佐藤広也「授業『崩壊』の予兆と不成立―魂を揺さぶる探偵的学びと、授業不成立」教育科学研究会編集『教育』No. 644，国土社，1999年10月号、佐藤，前掲「日本国憲法と子どもの権利条約を学ぶということ（上）」、佐藤広也「日本国憲法と子どもの権利条約を学ぶということ（下）―夢見る権利を行使するために」教育科学研究会編集『教育』No. 737，国土社，2007年6月号、佐藤広也「地域に学び平和と教育の課題を考える　《演習場の真ん中で平和を叫ぶ　届け平和の願い　平和と憲法の学びの可能性を北の大地で拓く》」教育科学研究会編集『教育』No. 775，国土社，2010年8月号、など参照。
(26) 佐藤広也「名探偵教師であれ！真理のエージェント、ここにあり！」佐藤広美編『21世紀の教育をひらく―日本近現代教育史を学ぶ』緑蔭書房，2003年、参照。
(27) 同上，243・244頁。
(28) 同上，248頁。
(29) 例えば、佐藤広也「〔授業実践ドラマ〕1ねん3くみ『さんすう、あのね』」行田稔彦・木村加由子・森川みや子・渡辺恵津子編『【教え】から【学び】への授業づくり①　算数』大月書店，1996年、佐藤広也「〔授業実践ドラマ〕俳句探偵団芭蕉組・一茶組・たらりん俳句会が行く―心、凍らせず－17字なら書けるぞ」汐見稔幸・上西信夫・今泉博編『【教え】から【学び】への授業づくり③　国語』大月書店，1996年、など参照。
(30) 汐見，前掲「〈学び〉の授業のさまざまな可能性」，200・199頁。
(31) 行田稔彦・佐藤広也・汐見稔幸・武藤徹・森川みや子・山本ケイ子・渡辺恵

津子「座談会・子どもも教師もワクワク・ドキドキ」行田ほか，前掲『算数』，237頁。
(32) 例えば、宮盛邦友「ランジュヴァン＝ワロン計画と『正義の原則』」フランス教育学会編『フランス教育の伝統と革新』大学教育出版，2009年、宮盛邦友「教育改革構想としてのランジュヴァン＝ワロン計画——フランスにおける先行研究の再検討を中心にして——」日本教育法学会編『年報第44号　新教育基本法と教育再生実行戦略』有斐閣，2015年、参照。
(33) 人格＝認識形成学校の残された課題として、「教育と福祉の結合」がある。教育実践レベルにおいても、教育政策レベルにおいても、教育と福祉の結合に関する取り組みは盛んである。だが、福祉国家における生存権の成立をふまえずに、子ども論・人間学や学校論・公教育論を構想することが、その意図はなくとも、結果として、教育と教育学の否定につながりかねないことに対する注意が、十分に払われていない。学校論・公教育論において、「教育と福祉の結合」を位置づけることが容易ではないことだけは、確かである。さしあたり、宮盛邦友編著『子どもの生存・成長・学習を支える新しい社会的共同』北樹出版，2014年、宮盛邦友「開かれた学校づくりにおける〈子どもの権利〉と〈指導〉をめぐるいくつかの問題——そのラフ・スケッチとして——」学習院大学文学部教育学科・教育学研究会『教育学・教育実践論叢』第2号，2015年、参照。

BOOK REVIEW 4

『「こどもの権利条約」絵事典　ぼくのわたしの思いや願いを聞いて！』
気附千晶・福田雅章／文，森野さかな／絵，PHP研究所，2005年

　私が、「子どもの権利」に興味・関心をもつきっかけとなったのは、1998年に国連・子どもの権利委員会でおこなわれた子どもの権利条約に関する日本政府報告書の審査を傍聴したことである。当時19歳だった（その数日後に20歳になった）私は、国際舞台でくりひろげられる子ども観や子どもの権利条約のとらえ方についての議論を、子どもでもおとなでもない自分と重ね合わせながら聴いていた。

　子どもの権利条約は、子どもの権利を実現するためにおとなが約束したものではあるが、子ども自身がその内容を分からなくては価値は半減する。私が子どもの権利条約を知ったのは、高校での現代社会の授業だったと思う。当時の私にとっては、単に覚えるための知識であり、自分が権利行使をする主体であるとか、自分を守ってくれる道具であると考えたことはなかった。

　本書は、子どもの権利に関わる具体的事例を、森野さかなによって描かれた絵と気附千晶と福田雅章によってふりがなをふられた分かりやすい文章で説明されており、子どもが読んで理解できるような工夫がされている。例えば、子どもが、「わたしはしかられてばかり。いもうとやおとうとは、"いいこ"だからかわいがられてるの」という時に、どうしたらよいかを教えてくれる。また、子どもの権利条約の単なる解説書ではなく、「愛される権利（こどもの基本的権利）」・「自分らしく元気に大きくなる権利（成長発達するためのいろいろな権利）」・「社会の中で大きくなる権利（市民的自由）」・「特別な助けを求める権利（特別なニーズを必要としているこどもの権利）」というように体系的な説明がされている。そして、全体を包括的にとらえる権利が、第12条「意見表明権」である。これは、「呼びかけ向き合ってもらう権利」のことであり、「おとなに無視されることなく、ありのままの自分を受け止めてもらい、おとなとの対話のキャッチボールを通しながら、自分らしく大きくなることができる」権利である。私が子どもの頃、この権利があることを知っていたら、どんなに勇気づけられたことかと思う。

　「子どもの声を聴く」おとな自身が、自分の声を聴いてもらうことが難しい今日だからこそ、子どもとおとながどういう関係を創って社会をよりよくしていくのかが問われているのである。

（2006年4月）

新しい指導・支援と
人間発達援助者・教師

　学校教育活動は、学習指導と生徒指導によって編成されている。学習指導の内容は『学習指導要領』に、生徒指導の内容は『生徒指導提要』に、文部科学省がそれぞれ定めている。

　『学習指導要領』は、1947年に発行して以来、1951年・1958/1960年・1968/1969/1970年・1977/1978年・1989年・1998/1999年・2008年・2009年・2017/2018年に全面改訂がおこなわれている（1949年・1955/1956年・2003年・2015年には一部改訂がおこなわれている）。『生徒指導提要』は、2010年に公表されたが、その前身である『生徒指導の手引き』は、1965年に公表、1981年に改訂されている。

　『中学校学習指導要領』（2017年告示）の目次は、次の通りである。

　　第1章　総則
　　第2章　各教科
　　　　国語／社会／数学／理科／音楽／美術／保健体育／技術・家庭／外国語
　　第3章　特別の教科　道徳
　　第4章　総合的な学習の時間
　　第5章　特別活動

　『高等学校学習指導要領』（2018年告示）の目次は、次の通りである。

　　第1章　総則
　　第2章　各学科に共通する各教科
　　　　国語／地理歴史／公民／数学／理科／保健体育／芸術／外国語／家庭／情報／
　　　　理数
　　第3章　主として専門学科において開設される各教科

農業／工業／商業／水産／家庭／看護／情報／福祉／理数／体育／音楽／美術／英語
　第４章　総合的な探究の時間
　第５章　特別活動

『生徒指導提要』（2010年取りまとめ）の目次は、次の通りである。
　第１章　生徒指導の意義と原理
　第２章　教育課程と生徒指導
　第３章　児童生徒の心理と児童生徒理解
　第４章　学校における生徒指導体制
　第５章　教育相談
　第６章　生徒指導の進め方
　　　児童生徒全体への指導／個別の課題を抱える児童生徒への指導
　第７章　生徒指導に関する法制度等
　第８章　学校と家庭・地域・関係機関との連携

　『学習指導要領』については、学習指導要領のもつ法的拘束力や教育内容の精選をめぐる妥当性など、さまざまな指摘がなされてきた[1]。これは、教科書検定制度や歴史教科書などの、いわゆる、教科書問題へとつらなっている。学習指導要領に対する批判が多くなされてきたのは、教育裁判において学習指導要領の法的拘束力が争点となっていることに見られるように、国家の教育統制が強く作用しているからである。

　これに対して、『生徒指導提要』については、十分な検討がなされていない[2]。それどころか、『生徒指導提要』を形づくる、「校訓を活かした学校づくり」・「ケース会議」・「子どもを見守り育てるネットワーク活動」という用語は、ともすると、人間発達援助が用いている言葉と似ているため、根本的な批判がなされる契機を失ってしまっている。

　かくして、本章が注目したいのは、『生徒指導提要』の新しい指導観・支援観という問題提起をどう受け止めるのか、その新しい指導観・支援観に人間発達援助者としての教師がどのように関わるか、という点である。

V　新しい指導・支援と人間発達援助者・教師

1　生徒指導・生活指導と教育相談・カウンセリング

　学校における「生徒指導」に関わっては、「生活指導」・「教育相談」・「カウンセリング」など、似たような言葉と取り組みがある。
　「生活指導」とは、「子どもが現実の生活のなかでいとなんでいる行為・行動に即して、その行為・行動のしかたを、それらを内側からささえているものの見方、考え方、感じ方とともに、より価値のあるものに高めていく指導」と説明される教育実践である。それに対して、「生徒指導」とは、『生徒指導提要』の前身である文部省『生徒指導の手引(改訂版)』(1981年)における生徒指導の定義にある、「学校がその教育目標を達成するための重要な機能の一つ」であり、「それぞれの生徒の人格の、より正常な、より健康な発達の助成のために必要な教育活動」という箇所を引用したうえで、生徒指導の方法として、「集団指導と個別指導(教育相談＝カウンセリングを含む)との区別がある」と説明される取り組みである[3]。
　このような説明からすると、一般的には、生活指導・生徒指導は、教師のおこなう子どもとの人格的接触を通じた教育であるのに対して、教育相談・カウンセリングは教師のおこなう子どもの心に対する技術である、ととらえることができる。『生徒指導提要』においても、第5章「教育相談」の中で、教育相談は、組織的な体制として理解されているのに対して、カウンセリングは、子どもを理解する際の技法として理解されている。すなわち、教育相談とカウンセリングは、場と方法という仕方でセットとして把握されているのである。
　しかし、このような教育相談とカウンセリングの分け方は、言葉のうえでの問題であり、実際の学校現場では、厳密な使い分けがなされているわけではないようである。なぜならば、言葉を行動しているわけではなく、行動から言葉をつくっているからである。
　むしろ、ここで考える必要があるのは、生徒指導・生活指導は教師がおこなう教育実践であり、教育相談・カウンセリングはスクール・カウンセラーのお

こなう援助実践という発想の仕方である。このような発想の仕方は、学校内における多様な専門職の分業からくるものだと思われる。『生徒指導提要』においても、スクール・カウンセラーについての記述があるのは、教師がスクール・カウンセラーのもっているカウンセリングの技法を真似る必要があると考えられているからであろう。

登校拒否・不登校、少年非行などの現代の子ども問題は、教師が一人で頑張ることによって解決できるようなものではないことは当然であるが、そうかといって、子どもの生存を支える多様な専門職が学校内の役割を分業すれば解決できるというものでもない。むしろ、大事なことは、教師は、カウンセリングの技法をスクール・カウンセラーから学んで応用すればよいということではなくて、多様な専門職の独自で固有な専門性を前提としたうえで、子どもの生存を支える多様な専門職に共通する、「子どもの声を聴く」・「他の専門職と連携する」という知見を通してつくられる子ども理解を、教師がスクール・カウンセラーから学ぶ必要があるのではないか、ということである。

そこで、教育カウンセリングと関わって、臨床心理士の横湯園子の援助実践を紹介したい[4]。横湯は、教育学・臨床心理学・精神医学・社会福祉学を架橋する、子どもの権利派の臨床心理士である。例えば、登校拒否・不登校、いじめ、児童虐待、ひきこもりなどの子どもの声を聴くことを中心にして、子どもの権利のための他の援助専門職とつながりあいながら、子ども問題の解決のために、心理臨床活動をおこなっている。あるひきこもりの青年をめぐって、横湯は、「僕はスチューデント・アパシーのなれの果てです」と自己紹介するひきこもりの青年である篤（仮名）の心的外傷の経験を聴く中で、「私も母親として、教員として、カウンセラーとして、知らずして心に傷を残してしまうようなことをしてきたのではないか。篤の涙、苦悩を目の当たりにして、そう思った」[5]と自身の心理臨床活動を反省している。ここで押さえておくべき援助の経験・知見は、どんなに当事者の側に立っているとしても、その援助実践を絶対化せずに、つねに反省的にとらえなおす姿勢をもっているところである。このような横湯の援助理念は、「語る」・「動く」・「つながる」ということであり、

そこから導かれる教育理念は、「子どもの声を聴く」ということになるだろう(6)。

　そうすると、教師は生徒指導・生活指導をおこない、スクール・カウンセラーは教育相談・カウンセリングをおこなうと発想するのではなく、教師とスクール・カウンセラーは、子どもの生存を支えるためにお互いに共同関係を結んでいくことが重要である、ということに気がつくだろう。

2　ゼロ・トレランスと『生徒指導提要』

　近年の生徒指導の理念と関わって、「ゼロ・トレランス」という考え方が、学校現場に採用されようとしている。

　ゼロ・トレランスとは、「寛容さを示さない」・「容赦なし」・「寛容であることによって過失やその責任の所在を曖昧にせず追究していく」といったような、寛容ゼロの厳罰主義・規律主義の方針・手法のことである。もともとは、産業界において、不良品を出荷しないという品質管理の完全性を表す言葉として使用されていたが、教育界においては、凶器、薬物・アルコール・タバコ、犯罪・暴力・いじめ、教師への反抗などを学校に絶対に持ち込ませないという治安維持・社会秩序の安定のために用いられ、アメリカをはじめとして、カナダ・オーストラリア・ニュージーランドなどでもひろまっている(7)。

　日本においては、2006年に文部科学省初等中等教育局児童生徒課と国立教育政策研究所生徒指導研究センターによって、「生徒指導体制の在り方についての調査研究」という報告書がまとめられ、そこで、「毅然とした対応」や「当たり前のこと」という表現でゼロ・トレランスが提起された。

　ここで問題となるのは、文部科学省の生徒指導の一つの方針であるゼロ・トレランスという指導観と、『生徒指導提要』のもっている指導観がどういう関係にあるのか、ということである。

　『生徒指導提要』のもつ指導観は、自発性・自主性、自律性、主体性などの子どもにとっての基本的な資質や能力を、子ども自身が自己指導能力をもって育成するために教育をおこなう、ということを前提として、その資質や能力の

ための場や機会を提供して、教師が子どもに関わる中で、自己決定と参加・役割・責任感を指導する、というものである。そのことは、第1章第3節「生徒指導の前提となる発達観と指導観」に書かれている。

それに対して、ゼロ・トレランスのもつ指導観は、一切の寛容を許さない厳罰主義・規律主義に基づく指導観である。『生徒指導提要』には、ゼロ・トレランスについては特に書かれてはいない。また、ゼロ・トレランスが主張しているオルタナティブ・スクールの確保などの教育制度についても、『生徒指導提要』には盛り込まれていない。

一見すると、これら二つは、全く違う指導観であり、文部科学省もゼロ・トレランスを取り下げたかのように見えるけれども、二つの指導観をつなげてみると、驚くべき新たな指導観がつくられていることが、よく分かる。それはどういうことかというと、学校における子どもたちに対しては、『生徒指導提要』に書かれているような「やさしい指導」をおこないながら、子どもを自己決定・自己責任の主体であることを知識だけでなく身体をも含んで教え込ませ、自己決定・自己責任の主体と思い込まされた子どもが問題行動を起こせば、ゼロ・トレランスのような「厳しい指導」でのぞみ、学校から子どもを切って捨てる、と理解することができるのである。これは、人間存在を否定しかねない指導観である。

そう考えると、『生徒指導提要』は、ゼロ・トレランスの前提となる生徒指導を述べているにすぎず、むしろ、『生徒指導提要』は、ゼロ・トレランスの思想を強化すると宣言した、と読むことができるのである。

そこで、少年非行と関わって、弁護士の小笠原彩子の援助実践を紹介したい[8]。小笠原は、日本弁護士連合会（日弁連）の子どもの権利委員会で活躍する、子どもの人権派の弁護士である。例えば、少年犯罪問題にあっては、なぜそのようなことをしたのかということを非虐待体験にまでさかのぼって、校則問題にあっては、法的処分対象かどうかということをふまえたうえで教育目的に照らして、弁護士活動をおこなっている。ある少年審判をめぐって、小笠原は、H君の家裁での審判の付添い人あったが、裁判官の偏見や無理解が処分内

Ⅴ　新しい指導・支援と人間発達援助者・教師

容に強く反映していたのではないかと考え、「日本人の同一性好み、他の価値観に対する排他性がこの審判廷をも支配していたような気がし、これを最後まで払拭しきれなかった自分に忸怩たる思いと、H君に対する申し訳の無さを感じた」[9]と自身の弁護士活動を反省している。ここで押さえておくべき援助の経験・知見は、その状況の中で当たり前だと考えられているものの見方を、子どもの人権の観点から問いなおしているところである。このような小笠原の援助理念は、「子どもを丸ごと認める」・「意見をうながし耳を傾ける」ということであり、そこから導かれる教育理念は、「子どもの要求と親の教育への参加」ということになるだろう[10]。

　ゼロ・トレランスの必要性を多くの人たちが納得してしまうような背景には、少年非行などの子ども問題が急増していると感覚的に見ている人たちが多いことがあげられる。しかし、犯罪統計を見てみると、少年非行は急増しているどころか減少する傾向にあるのは事実である。子どもに罰を与えることによって子どもが一人前のおとなになっていく、と考える人たちは多いが、少年犯罪と直接に向き合っている弁護士や家庭裁判所調査官などの子どもの生存を支える専門職の仕事を見ていくと、少年非行を少しでもなくすためには、子どもを人間主体としてその存在を認め、子どもが話すことを聴きとり、子どもの抱えている困難を共有しながら、子どもをほめることが重要である、ということが分かる。これは、学校における生徒指導においても同じことがいえるのではないだろうか。

3　子どもの権利条約と『生徒指導提要』

　「子どもの権利条約」（政府訳は、児童の権利に関する条約）は、1989年11月20日に国際連合の総会において全会一致で採択された、子どもの権利に関する国際基準を定めた条約である。日本国も1994年4月22日に批准をしており、国内法と同じ効力をもっている[11]。

　『生徒指導提要』には、「子どもの権利条約」という言葉は見あたらない。『生

徒指導提要』に「子どもの権利条約」という言葉が書かれているかどうかについては、確かに大事なことであるが、それよりも大事なことは、『生徒指導提要』のもっている子ども観が、子どもの権利条約のもっている子ども観をふまえたものであるかどうか、にあると思われる。

　『生徒指導提要』のもっている子ども観は、「人間発達と社会発展の不可分の存在であるべき」という子ども観である。このことは、第1章第3節「生徒指導の前提となる発達観と指導観」において、「人間の成長・発達というのは、個としての欲求の充足や人格の完成という側面が、社会への適応や社会の中での成功という側面と不可分の形で営まれていくものと言えます。そのいずれか一方のみで成り立つものではなく、いずれか一方のみが強調された場合には他方が大きな支障をきたすといった関係にあるとすら言えるでしょう」・「社会によって守られ、はぐくまれてきた人格こそがその社会の未来を形成していく国民となり得ること、そしてそうした国民こそが次なる世代を適切に育成していくことができる」と書かれているとおりである。つまり、子どもは、人間発達と社会発展の不可分の存在になるためにこそ、教師からの教育や指導が求められる、ということである。この子ども観は、抽象的なため、大変分かりにくいものとなっている。

　それに対して、子どもの権利条約のもっている子ども観は、「権利行使主体としての子ども」という子ども観である。これは、子どもの権利条約の最大の特徴である。このことは、子どもの権利条約第3条(子どもの最善の利益)をふまえたうえで、第5条(親その他の者の指導の尊重)・第6条(生命への権利、生存・発達の確保)・第12条(意見表明権)に規定されているとおりである。つまり、子どもは、自分自身のために意見を表明しながら、親からの指導を受ける中で、人間的に成長・発達をする、というのを権利として有している、ということである。この子ども観は、具体的なため、大変分かりやすいものとなっている。

　以上のように見てくると、いわば、「保護の対象としての子ども」という『生徒指導提要』のもつ子ども観と、「権利行使主体としての子ども」という子どもの権利条約のもつ子ども観は、明らかに違う。この問題の背景には、かつて、

Ⅴ　新しい指導・支援と人間発達援助者・教師

　文部事務次官通知「『児童の権利に関する条約』について」(1994年5月20日)において、「本条約第12条1の意見を表明する権利については、表明された児童の意見がその年齢や成熟の度合いによって相応に考慮されるべきという理念を一般的に定めたものであり、必ず反映されるということまでをも求めているものではないこと。なお、学校においては、児童生徒等の発達段階に応じ、児童生徒等の実態を十分把握し、一層きめ細かな適切な教育指導に留意すること」とあったように、政府・文部科学省が、日本社会や学校において、子どもの権利条約を根づかせようとする努力をしてこなかったことがあげられる。その意味で、文部科学省は、子どもの権利条約を無視、または、否定しているといえる。

　また、『生徒指導提要』では、第7章第4節「青少年の保護育成に関する法令等」において、2010年4月に施行された、「子ども・若者育成支援推進法」を取り上げて、コラムまで設けて重視しているが、この法律は、その子ども観・援助観からして、子どもの権利を定めた法律ではないことに、特段の注意をしておかなければならない。

4　新しい指導・支援を実現する人間発達援助者としての教師

　現代の日本社会には、教師や学校が、子ども問題や教育問題などの世の中の問題を解決してくれるかのような、過剰な期待が広がっている。いいかえれば、教師に対して子どものしつけや親のイチャモンの対応など、多くを求めすぎる風潮があるということである。

　このような風潮を根拠として教育改革が叫ばれ、特に、その多くとして、教員評価制度をはじめとする教師に関する改革が打ち出されて実施されている。例えば、2009年度より本格実施となった「教員免許更新制」は、教員としての成長のための研修、教員の資質能力の定期点検のための評価、教員の適格性の審査、をその内容としている。このような教員免許更新制における教師観は、「何でもこなせる」専門性をもつ教師ということができるだろう。『生徒指導提

要』が求める教師像も、特に章節は設けていないが、基本的には同じだといえる。しかし、教師が誰しも、「何でもこなせる」先生になれるわけではない。このような教師に「ならねばならない」・「なるべきである」と考えてしまうと、自分で自分のことを強迫してしまい、精神的な病いにおちいってしまいかねない。また、このような教師ばかりがいる学校は、ある意味では、異様な状態である。

　むしろ、いま、求められている教師像は、「誰でもおこなえる」専門性をもつ教師というものなのではないだろうか。子どもとよく話し合う教師、教育の内容をよく理解している教師、という教師像は、教師になりたいと思う人であれば、当然おこなわなければならない、と感じていることだと思われるし、無理なく誰でもできることである。

　「誰でもおこなえる」専門性をもつ教師像は、近年、長野県・高知県・埼玉県・東京都などをはじめとして全国各地で取り組まれている、子ども・親・教師・地域が学校に参加する、「開かれた学校づくり」という教育実践の中で模索されている教師像である。「開かれた学校づくり」の教師像は、教師同士が支え合う関係である同僚性を形成し、学校に関わる人たちとのパートナーシップによって学校をよりよくしていく、「開かれた」専門性をもつ教師像である。「開かれた学校づくり」を通して、子どもたちは学校が楽しいといい、親たちは学校を自慢し、教師たちはいきいきと教育活動をおこなっている[12]。

　『生徒指導提要』が求めている教師像については、一つの教師像として受け止めつつ、一方で、政府・文部科学省も推進している、「開かれた学校づくり」で模索されている教師像を追求しながら、現代にふさわしい教師像を練り上げていくことが大事だと思われる。そうする中で、教師をめざそうとする学生たちに対しても魅力的な教師像を提示することができ、また、学生たちも魅力的な教師像をめざす努力をするようになっていき、そういう中で、日本の学校全体が、よりよい教育活動を展開するようになるのではないだろうか。

〈注〉
（1）『学習指導要領』に関する批判については、梅原利夫『新学習指導要領を主体的につかむ―その構図とのりこえる道』新日本出版社，2018年、佐貫浩『学力と新自由主義 「自己責任」から「共に生きる」学力へ』大月書店，2009年、など参照。
（2）『生徒指導提要』に関する批判については、柿沼昌芳・永野恒雄編著『「生徒指導提要」一問一答―生徒指導のバイブルを読み解く』同時代社，2012年、など参照。
（3）藤田昌士「生活指導」平原春好・寺﨑昌男編集代表『新版　教育小事典【第3版】』学陽書房，2011年，206頁、藤田昌士「生徒指導」同上，209頁。
（4）臨床心理士の横湯園子の援助実践については、横湯園子『教育臨床心理学：愛・いやし・人権　そして恢復』東京大学出版会，2002年、太田政男・小島喜孝・中川明・横湯園子編著『困った！に応え、自立を励ます　思春期・青年期サポートガイド』新科学出版社，2007年、横湯園子『不登校・登校拒否―悩める親と子へのメッセージ』岩波ブックレット，1993年、横湯園子『いじめ、不登校、暴力…子どもたちの悲鳴に耳を傾けて』岩波ブックレット，1997年、など参照。
（5）横湯園子『ひきこもりからの出発―あるカウンセリングの記録』岩波書店，2006年，104頁。
（6）関連して、スクール・カウンセラーの援助実践については、ダリル・ヤギ著，上林靖子監修『スクールカウンセリング入門―アメリカの現場に学ぶ』勁草書房，1998年、など参照。
（7）ゼロ・トレランスについては、喜多明人「寛容なき厳罰主義〈ゼロ・トレランス〉―子どもが育つ環境なのか」藤田英典編『誰のための「教育再生」か』岩波新書，2007年、参照。
（8）弁護士の小笠原彩子の援助実践については、小笠原彩子「H君の思い出」津田玄児編著『子どもの人権新時代』日本評論社，1993年、日本弁護士連合会編・著『子どもの権利条約と家族・福祉・教育・少年法　子どもたちの笑顔がみえますか　法的検討と提言』こうち書房，1993年、日本弁護士連合会編著『子どもの権利マニュアル［改訂版］子どもの人権救済の手引』こうち書房，1995年、小笠原彩子「虐待された子どもの傷」日高教・高校教育研究委員会編集『季刊高校のひろば』vol. 21，労働旬報社　1996年、小笠原彩子「子どもたちの声に耳をかたむけて」日高教・高校教育研究委員会編集『季刊高校のひろば』vol. 22，労働旬報社，1996年、小笠原彩子「校則は法律より優先するのか？」日高教・高校教育研究委員会編集『季刊高校のひろば』vol. 23，労働旬報社，1997年、小笠原彩子「『教師の教育権と子どもの人権』雑感」日高教・高校教育研究委員会編集『季刊高校のひろば』vol. 24，労働旬報社，1997年、など参照。

（9）小笠原，前掲「H君の思い出」『子どもの人権新時代』，265頁。
（10）関連して、家庭裁判所調査官の援助実践については、井上博道『裁かれる少年たち　少年審判と「改正」少年法』大月書店，2001年、など参照。
（11）子どもの権利条約に関しては、子ども向けの絵本ではある、木附千晶・福田雅章文，森野さかな絵『「こどもの権利条約」絵事典』PHP研究所，2005年、林量俶・世取山洋介監修，こどもくらぶ編・著，DCI日本支部協力『きみの味方だ！子どもの権利条約』全6巻，ほるぷ出版，2003-2004年、など参照。
（12）現代の教師像は、浦野東洋一・神山正弘・三上昭彦編『開かれた学校づくりの実践と理論　全国交流集会一〇年の歩みをふりかえる』同時代社，2010年、田中孝彦『子ども理解―臨床教育学の試み』岩波書店，2009年、など参照。

BOOK REVIEW 5

『「教育」からの脱皮─21世紀の教育・人間形成の構図』
  汐見稔幸，ひとなる書房，2000年

　「教育学とは、親や教師が育児や教育に悩む、その悩みに深くつきあい、苦悩を共有しながら、その中から少しでも光明を見つけようと格闘する学問である」。
　著者の汐見稔幸は、教育学をこのようにとらえようとしている。教育哲学・教育史・学校教育学・教育行政学・社会教育など、教育学の中で研究の細分化がすすむ一方で、複雑化する子ども問題・学校問題の解決には、細分化した研究ではない、学際的アプローチの研究が必要ではないかと、私自身、考えているため、自分の研究領域を、「教育学」と表現しているのであるが、汐見が、このような教育学のとらえ方を示していることに、勇気を与えられた思いがした。
　汐見の教育学のとらえ方からは、教育学を理論的に構築しようとしているのではなく、実践的に構築しようとしていることがうかがえる。それは、本書の文体が、教育実践に対するあたたかいまなざしと、教師をはげますような語りで溢れているからである。
　なかでも、「家族」への着目の仕方には鋭いものがある。精神科医である斎藤学の家族論を取り上げながら、本来あるべき家族像を主張するのではなく、実態に即して考える必要があることを提起している。これは、汐見の子育ての体験から、率直に実感として出てきたものであり、汐見自身、「自己一身上の問題」として認識しているからであろう。私も、子育て真っ最中であるが、子育ては、子どもの問題だけにとどまらず、子どもを育てる親のあり様の問題でもあると、日々、感じており、ここに、私が教育学にこだわる「自己一身上の問題」があるのかもしれない。さらに、汐見が展開する家族における親の役割は、学校における教師の役割をとらえなおす視点ともなっており、大変興味深い。
　「学校を『学校的なもの』から解放すること、〈教育〉を『教育的』なものからときはなつこと、そして家庭、地域、学校を串刺しにするような論理を見つけ出すこと、何よりも共生的な文化にこだわること、そういう私なりの思いが本書に通奏低音のように流れている」と書かれているが、あらゆる機会・あらゆる場所でおこなわれている社会実践から教育実践をとらえなおすことで、21世紀の教育学を、教育にかかわるすべての人たちとともにつくることが求められているのである。（2007年2月）

VI
教師の再編成原理としての社会教育関連専門職

　現代の教育を国際比較の視野から見た場合、「生涯学習」という考え方は押さえておく必要がある。生涯学習とは、「従来の学校教育中心の発想や制度を越えて、すべての人々の生涯にわたる豊かな人間発達ができるよう多様な機会を社会に広く用意して常に学習への関心と意欲を呼び起こすとともにそれに応えられるような体制を整えようとする教育思想や教育政策」[1]のことである。このような生涯学習という理念からすると、日本の教師と教育実践のあり方は、とらえかえされなければならないからである。

　しかし、歴史社会の視野から見た場合、日本には、生涯学習と同様の、学校教育をとらえかえすものとして、「社会教育」があることを忘れてはならない。社会教育とは、「学校教育以外で組織される教育・学習・文化活動の総称」[2]のことである。

　日本国憲法（1946年）第23条［学問の自由］、および、第26条［教育を受ける権利］によって、日本の教育の憲法的自由がうたわれている。その日本国憲法を受けて、教育基本法（旧法は1947年施行、新法は2006年施行）が、その前文によって明確に示しているように、具体化を図っている。このように、日本の教育は、日本国憲法・教育基本法法制として組織化されており、その意味において、「人権としての教育」と説明することが可能なのである。

　その中で、旧・教育基本法の社会教育関連条項を見てみると、第２条（教育の方針）、第７条（社会教育）が規定されている。それに対して、新・教育基本法の社会教育・生涯学習関連条項を見てみると、第２条（教育の目標）・第３条（生涯学習の理念）、第10条（家庭教育）・第12条（社会教育）・第13条（学校、家庭及び地域住民等の相互の連携協力）がそれぞれ規定されている。このような教育基

本法では、社会教育と生涯学習が類似概念であると理解されがちであるが、必ずしも明確に区分された概念というわけではない、ということである。

だが、本章で問題としたいのは、社会教育・生涯学習の概念の明確化ではなく、社会教育と生涯学習の関連を問う中で、1989年以降に台頭してきた、NPOなどの人間発達援助実践のもつ教育力である。もう少し限定的に説明をすれば、社会教育・生涯学習を基盤とする人間発達援助者は、教師をとらえかえすうえで、どのような知見を提供しているのか、ということである。

以下、本章では、社会教育・生涯学習をめぐる法と政策の動向を概観したうえで、NPOとの連携・協働、子どもの居場所・文化活動について見ていく。

1 フォーマルな教育としての社会教育・生涯学習

(1) 社会教育法

日本国憲法・教育基本法法制は、学校教育法、社会教育法、地方教育行政の組織及び運営に関する法律によって具体化されている。

社会教育法の重要点はどこにあるのだろうか。社会教育法（1949年施行、2017年最終改正）の勘所は、第3条（国及び地方公共団体の任務）である。第3条には、「国及び地方公共団体は、〔中略〕社会教育の奨励に必要な〔中略〕方法により、〔中略〕環境を醸成するように努めなければならない」・「国及び地方公共団体は、〔中略〕生涯学習の振興に寄与することとなるよう努めるものとする」・「国及び地方公共団体は、〔中略〕学校、家庭及び地域住民その他の関係者相互の連携及び協力の促進に資することとなるよう努めるものとする」と規定されている。これは、社会教育、生涯学習、学校・地域・家庭の連携に関する主体を、子ども・親・地域住民に求めて、社会教育活動である自由な教育・文化活動をよりよくするために、国および地方自治体は、さまざまな方法によって、環境醸成のために援助をする義務を負っている、と解釈することができる。そして、社会教育専門職である社会教育主事は、その社会教育活動に専門的・技術的な助言・指導をおこなうのである。ここに、自己教育主体を援助する、「教育専

VI　教師の再編成原理としての社会教育関連専門職

門職の再編成原理としての社会教育専門職」を見ることができる(3)。

(2) 生涯学習振興法

　ポール・ラングランの生涯教育論（1965年）やエットーレ・ジェルピの生涯教育論（1983年）、さらには、「学習権」（1985年）や「成人の学習に関するハンブルク宣言」（1997年）など、日本の社会教育・生涯学習は、ユネスコ国際成人教育会議の生涯学習の理念に影響を受けてきた。日本の社会教育・生涯学習は、1970年前後以降、中央教育審議会答申「今後における学校教育の総合的な拡充整備のための基本的施策について」（1971年）、中央教育審議会答申「生涯教育について」（1981年）、臨時教育審議会第一次答申（1985年）、中央教育審議会答申「生涯学習の基盤整備について」（1990年）などの政策文書において、「生涯学習」・「生涯学習社会」・「生涯学習体系」という用語を頻繁に使うようになった。そして、この間の生涯学習政策の集大成に位置するのが、「生涯学習の振興のための施策の推進体制等の整備に関する法律」である。

　生涯学習振興法の重要点はどこにあるのだろうか。生涯学習の振興のための施策の推進体制等の整備に関する法律（1990年施行、2002年最終改正）の勘所は、第１条（目的）である。第１条には、「この法律は、国民が生涯にわたって学習する機会があまねく求められている状況にかんがみ、生涯学習の振興に資するために都道府県の事業に関し〔中略〕生涯学習の振興のための施策の推進体制及び地域における生涯学習に係る機会の整備を図り、もって生涯学習の振興に寄与することを目的とする」と規定されている。生涯学習振興法の制定過程においては、主務行政である文部省（現・文部科学省）と通産省（現・経済産業省）、職業能力開発行政である労働省（現・厚生労働省）、福祉行政である厚生省（現・厚生労働省）が関係したが、これは、それぞれの省庁において生涯学習のとらえ方に相違が生じたままできあがった法律であることを如実に表現している。その結果、本来的には、日本国憲法・教育基本法法制のあり方を問いなおす理念を提起できたにもかかわらず、教育の一領域としての生涯学習の条件整備を提示するにとどまっている。あえていうならば、生涯学習とは、学習者が、「学

びたいことを、学びたい時に、学びたいだけ、学ぶ」ということになり、教育専門職を必要としないことになる[4]。

(3) 社会教育・生涯学習の課題

このような社会教育・生涯学習の法と政策をめぐる当面の課題としては、次の四点を指摘することができる。

第一、生涯学習と国民の学習権に関してである。生涯学習は、「生涯にわたる発達と学習の権利」として把握する必要があるが、その内実は、ライフサイクルに即しての人間発達とアイデンティティに即しての人間関係で構成されている。これは、教育法学でいうところの「国民の学習権」のことであるが、国民の学習権は、市民の学習権、住民の学習権、労働者の学習権、子ども・青年＝若者の学習権として深化している。このような国民の学習権をふまえながら、新自由主義教育改革から導き出される生涯学習の展開に対抗する必要がある[5]。

第二、社会教育職員に関してである。社会教育職員については、社会教育主事・社会教育主事補として、社会教育法第２章に法的な位置づけ・役割が規定されている教育専門職かつ教育公務員である。しかし、その専門性や身分保障については、学校教育の専門職である教師と比べてみると、専門職配置がなされていないことにあらわれているように、非常に低い。それは、図書館専門職である司書や博物館専門職である学芸員と比べてみても、同様である。社会教育職員は臨時職員化しつつあり、このことは、自己教育主体による社会教育活動を向上させる契機とは決してなっていない。新自由主義教育改革の中で、社会教育職員の専門性を再構築することは急務である[6]。

第三、指定管理者制度と施設の運営管理に関してである。指定管理者制度とは、地方自治法第244条の２（公の施設の設置、管理及び廃止）に基づいて、これまで地方自治体が管理・運営をおこなっていた公の施設を、民間企業やNPO法人などが代行する制度である。指定管理者制度の管理対象は、地方自治法にいう「公の施設」、社会教育・生涯学習でいえば、公民館・図書館・博物館である。その導入の背景には、新自由主義に基づく、新しい公共管理・経営とい

う理念がある。しかし、導入の結果として、受益者負担など、学習者間での不平等が生じており、社会教育・生涯学習の質の低下などの問題点が見られる。社会教育専門職をとらえなおすうえで、避けては通ることはできない[7]。

　第四、学校開放に関してである。学校開放は、学校教育法第137条［社会教育への利用］、社会教育法第6章「学校施設の利用」やスポーツ基本法第13条（学校施設の利用）に法的根拠をもっている。その内実は、主として、屋外運動場・体育館・水泳プール・野外庭球場など、学校体育施設が開放されている。その学校体育施設は、地域のスポーツクラブが使用している。学校体育施設開放は、スポーツの条件整備のためだけにおこなうものではなく、「学校を地域に開く」という学校支援の取り組みでもある。その意味で、学校開放からは、学校をとらえなおす契機を見出すことができるのである[8]。

 ## 2　ノンフォーマルな教育としてのNPO

(1) 市民の学びとNPOの新たな役割

　「21世紀は市民の時代である」というメッセージに象徴的にあらわされているように、生涯学習社会における市民によるNPO活動がひろがりをみせている。それらが教育や教育法に提起している課題は何か[9]。

　NPO（Non Profit Organization＝非営利団体）とは、アメリカのレスター・サラモンが提示した、①公式に設立されたもの、②民間（非政府組織の意味）、③利益配分をしない、④自主管理、⑤有志によるもの、⑥公益のためのもの、という六つを内包しながら、概念規定の第一要件として外に開かれた組織民主主義をもち、法人化・公式化されない人の出入りの流動的な運動体も含んで、アソシエーションの特性をもつものである[10]。1998年に制定（2013年に最終改正）された特定非営利活動促進法（以下、NPO法）には、「ボランティア活動をはじめとする市民が行う自由な社会貢献活動」（第1条）の推進を図る団体で、別表に示された20の活動分野において、「不特定かつ多数のものの利益の増進に寄与することを目的」（第2条）として法人格を取得した団体、と規定されている。

表　行政・協同組合・ボランティア・NPO の対照

行　　政	協同組合	ボランティア	NPO
団体自治・住民自治	自発性・自主性	自発性・自主性	自発性・自主性
公益・公共	共益	対価を求めない	利益追求ではない・しかし収益可
地方政府・中央政府公共性	非政府性	非政府性	非政府性・非企業性
行政責任	協同性	善意	使命（ミッション）

　日本における NPO は、平和・人権・環境・共生、子ども・青年＝若者・女性・労働者・障害者などの領域での課題に取り組む、市民の自主的な団体・グループがすでに存在していたところに、後から NPO として法律によって位置づけられたところにその特徴をもっている。その意味で、日本における NPO のもつ新しい役割は、行政・協同組合・ボランティアなどとの関連において把握される必要がある（表を参照）。

　また、市民の自主的な団体・グループは、従来より、社会教育法における「法人であると否とを問わず、公の支配に属しない団体で社会教育に関する事業を行うことを主たる目的とするもの」（第10条）である「社会教育関係団体」として把握され、これらの団体・グループのおこなう活動は社会教育活動ととらえられてきた。一方、NPO 法が規定する活動分野には、「社会教育の推進を図る活動」があげられているが、実際には、社会教育活動と NPO 活動は同じものを指している。その意味で、「NPO は、〔中略〕市民的立場からの共同学習の組織者・学習機会の提供者として意義づけることができよう」[11]という指摘からは、NPO のもつ学習活動機能というもう一つの特徴が理解できる。

　なお、NPO という用語は、アメリカをのぞく諸外国では、NGO（Non Governmental Organization＝非政府組織）と区別されずに使われ、また、ヨーロッパでは、NPO という用語は使われずに、NGO、アソシエーション、ボランティア団体、協同組合、共済組合という用語が使われている。

Ⅵ　教師の再編成原理としての社会教育関連専門職

(2) NPOをめぐる論点

　NPO法は、その制定過程より、法制度と実態の関係について、いくつもの問題点が指摘されている。例えば、第2条（定義）や第12条（認証の基準等）などを解釈するうえで法的な問題となるのが、「法人」についてである。①自由な社会貢献活動をおこなうNPOは、届出制度によって法的に認められるべきだが、NPO法では、許認可制度を採用していること、②NPOは、自由な社会貢献活動をおこなう組織だが、NPO法では、NPOは所轄庁の管理・監督を受けなければならないこと、など、NPO法の具体的な手続きや運用の問題が考えられる。当面する検討すべき課題としては、次の三点に集約することができる[12]。

　第一は、NPO法のインパクトと具体的対応と関連して、NPO活動支援の政治・文化・財政環境、法人としての課題・専門スタッフ養成・事業展開などである。第二は、NPO法と第三セクター論と関連して、国・自治体や企業組織との類似性やダミー性の危険、ボランティア・企業・行政との関連と区別などである。第三は、NPOのもつ新たな「市民像」の構築の課題と関連して、行政責任の批判的改善要求主体になれるのか、権利の掘り崩しか・権利の拡大寄与か、ミッションの理解などである。

(3) NPOのもつ可能性

　以上のような論点を含みつつも、教育法学的観点からすると、NPOにはある可能性があると思われる。

　その第一は、NPOが、「学習する組織」であるということである。NPO法は、すでに先行して存在していたNPOを根拠として制定されているが、施行後、教育領域でいえば、企業を母体とするNPO法人が、教育特区を活用して学校設置・経営をおこなうなど、その実態はさまざまである。このような実態がありつつも、NPOが、学習活動を通して、その存在意義を証明しているとすれば、NPO法の内実をNPOがつくり、それが、NPO法の新しい解釈へとつながると思われる。これは、国民の学習権の現代的展開としてとらえることができ、また、生涯学習の公共性の重要な視点を提示しているということである。

その第二は、NPO のスタッフ養成についてである。NPO のスタッフは、従来の教育専門職と違い、養成機関をもっていない。そのため、十分な資質能力をもっていない NPO のスタッフが多いことも確かである。しかし、NPO のスタッフは、NPO における学習活動を通して、自身の人間観・教育観を再構築し、その専門性をとらえなおしている。その意味で、NPO は教育力をもっているということである。

　これら二つの可能性は、NPO の自己教育運動と深い関係にある。例えば、フリースペース・コスモのような、子どもの居場所づくり・地域づくりのネットワークや、「非行」と向きあう親たちの会のような、子ども・おとなの生存・成長・学習を支える人間発達援助に関わる諸分野の新しい社会的共同にみられるように、NPO が現代の人間形成にはたす役割は大きい。それは、NPO が、ノンフォーマル・エデュケーションであるからであり、学校教育に相対して把握される時、学校や教師をとらえかえす契機ともなるからである[13]。

3　インフォーマルな教育としての子どもの居場所・文化活動

(1) 子どもの居場所・文化活動の実態

　近年、子どもの生存・成長・学習を支える新しい社会的共同として、ネットワーク型運動がひろがりをみせている[14]。

　その一つの例として、東京・三鷹にある「NPO 法人文化学習協同ネットワーク」(代表理事・佐藤洋作)がある。この文化学習協同ネットワークは、地域の子育てセンターとしての役割と登校拒否・不登校の子どもの居場所づくりとしての機能をもつフリースクールである。子どもたちは、この居場所を拠点として、「自分さがし」をおこない、その子どもたちに対して、常勤あるいはボランティア・スタッフの青年＝若者やおとなたちは、子どもたちの求める学びや体験的学びの援助、進路探しマガジン『カンパネルラ』の発行やパン屋づくりをはじめとする若者自立支援プログラムの展開などの働くことの援助をおこなっている。子どもたちは、これらの取り組みの中で、自らの人生を主体的に生

きることを模索し、地域づくりなどの文化活動に文化創造主体として社会参加しているのである(15)。

この他にも、子どもの居場所づくりの実践としては、東京・杉並にある「ゆう杉並」や、東京・世田谷にある「羽根木プレイパーク」、神奈川・川崎にある「子ども夢パーク」などがある。これらの援助実践は、子どもからみると、「もう一つの学校」という意味での学校外教育であり、「地域での学び」という意味での子どもの社会教育であり、「家庭から自立する」という意味での子育ちである。子どもは、居場所を通して、青年＝若者・おとなは、その子どもの援助を通して、学びを共同化し、自己形成を組織化する。つまり、子どもの居場所は、おとなになるための「自分さがし」の空間であり、子どもの居場所づくりは、「子どもが育つ地域社会」をつくることになるのである(16)。

(2) 子どもの居場所・文化活動をとりまく法制度

日本における子どもの居場所に関する法制度としては、フリースクールが学校教育法（1947年）に規定されている学校ではないため、直接的なものはない。文化活動に関する法制度は、文化芸術基本法（2001年）と、子どもの読書活動の推進に関する法律（2001年）があるに過ぎないのである。公的な資金援助がないために、居場所づくりや文化活動を担う青年＝若者・おとなの身分と賃金が不安定なこと、居場所・文化活動に関わる施設整備が不十分であること、それにともなって、子どもや家族にとっては、受益者負担となってしまうこと、あるいは学校卒業資格が取得できないことなどの課題があるにもかかわらず、この領域の法整備は、極めて不十分であるということができる。

しかし、国際的にみた場合、IPA 子どもの遊ぶ権利宣言（1977年）や、子どもの権利条約（1989年）第31条（休息・余暇、遊び、文化的・芸術的生活への参加）などの「遊ぶ権利」が規定されており、これは、「教育への権利」と並んで明記されている。この点で、日本においても、居場所づくり・文化活動などの社会的共同を法制度的に保障することが求められている(17)。さらに、フリースクールをおこなっているNPO法人による教育特区を利用した学校設置や、教

育委員会による適応指導教室の整備、文部科学省による子どもの居場所づくり新プランなど、あるいは、子ども・若者育成支援推進法（2009年）、子ども・子育て支援法（2012年）、子どもの貧困対策の推進に関する法律（2013年）などの政策動向にも注目する必要がある。特に、子ども問題や青年＝若者の「学校から仕事へ」問題が政策的課題になっている今日、子ども・青年＝若者に関する法制度をつくればよいという認識や、学校の問題は文部科学省の管轄で、仕事の問題は厚生労働省の管轄であるという認識では問題解決につながらず、「教育と福祉の結合」を基盤とした子どもの権利の観点からの制度構想を追求する必要があるだろう[18]。

〈注〉
（1）島田修一「生涯教育・生涯学習」平原春好・寺﨑昌男編集代表『新版　教育小事典【第3版】』学陽書房，2011年，179頁。
（2）島田修一「社会教育」，同上，162-163頁。
（3）島田修一『社会教育の自由と自治』青木書店，1985年、姉崎洋一「社会教育法・生涯学習振興法」姉崎洋一・荒牧重人・小川正人・金子征史・喜多明人・戸波江二・廣沢明・吉岡直子編『ガイドブック教育法　新訂版』三省堂，2015年、など参照。
（4）原正敏・藤岡貞彦編著『現代企業社会と生涯学習』大月書店，1988年、小林文人・藤岡貞彦編『生涯学習計画と社会教育の条件整備　生涯学習計画と政策のあり方、公民館、図書館、博物館の新しい役割と基準法制を展望する』エイデル研究所，1990年、姉崎，同上，など参照。
（5）小川利夫編『住民の学習権と社会教育の自由』勁草書房，1976年、長澤成次「社会教育の権利構造の再検討」日本社会教育学会編『講座現代社会教育の理論Ⅰ　現代教育改革と社会教育』東洋館出版社，2004年、宮盛邦友「社会教育・生涯学習条項の教育政策手法—第二の教育改革と第三の教育改革を中心にして」『戦後史の中の教育基本法』八月書館，2017年、など参照。
（6）内田和浩『「自治体社会教育」の創造［増補改定版］』北樹出版，2011年、辻浩「現代的人権と社会教育労働の展望」日本社会教育学会編『講座現代社会教育の理論Ⅱ　現代的人権と社会教育の価値』東洋館出版社，2004年、日本社会教育学会編『学びあうコミュニティを培う—社会教育が提案する新しい専門職像』東洋館出版社，2009年、宮盛邦友「所沢市社会教育にみる社会教育実践—社会教育実践論の観点から」前掲『戦後史の中の教育基本法』、など参照。

Ⅵ　教師の再編成原理としての社会教育関連専門職

（7）長澤成次『現代生涯学習と社会教育の自由――住民の学習権保障と生涯学習・社会教育法制の課題』学文社，2006年、上野景三「地方自治制度改革と社会教育行政」日本社会教育学会，前掲『講座現代社会教育の理論Ⅰ』、など参照。
（8）池上洋通・新井文昭・安藤聡彦・朝岡幸彦編著『市民立学校をつくる教育ガバナンス』大月書店，2005年、太田政男「学校論の再構築」日本社会教育学会，前掲『講座現代社会教育の理論Ⅰ』、など参照。
（9）佐藤一子『生涯学習と社会参加――おとなが学ぶことの意味』東京大学出版会，1998年、佐藤一子編『NPOの教育力　生涯学習と市民的公共性』東京大学出版会，2004年、日本社会教育学会編『日本の社会教育第51集　NPOと社会教育』東洋館出版社，2007年、など参照。
（10）詳しくは、佐藤慶幸『NPOと市民社会　アソシエーション論の可能性』有斐閣，2002年、参照。
（11）佐藤一子「NPOと21世紀の社会教育」佐藤一子編著『NPOと参画型社会の学び――21世紀の社会教育』エイデル研究所，2001年，8頁。
（12）詳しくは、姉崎洋一「市民の学びとNPO法」『月刊社会教育』NO. 517，国土社，1998年12月号、田中雅文・三宅隆史「民間セクターにおける生涯学習の展開」日本社会教育学会編『講座現代社会教育の理論Ⅲ　成人の学習と生涯学習の組織化』東洋館出版社，2004年、参照
（13）詳しくは、姉崎洋一「地域の教育機能の向上と地域コミュニティの育成」西尾勝・小川正人編著『分権改革と教育行政〜教育委員会・学校・地域』ぎょうせい，2000年、宮盛邦友編著『子どもの生存・成長・学習を支える新しい社会的共同』北樹出版，2014年、など参照。
（14）太田政男編集『最新青少年事情サミングアップ』教育開発研究所，2003年、など参照。
（15）詳しくは、佐藤洋作『君は君のままでいい　10代との対話と共同』ふきのとう書房，1998年、佐藤洋作・カンパネルラ編集委員会編『もう一つの〈いろいろな〉働き方　若者たちの仕事探し・仕事起し』ふきのとう書房，2002年、佐藤洋作・浅野由佳・NPO文化学習協同ネットワーク編『コミュニティ・ベーカリー風のすみかにようこそ　ニートから仕事の世界へ』ふきのとう書房，2005年、竹内常一・佐藤洋作編著『教育と福祉の出会うところ――子ども・若者としあわせをひらく』山吹書店，2012年、など参照。
（16）詳しくは、佐藤一子『子どもが育つ地域社会　学校五日制と大人・子どもの共同』東京大学出版会，2002年、増山均『子ども研究と社会教育』青木書店，1989年、など参照。
（17）増山均『余暇・遊び・文化の権利と子どもの自由世界　子どもの権利条約第31条論』青踏社，2004年、など参照。
（18）小川利夫『教育福祉の基本問題』勁草書房，1985年、など参照。

BOOK REVIEW 6

『開かれた学校づくり』
浦野東洋一，同時代社，2003年

　「開かれた学校づくり」は、誤解されているようである。三者協議会や学校フォーラムさえ取り組めば学校がよくなる、という間違った解釈である。このように誤解する人たちは、開かれた学校づくりを理論的に検討することで判断しているようである。しかし、開かれた学校づくりは、理論からではなく、実践から生成しているのである。そのことを提唱する著者の浦野東洋一は、現場の先生たちに対して、「開かれた学校づくり」は、自分もできるのだからみなさんもできるはずである、という。例えば、1000名を越える大ホールで、「不必要な専門家意識やプライドや見栄をさらりと捨てる」ということを主張するやいなや、歌を歌い出すのである。誰でも緊張して考え込んでしまうであろう場面においても、浦野はいとも簡単に「開かれた学校づくり」のために、アクティビティをおこなってしまう。学校の諸問題は、理論から問題を明らかにして解決できるものばかりではなく、実践的にしか解決できないものも多くあるのだから、このようなアクティビティは、実は、有効性をもっているのである。それと関係するわけではないが、注目すべきは、本書の83-85頁の「スズメの学校からメダカの学校へ」において、なんと、私・宮盛が歌っているのである！すなわち、私も、躊躇しつつも、「開かれた学校づくり」を理解するということは、まずは、理論上の問題としてではなく、実践上の問題として理解しなければならない、ということを体験しているのである。こうして、開かれた学校づくりと私のつきあいが始まったのである。

　開かれた学校づくりは実践的な展開にとどまるものではなく、理論的にも重要な柱によって支えられていることを見過ごしてはならない。一つは、子どもの権利であり、もう一つは、学校の公共性である。そして、その中心に位置するのは、開かれた教職の専門性である。よく読めば、国民の教育権論の教育実践的展開なのである。「あとがき」で、「浦野理論とか学説とかを創造できなかった」と書かれているが、少なくとも私は、多くの研究者・実践家の心をつかんでいる開かれた学校づくりは浦野理論と呼ぶにふさわしい、と確信している。

　読めば読むほど味が出る。単純化して書かれた教育論の本書は、21世紀の学校像として、輝かしく光っている。　　　　　　　　　　　　　　　　（2014年1月）

Ⅶ
教員の地位と身分

　みなさんは、「教育」と聞いて真っ先に思い浮かべるものは、何だろうか。ここでは、ひとまず、「中学校の一日」をイメージしてほしい。

　朝8時過ぎに、生徒が学校に登校してくる。8時30分頃から、各教室で、理科・英語・保健体育などの各教科の先生が、生徒に教科書をひろげさせて授業をおこなう。お昼になると、給食を食べる。15時頃になると授業は終わり、放課後になって、部活動がおこなわれる。おそらく、みなさんの多くは、このような中学校の一日をイメージするだろう。

　しかし、中学校の一日は、教育法の観点から説明することも可能である。朝8時過ぎに、生徒が「学校教育法」に基づいて設置された学校に登校してくる。8時30分頃から、「公立義務教育諸学校の学級編制及び教職員定数の標準に関する法律」に基づいて編制された各教室で、「学習指導要領」に定められている理科・英語・保健体育などの教科の、「教育職員免許法」によって決められた教員免許をもつ先生が、「教科書の発行に関する臨時措置法」に即して作成された教科書に基づきながら授業をおこない、そのことによって先生は、「義務教育費国庫負担法」に基づく給与をもらっている。お昼になると、「学校給食法」で定められている給食を食べる。15時頃になると授業は終わり、放課後には部活動がおこなわれる。

　この見方は、「制度としての教育」と呼ばれるものである。「制度としての教育」という見方から説明すると、学校は文部科学行政機関の末端に位置する行政機関であり、「法に基づく教育行政」によって運営・整備されている。つまり、現代の学校は、「制度としての教育」・「法に基づく教育行政」によって特徴づけることができるのである。

したがって、学校で教育活動をおこなっている教師もまた、「制度としての教育」・「法に基づく教育行政」によって規定されていることになる。教師に関わる法律として、「地方公務員法」・「教育公務員特例法」などがあるが、厳密に考えると、これらの学校に関わる法律に触れる行為を教師はしてはならないことになる。

　しかし、教師が、法律通りに学校を運営しようとすると、学校は機能不全に陥ってしまう。例をあげると、生徒が教師の勤務時間外に授業に関する質問に来た時、法律にしたがえば、教師は生徒の質問に答える義務はない。勤務時間外だからである。しかし、勤務時間外であっても、生徒の質問に答えることが生徒の学力向上につながる可能性があるならば、教師としては対応する必要がある。もう一つ例をあげると、休日の部活動の引率は、教師にとっては休日出勤となるので、翌日に代休をとる権利がある。しかし、代休をとることが可能であっても、代休をとることによって、その教師の仕事の一部が他の教師の仕事となってしまい、結果的に他の教師の仕事量が増えて授業などに支障をきたすことが予測されるならば、代休をとることはできないだろう。

　このように、現代の学校は、「制度としての教育」・「法に基づく教育行政」として運営・整備されているけれども、同時に、「あいまいな組織としての学校」としても存在している。そして、現代の教師は、「法と制度によって規定された教師」であると同時に、「法をいかすもの・創るものとしての教師」としても存在している。

　以上のことをふまえて、本章では、「教員の地位と身分」に関して、第1節では、「制度としての教育」・「法に基づく教育行政」という観点から、教員の地位と身分に関する法と制度をみていく。第2節では、「あいまいな組織としての学校」・「法を生かす者・創る者としての教師」という観点から、近年の教員評価制度について批判しながら、「開かれた学校づくり」の中で、教員の地位と身分を創造することについて考える。

Ⅶ 教員の地位と身分

 1 教員の地位と身分に関する法と制度

　日本の教育は、「日本国憲法・教育基本法法制」と呼ばれるように、法律に基づいた教育制度として組織化されている。なかでも、教員に関する法と制度については、「教育基本法」(1947年制定、2006年最終改正)[1]によって、旧・教育基本法では第6条（学校教育）に、新・教育基本法では第6条（学校教育）と第9条（教員）に規定されている。

　新旧・教育基本法をつなげて読む時、教員に関する法と制度の位置づけは、第一に、教員は、「法律に定める学校」との関係で把握する必要があること、第二に、その学校は、「公の性質」をもち、教員は、「全体の奉仕者」であること、第三に、教員は、「研究と修養」、すなわち、研修を絶えずおこなわなければならず、そのためには、身分の尊重と待遇の適正が保障されなければならないということ、と解釈することができる。

　以下、この三点について、関連法も含めて理解を深めたい。

(1)「法律に定める学校」と「法律上の教員」

　「法律に定める学校」は、学校制度の基本を包括的に定めた法律である、学校教育法(2017年最終改正)第1条［学校の定義］によって、幼稚園、小学校、中学校、義務教育学校、高等学校、中等教育学校、特別支援学校、大学、高等専門学校、と規定され、その設置主体は、第2条［学校の設置者］で、国、地方公共団体、学校法人のみ、と規定されている。このような「法律に定める学校」に勤務する労働者のことを、「法律上の教員」と呼んでいる。

　法律上の教員には私立学校の教員も含まれるが、その多くが、学校の設置数からして公立学校の教員であり、公立学校の教員は、地方公共団体の公務員に適用される法律である、地方公務員法(2017年最終改正)によって地位と身分が保障されている。地方公務員の地位と身分は、地方公務員法第1条（この法律の目的）の中で、地方公共団体の人事機関ならびに地方公務員の任用、人事評

価、給与、勤務時間、その他の勤務条件、休業、分限、懲戒、服務、退職管理、研修、福祉および利益の保護、団体等人事行政に関する根本基準を確立することをもって保障される、と規定されている。その一方で、公立学校の教員は、地方公務員であることから、労働基本権が制約され、政治的中立性が確保されなければならない、という側面ももっている。

　しかし、公立学校の教員は、一般公務員と違い、「教師と子どもの間の直接の人格的接触を通じ、その個性に応じて行わなければならない」教育の仕事をつかさどる、という教育公務員としての特殊性から、地方公務員法の特別法である、教育公務員特例法（2017年最終改正）によっても地位と身分が保障されている。教育公務員の地位と身分は、教育公務員特例法第1条（この法律の趣旨）の中で、教育を通じて国民全体に奉仕する教育公務員の職務とその責任の特殊性に基づき、教育公務員の任免、人事評価、給与、分限、懲戒、服務、研修などが保障される、と規定されている[2]。

(2)「公の性質」をもつ学校と「全体の奉仕者」である教員

　法律に定める学校がもつ「公の性質」について、教育基本法が制定された当時に作成された教育法令研究会『教育基本法の解説』(1947年)には、「まず広く解すれば、おおよそ学校の事業の性質は、公のものであり、それが国家公共の福利のためにつくすことを目的とすべきものであって、私のために仕えてはならないということである。〔中略〕次に、狭く解すれば、法律に定める学校の事業の主体がもともと公のものであり、国家が学校教育の主体であるという意味に解せられる」[3]と書かれている。そのうえで、『教育基本法の解説』の採用している「公の性質」の解釈は、学校が公の性質をもつのは、教育が国家の事業だからであるという事業主体説、すなわち、狭い意味で解釈する狭義説を採用している。しかし、教育基本法の価値が戦後史の中で再発見される中で、「教育基本法の精神にもとづく公共性とはなにか。それは、一人ひとりのものであると同時にみんなのもの、という精神にもとづいているということができます。〔中略〕その公共性を支えるものの一つは、子どもの存在です。〔中略〕

さらにもう一つは、教育をとおして伝えられる学問や文化が、本質において、本性において、開かれているものです」(4)というように、法律に定める学校がもつ「公の性質」のとらえ方は変化していき、学校が公の性質をもつのは、教育が子どもの権利と学校の公共性を保障しなければならないからであるという事業性質説、すなわち、広い意味で解釈する広義説を採用するようになってきた。

　教員は「全体の奉仕者」であるとは、日本国憲法第15条（公務員の選定罷免権、全体の奉仕者、普通選挙、投票の秘密）第2項に規定されている、すべて公務員は、全体の奉仕者であって、一部の奉仕者ではない、ということを受けてのものではあるが、さらに、旧・教育基本法第10条（教育行政）、新・教育基本法第16条（教育行政）に規定されている、教育は、不当な支配に服することなく、国民全体に対し直接に責任を負っておこなわれるべきものである、という趣旨と重ねて読む必要がある。すなわち、教員は、一人ひとりのものであると同時にみんなのものという性格をもつ存在であり、子どもの権利、特に学習権を保障・救済するという観点から、未来に開かれた教育内容を学習・研究し、そのことを通して、国民全体に対して直接に責任を負う奉仕者である、という理由から、教員の地位と身分は、法律によって保障されているのである。浦野東洋一は、教育活動において、「教育の政治的中立性」が守られているかどうかを見わける基準（教育原理）として、①「教育」は「教化」や「宣伝」とは違うことが自覚されているか、②子どもの人権・権利がふまえられ、生徒の自主性が尊重されているか、③学習課題の設定や教材の選定にあたり、生徒の発達段階が考慮され、教育的価値が吟味されているか、④資料・情報などの提供は客観的かつ公平になされているか、⑤同僚や保護者などクラスや学校外部に開かれた教育活動になっているか、の五点をあげているが、これは、教員が「全体の奉仕者」であるための基準としてもあてはまるものである[5]。

(3)「教員」と「研修」

　「公の性質をもつ」学校に勤務する「全体の奉仕者」である教員は、その仕

事の内容が子どもの生存・成長・学習に大きな影響を与えることから、その使命をはたすために、「修養と研究」、すなわち、不断に研修を積み重ねる努力をする必要がある。よって、地方公務員法第39条（研修）に、職員には、その勤務能率の発揮および増進のために、研修を受ける機会が与えられなければならないと、教育公務員特例法第21条（研修）に、教育公務員は、その職責を遂行するために、絶えず研究と修養に努めなければならないと、第22条（研修の機会）に、教育公務員には、研修を受ける機会が与えられなければならないと、研修について規定がされているのである。

　研修の種類については、任命権者による「行政研修」と、自己教育活動としての「自主研修」があるが、行政研修は、例えば、初任者研修、10年経験者研修、大学院修学、などがおこなわれており、自主研修は、例えば、教育研究全国集会（日本教職員組合・全日本教職員組合）、民間教育研究（教育科学研究会、数学教育協議会など）が主催する研究会に参加するなど、多種多様な取り組みが可能である。どのような研修をするのかは、個々の教員の裁量に委ねられている[6]。

　以上のように、「法律に定める」「公の性質をもつ」学校に勤務している「全体の奉仕者」である教員の地位と身分は、地方公務員法や教育公務員特例法という法と制度によって保障されている。しかし、その内実は、法律に規定されている「研修」という制度を通して教員自身が保障していくことになっているのである。

　このような教員の地位と身分の考え方は、日本独自のものではない。1966年に採択されたILO・UNESCO教員の地位に関する勧告においても、教員を専門職として位置づけたうえで、研修の意義、労働条件の改善、教育政策決定への参加、学問の自由、市民的権利の保障などをうたっている。近年、日本の教員に関する指導力不足教員政策および教員評価問題について、全日本教職員組合は、「『教員の地位に関する勧告』の適用に関わるILO・UNESCO共同専門家委員会（CEART）」に申し立てをして、日本の教員の地位と身分の向上のための取り組みをおこなっている[7]。

　なお、日本の教員に関する法と制度の位置づけは、労働者性を軸にして構成

されているのに対して、ILO・UNESCO教員の地位に関する勧告は、専門職を軸にして構成されており、教員を把握する際の軸に違いがあるものの、現代の教師をとらえる時には、両者を統一的に把握する必要があるだろう。

2 教員評価と開かれた学校づくり

(1) 教員評価制度

　教員の地位と身分に関連して、近年、注目すべき教育改革として、「教員評価制度」[(8)]がある。教員評価制度は、地方教育行政の組織及び運営に関する法律（2017年最終改正）第44条（人事評価）に規定されており、教員の資質能力と職務遂行をより厳格に管理しようとする試みである。全国の多くの自治体で取り組まれているが、評価主体が、校長、父母、教員本人など多様であったりするように、その設置形態はさまざまである。

　例えば、東京都は、2002年度から全国に先駆けて、教員本人による自己申告制と校長などを評定者とする業績評価を組み合わせた教員評価制度を実施している。そこでは、評価を教員の職能成長に密接に連動させていくために、評価結果を研修や給与などの人事管理に活用する試みがおこなわれている。

　教員評価制度が導入される背景としては、主に三点をあげることができる。第一に、教員と学校に対する厳しい社会的批判が展開される中で、教員の資質能力の向上と学校の活性化を図る必要があるという制度の導入基盤がつくられてきたこと。第二に、能力・業績を重視した任用・給与・評価の新しいしくみをめざす公務員制度改革の中で、教員評価とそれに基づく処遇の見直しも避けられない情勢になっていること。第三に、教職員の給与に関する国と地方の負担などについて定めた義務教育費国庫負担制度が大幅に見なおされたことにより、公立学校の教員に対する地位と身分の配慮が後退し、一般公務員の人事管理に一本化されていくことが避けられないこと。

　これらは、大きくは、教育を取り巻く社会的環境の変化、行政構造の変化、として指摘することができる。教員の地位と身分の観点から見た場合、本来、

教員評価は、評価結果を給与・処遇などの人事管理に強く反映させて活用していく「総括的評価」と、教員の専門的な職能成長のために資質能力の改善を励ます目的をもった診断的評価で、評価結果を給与・処遇などの人事管理に反映させることを意図しない「形成的評価」がある。各自治体で実施されている教員評価制度の多くは、「教員勤務実態調査」[9]で明らかにされているような教員の多忙化にともなう教員の仕事の内容の変化を問うことなく、分限(処分)制度の積極的活用という「総括的評価」の文脈でおこなわれている。そして、その結果として、教員を学校現場から切り離して研修させ、「形成的評価」をすることなく、場合によっては、教員の地位や身分を剥奪することもある。教員評価制度は、「教員不信の発想に基づく制度構想」であるといえる。

(2) 開かれた学校づくり

このような教員評価制度に対して、浦野東洋一は、「開かれた学校づくり、教職員の同僚性の形成と結びつけて、教員の職能成長のあり方を本気で構想することが必要であり、〔中略〕その構想をもち、かつ実践することによって、教育委員会が出してくる教員評価〔中略〕に対し、効果的な議論を展開できる」と主張している。すなわち、教員が、教員評価制度を批判的にとらえつつも、自分自身の地位と身分を創造的に保障するためには、「教師、子ども、保護者、住民(地域の機関を含む)の学校参加」である開かれた学校づくりと、「教職員が職場でお互いに、気軽に声をかける・声をかけられる、相談し・相談される、教える・教えられる、助ける・助けられる、励まし・励まされる、ほめる・ほめられる、癒し・癒されることのできる人間関係」[10]という教師の同僚性を軸とした、教育実践を構想する必要があるのである。

「開かれた学校づくり」は、長野県辰野高等学校の三者協議会・辰高フォーラム、高知県・土佐の教育改革をはじめとして、北海道、群馬県、茨城県、埼玉県、東京都、静岡県、長野県、滋賀県、高知県などの公立・私立の中学校・高等学校で取り組まれている[11]。ここでは、その可能性を追求している埼玉県立草加東高校の学校連絡評価協議会[12]を通して、「開かれた学校づくりとし

Ⅶ　教員の地位と身分

ての教員評価」を考えてみることにしたい。

　埼玉県立草加東高校は、埼玉県南東部に位置する草加市にある、生徒数749名（全日制課程普通科・男女共学、2009年度現在）の高等学校である。学校の重点目標の四番目には、「４．開かれた学校づくりを進め、保護者・地域との連携を深める。」（2009年度学校要覧より）と掲げられている。

　草加東高校の学校連絡評価協議会は、2003年度に、草加東高校が、埼玉県から学校自己評価システムの研究推進校に指定され、学校自己評価運営委員会・学校運営協力者会・学校評議員会などの取り組みの模索を経て、2004年11月に誕生した。学校連絡評価協議会とは、「草加東高校は学校評価システムを採用しています。これは計画→実施→評価→改善のサイクルで運営するものです。この評価の客観性を求め、協議会と学校評価アンケートを実施しています」という組織である。原則として各学期に１回開催され、生徒代表（生徒会）・保護者代表（PTA）・学校代表（校長・教頭・事務長・学校自己評価システム運営委員）・学校評議員によって構成され、誰でも傍聴することができる。これまでに、学校連絡評価協議会では、校則、授業、制服、などに関して討議され、改善されてきた。

　当初、教員の学校評価連絡協議会に対する考え方としては、「評議員会の席上、『校長の意欲は買うが、教職員の意識改革はどうなのか、なかなか難しいと思われるが。』との評議員の言葉を前校長は記録しているが、この時点での本校における学校自己評価への取り組み状況をよく表した言葉であった」と述べられているように、消極的なものであった。しかし、学校評価連絡協議会の回数を重ね、生徒が自分の考えを表明することで、生徒自身が変化し、それを見ている教師も変化していく中で、「教員間での話し合いの場（研修）を設け徹底的に論議することや、これまで以上により多くの教員に連絡協議会等の運用に関わってもらい保護者・地域の声に耳を傾けることで、教員間に共通の認識が育つようあらゆる機会を捉えて働きかけていく」[13]ことが、教師の意識改革へと開かれていった。

　教師の意識改革とは、子どもを権利行使の主体としてとらえ、学校を公共性

のあるものとしてとらえる、という子ども観・教育観の転換である。それは、「教職の専門性」（教師の教育権、教師の教育の自由）のとらえなおしでもある。開かれた学校づくりを通して形成される教職の専門性は、教師だけで学校をつくるというような従来の専門職支配の力として把握するのではなく、「今必要なことは、『教職の専門性』を問い直し、『同僚性』を形成し、④（パートナーシップ（参加協力）―引用者注）の力を飛躍的に強めることである」(14)というような、「開かれた専門性」として把握されるものである。

　このように、開かれた学校づくりは、「教員信頼の発想に基づく制度構想」であり、その意味で、開かれた学校づくりを通して形成される教職の専門性は、子どもの権利や父母の権利によって規定されているのであり、教員の地位と身分は、法によって規定された「絵に描いた餅」としてあるのではなく、教員が自身の権利としてつくっていくものなのである(15)。

　以上のことから、いま、教員の地位と身分を教員自身が創造するために大事なことは、勝野正章が、「教師の成長にとって、教育実践をその目的や価値にまでさかのぼって根本的に自己評価できる能力が決定的に重要であること、そして、自己評価能力は、子ども、父母・保護者、地域の人々との教育実践に関する対話を通じて高められるものであり、協同性に基礎づけられてはじめて十分な意味をもつこと」(16)と指摘していることを、教職の専門性の基礎として位置づけることではないだろうか。そして、教師が、自分自身に関わる「法」を、自分自身の「権利」ととらえなおす時、教員の地位と身分は、はじめて自分自身のものとなるのではないだろうか(17)。

〈注〉
（１）堀尾輝久『いま、教育基本法を読む　歴史・争点・再発見』岩波書店，2002年、浪本勝年・三上昭彦編『「改正」教育基本法を考える―逐条解説［改訂版］』北樹出版，2008年、浦野東洋一「教育基本法第6条論」『教育法と教育行政』エイデル研究所，1993年、宮盛邦友『戦後史の中の教育基本法』八月書館，2017年、など参照。
（２）金子征史「地方公務員法・教育公務員特例法」姉崎洋一・荒牧重人・小川正

人・金子征史・喜多明人・戸波江二・蕢沢明・吉岡直子編『ガイドブック教育法　新訂版』三省堂，2015年、など参照。
（３）教育法令研究会『教育基本法の解説』国立書院，1947年，93頁，（民主教育研究所編集『いま読む「教育基本法の解説」』2000年、によって復刻されている）。
（４）堀尾輝久『教育を拓く　教育改革の二つの系譜』青木書店，2005年，230頁。
（５）浦野東洋一「高校生の自主活動と参加の理念」日高教高校教育研究委員会・森田俊男・小島昌夫・浦野東洋一編集『高校生の自主活動と学校参加』旬報社，1998年，226頁。
（６）堀尾輝久「教師と教育研究」『新版　教育の自由と権利』青木書店，2002年、参照。
（７）堀尾輝久・浦野東洋一編著『民主教育研究所叢書１　日本の教員評価に対するILO・ユネスコ勧告』つなん出版，2005年、参照。
（８）勝野正章『教員評価の理念と政策―日本とイギリス』エイデル研究所，2003年、小川正人「教員の職能開発と研修・評価」『現代の教育改革と教育行政』放送大学教育振興会，2010年、など参照。
（９）小川正人「教員の勤務問題と業務改善の課題」前掲『現代の教育改革と教育行政』参照。
(10)浦野東洋一『開かれた学校づくり』同時代社，2003年，213・17・90頁。
(11)浦野東洋一・神山正弘・三上昭彦編著『開かれた学校づくりの実践と理論―全国交流集会10年の歩みをふりかえる』同時代社，2010年、など参照。
(12)小池由美子『学校評価と四者協議会―草加東高校の開かれた学校づくり』同時代社，2011年、参照。
(13)岡野豊「埼玉県立草加東高等学校の実践」浦野東洋一・勝野正章・中田康彦編著『開かれた学校づくりと学校評価』学事出版，2007，107・92・103頁。
(14)浦野東洋一「教育改革と学校経営の基礎基本」前掲『開かれた学校づくりと学校評価』16頁。
(15)宮盛邦友「子ども参加と学校づくり」小島弘道編『教師教育テキストシリーズ８　学校経営』学文社，2009年，（本書第８章）、参照。
(16)勝野，前掲『教員評価の理念と政策』，146頁。
(17)教師論に関する最新の文献としては、秋田喜代美・佐藤学編著『新しい時代の教職入門〔改訂版〕』有斐閣，2015年、姉崎洋一・大野栄三・近藤健一郎編著『教職への道しるべ【第３版】』八千代出版，2016年、など参照。

BOOK REVIEW 7

『子どもが育つ地域社会──学校五日制と大人・子どもの共同』
佐藤一子，東京大学出版会，2002年

　2002年4月から完全学校五日制が実施された。学校では大混乱が起こっている。そして、「生きる力」が叫ばれ、学校・地域・家庭の連携・協力の推進が求められている。

　このような教育改革の中で、本書は、「社会教育の分野で学校外教育論として深められてきた問題を教育改革の現代的な課題として位置づけるとともに、親・住民・教育関係者などがともに協力する教育文化の共同・協同の意義を明らかにする」ことを課題にしている。キーワードでもあり、タイトルにもなっている「子どもが育つ地域社会」とは、「家族の存在基盤である歴史的・環境的・制度的な空間」であり、「子どもにとって今、存在している自分をとりまく環境を意味しているとともに、子どもと大人が新たな共同関係をはぐくみ、創っていく社会」という意味であるという。

　「地域の教育力」をどうとらえるかをめぐっては、第一に、松原治郎による地域の教育力の機能的分析から政策化へという地域の教育の計画化や、藤岡貞彦による民衆意識と教育実践の原理の接合の中に可能性をみる地域教育計画の検討をおこなうことで、松原の議論を生産的な論争として読みなおしながら、地域の教育力を現代的にとらえなおすことを課題として導き出している。第二に、増山均の学校外教育の検討を通して、子ども自身が主体的に参加し、おとなとともに育ちあう共同の関係づくりの模索を提起している。第三に、今橋盛勝の父母・住民の教育権について、最近の子どもの権利条例や子どものオンブズパーソン制度などの先駆的なものとして位置づけることで、再評価を試みている。

　本書の主張は、今日の教育改革の論議の中に、これまで深められてきた「地域の教育力」論を位置づけなおし、その発展として子どもNPOや開かれた学校づくりをとらえる、ということになるだろう。同時に、これは、教育学が学校教育中心主義であるということや学校のための地域というとらえ方に対する批判でもあるだろう。つまり、佐藤は、これまで教育学の横断的研究であった「子ども」と「地域」の問題をどのようにしてつなげていけるのか、という課題に挑戦しているのである。

　本書は、佐藤が本格的に展開した教育論と呼ぶにふさわしい書である。改正の危機に立たされている教育基本法問題も視野に入れており、親・教師をはじめとする多くの方に読まれ、検討されることが望まれる。　　　　　　　　　　（2002年12月）

子ども参加と学校づくり

　2000年の地方分権改革を受けて、近年、全国の自治体の教育改革の一環として、「開かれた学校づくり」の取り組みがおこなわれている。開かれた学校づくりとは、「教師、子ども、保護者、住民（地域の機関を含む）の学校参加」[1]による学校づくりのことであるが、その設置形態は、学校評議員制度・地域運営学校・学校運営協議会・三者協議会など、各自治体や各学校によってさまざまであり、構成メンバーも、子ども・親・教師・地域住民などのいずれを含むかは、やはり、さまざまである。

　開かれた学校づくりの最も重要な特徴は、「子ども（生徒）参加」である。これまで、子ども（生徒）は、教師の「教育的指導（学習指導と生活指導）の対象」とされてきた。しかし、子どもの権利条約（1989年）の提起する子ども観の影響もあり、開かれた学校づくりでは、子どもを、「権利行使の主体」としてとらえる必要がある。これは、教師の意識改革を求めるものである。そうすると、開かれた学校づくりでは、教師の指導性（専門性）と子どもの（参加の）権利は、従来のそれと比べてどのようなものになるのだろうか。

　そこで、本章では、子ども参加の開かれた学校づくりの事例として、①長野県辰野高校の三者協議会・辰高フォーラムと、②高知県の土佐の教育改革を概観し、それらをふまえて、③学校づくりにおける子ども参加の意味について考えてみたいと思う。

 ## 1　子ども参加と学校づくりの実践研究

　では、子ども参加の開かれた学校づくりとは、具体的にどのようなものだろ

うか。その例として、長野県辰野高校の三者協議会・辰高フォーラム[2]と高知県の土佐の教育改革[3]を取り上げ、そこでの子ども参加とそれが教師の指導性（専門性）のとらえなおし（＝教師の意識改革）に与える影響、という観点からみてみることにする[4]。

(1) 事例研究①――長野県辰野高校の三者協議会・辰高フォーラム

　1997年に三者協議会を設置して以来、生徒の服装やアルバイト、授業改善などについて、子ども・親・教師の三者で活発な議論をおこなっているのが、長野県辰野高校である。

　長野県辰野高校（長野県では県立○○高校という言い方はしない）は、長野県伊那盆地の北端にある上伊那郡辰野町にある、生徒数551名（普通科346名・商業科205名、2007年度末時点）の二つの学科を有している高等学校である。学校の教育目標は、「①21世紀をたくましく生きる力として、自主的に学び主体的に考える力を育みます。②基礎・基本となる内容を重視しながら、生徒一人ひとりの個性の伸長を図ります。③社会の変化をふまえ、地域に根ざしつつ地域に開かれた学校づくりを進めていきます」（2007年度学校案内より）である。

　辰野高校では、三者協議会や辰高フォーラムに先だって、1995年5月11日の生徒総会で採択した、「服装自由化宣言」や、1998年1月21日に全校生徒とPTA役員、全教職員が集まり発表・採択した、「私たちの学校づくり宣言―学校憲法宣言」など、その土台となる取り組みがあった。これらの取り組みの上に立って、三者協議会や辰高フォーラムは誕生したのである。

　三者協議会は、「私たちの学校づくり宣言」を作成した学校憲法宣言委員会が生徒会に参加を呼びかけ、そこにPTAも参加し、日本国憲法施行50周年の1997年12月20日に発足したもので、原則として各学期に1回開催され、生徒会・PTA・職員会は機関討議と機関決定があれば、学校運営について何でも提案することができるようになっている。三者協議会は、「辰野高等学校のより良い学校づくりをめざす生徒・父母・教職員の三者協議会」要綱の第1条（目的）にある「憲法・教育基本法・子どもの権利条約に則った辰野高等学校のよ

り良い学校づくりをめざし、生徒・父母・教職員が定期的に話し合いをもつための、三者による協議会を設置する」という理念に基づいて運営されており、構成は、第3条（組織）で、生徒会執行部と各学年の生徒代表9人、PTA正副会長と各学年の父母代表5人、教頭・教務主任・生活指導主任の教職員代表3人で、係教職員2人とオブザーバー（公開制によって誰でも参加でき、意見が言える）の参加で開催されることが定められている。これまでに、三者協議会を通じて、例えば、アルバイト規定、制服・標準服問題、授業などが改善されてきた。

辰高フォーラムは、地元の中学校が生徒・父母に辰野高校についてのアンケートをとったところ、評判がよくなかった、という結果を提供してくれたことをきっかけとして、1994年度から始まったもので、学校・PTA・同窓会の三者を共催として、年1回開催されている。その内容は、地域住民に授業を公開し、その後、地域住民と生徒・PTA・教職員・同窓会などが、辰野高校の教育について懇談会をもつというものである。これまでに、辰高フォーラムを通じて、例えば、ゴミのポイ捨てやマナーなどの問題が改善されてきた。

2007年度生徒会長の栗林夏美は、三者協議会について、「三者協議会は、三者それぞれの意見を聞くことができ、3者で学校を変えることができるのです。私はこの三者協議会が辰野高校で行われていることを誇りに思っていて、もっと多くの学校に取り入れてもらいたいと思います」と述べ、また、辰高フォーラムについて、「フォーラムは地域の皆さんと、学校や町のことについて話し合う場なのですが、地元にいながら、私たちの知らない地域の活動を知ることができるし、生徒会や学校で行っている活動を知ってもらう良い場になっています。そして学校のことを知ってもらうことで、より地域に密着した学校をめざしています」と、自分たちが経験したことの感想を述べている。そして、「三者協議会・フォーラムは辰野高校をより良い学校にするためにとても重要なものとなっています。私たち生徒会でも大切にしていかなければならないことだと思っています」と、その意義を語っている[5]。

2007年度教頭の日岐正明は、三者協議会の成果として、「生徒会役員選挙の

関係で、初めて出席する2学期末の協議会では、思うように意見発表できなかった生徒が、1年後の協議会では、堂々と意見発表ができるようになる」、「学校の運営やルールづくりの一部に生徒が加わることで、生徒に学校生活に対する責任を持たせることができる」、「アルバイトや服装の問題など、生徒・保護者と合意の上で決定したことなので違反した生徒には指導がしやすい」、「一方的に教える傾向になりやすい授業に対して、生徒から批判されることにより、職員も授業を改善しようと、努力を重ねている」をあげており、また、辰高フォーラムの成果として、「参加生徒にとって、教職員・保護者・地域住民との話し合いを通じて、社会的存在である自分に気づき、自分の意見を多様な場において発表できるようになる。他者からの批判や要望を受けとめてそれに応えようとする能力が育つようになる」、「教職員にとって、保護者・地域住民・生徒からさまざまな質問や意見が出され、教育活動の情報公開の場として説明責任の力が向上し、日々の教育実践が保護者・地域住民・生徒との協働によって成り立っていることが実感できる」、「保護者にとって、保護者としての教育権の自覚が芽生え、積極的に子どもや学校と関わるようになる」[6]をあげている。

　三者協議会と辰高フォーラムを設立した時から関わってきた国語科教諭の宮下与兵衛は、「開かれた学校づくり」について、「学校を開くことに教員が一番消極的であると思われる。その原因は、『そうした声を聞くなどといったん言ったら、どんな要求を出されるか分からない。父母の要求は多様だし、生徒はきっと勝手なことを言うだろう。学校運営は教師がやっていくのが一番楽で安全である』という本音があるからである」という。しかし、辰野高校での三者協議会・辰高フォーラムの取り組みを通して、「協議会では学校のほとんどのことについて話し合われるので、情報公開の場でもある。〔中略〕今まで『閉鎖的』とされてきた学校現場では、教職員にとって勇気のいることでもある。協議会の話し合いの中で、〔中略〕批判に対して、それをごまかさず、受け止める度量が必要になる。また、生徒や父母からさまざまな質問も出されるので、アカウンタビリティー（説明責任）能力が必要になる。〔中略〕体罰など行き過ぎた指導はなくなる。生徒に接する態度も温かくなる。授業に対する要望が毎

年提出されるので、授業を分かりやすく魅力的なものにしようとする努力が必要とされる。これらは教員の力量の向上につながっている」[7]と、教師の子ども観や教育観に変化があらわれたとしている。

このように、辰野高校では、子ども参加を基軸として、PTA、教職員、校長・教頭などの管理職が共同する学校づくりがおこなわれている。そして、三者協議会・辰高フォーラムという取り組みを通して、生徒は、日々、成長し、主体的に自分の人生を生きるようになる。そのこと自身が、教師の子ども観や教育観をかえることを求める契機になっているのである。

(2) 事例研究②──高知県・土佐の教育改革

1997年より、橋本大二郎高知県知事(当時)のリーダーシップの下、開かれた学校づくり推進委員会を小学校・中学校・高等学校の各校に設置し、子ども・親・教師に地域住民も加わる形で、参加型学校運営の取り組みをおこなっているのが、高知県・土佐の教育改革である。

土佐の教育改革は、橋本県知事が、1995年秋の2期目の選挙時に、県民参加の教育改革である「土佐の教育改革」を公約として掲げ、当選したことに端を発し、1996年には、公開討論の場である審議会「土佐の教育改革を考える会」(委員33名)が設置された。構成メンバーは、高知県の5つの教職員組合の委員長5名、県議会の各会派の代表、PTAの会長、小中高の校長会の会長、一般の保護者、県民、企業などである。そして、そこでの議論を受けて、高知県教育委員会が、「①教員の資質・指導力の向上、②子どもたちの基礎学力の定着と学力の向上、③学校・家庭・地域の連携による教育力の向上」を柱とする施策を策定し、1997年度から、「土佐の教育改革」がスタートした。

高知県教委は、①の施策については、教員採用増、長期社会体験研修を、②の施策については、授業評価システムの導入を、③の施策については、各市町村に地域教育推進協議会の設置・地域教育指導主事の派遣、各学校単位の「開かれた学校づくり推進委員会」の設置、などをおこなった。

さらに、高知県教委は、県民中心の「土佐の教育改革フォローアップ委員

会」を設置して、年2回開催した。そして、2006年にはその検証と総括の提言をおこなうために、「教育改革10年を未来につなげる会」を設置し、土佐の教育改革は、現在、終了している。

　ここで注目すべきは、③の施策の一つとして、各学校に、「開かれた学校づくり推進委員会」の設置を呼びかけ、「設置要綱（例）」を示したことである。これによると、委員は、「次に掲げる者のうちから校長が委嘱又は任命する」ことになっていて、その最初に、「児童・生徒の代表」があげられている。これは、「子どもが主人公」をスローガンとして掲げた土佐の教育改革が、そのことを具体化したものと考えることができる。

　例えば、高知県立丸の内高等学校の「ドリームズ・カム・トゥルー懇話会」、高知県立宿毛高等学校大月分校の「ENJOY SCHOOL LIFE 委員会」、高知県立高知工業高等学校の「授業改善検討委員会」など、子ども参加の学校づくりに積極的に取り組んだ学校はいくつもあるが、ここでは、中学校が子ども参加の学校づくりに取り組んだものとして、奈半利町立奈半利中学校を取り上げてみたい。

　奈半利中学校は、生徒数115名（2000年度末現在）の小規模校で、高知県の示した「設置要綱」の内容をふまえて、生徒・保護者・教職員が全員参加する「三者会」という協議機関を独自に設置している。三者会は、毎年度、年間計画をたててさまざまな取り組み（準備）をしたうえで、年度末の1月に開催している。三者会には、町の教育長・教育行政や希望する地域住民も出席し、参考意見を述べることができる。

　「開かれた学校づくり　奈半利中学校　共和制推進要項」（2001年度教育計画・学校要覧より）には、「我々はこの奈半利中を、目指す学校像の『仲よく楽しさに満ち、一人ひとりが夢を育める学校』に近づけるために、生徒と教職員そして保護者の三者による協調の新たな方法や考え方を工夫しなければならないと考えた。それはあたかも、地域の方々に支えられた三者が共和制をとり共に悩み考え、目指す学校像に至る道を模索してゆく姿でもある。またこの取り組みは、将来的には生徒や保護者も可能な限り学校経営や運営にまで参画し、それ

Ⅷ　子ども参加と学校づくり

ぞれの立場に応じた権利と責任を自覚し合い、三者にとって魅力的な学校を創造することを目指している」とあり、（目的）には、「お互いに要求や要望を出し合い、そのことの実現を目指し活動する。しかしそれだけにとどまらずさまざまな課題に対して共通理解を深め、奈半利中の『生徒、保護者、教職員』としての連携の質の向上を図る。そして学校生活を活性化するため、三者がそれぞれの立場で責任と権利に基づき、主体者意識を持って、目指す学校像に近づく」と書かれている。この学校要覧については、保護者版が印刷されて全家庭に配布されている。

　この三者会について、2001年度生徒会長の高松佑妃は、「奈半利中学校を卒業し、高校に入学した私は、今改めて、奈半利中学校の生徒であったことを誇りに思っています。〔中略〕高校生になって改めて『三者会』の大きさ、大切さを知りました」とふりかえり、三者会では、「何より、その要求が認められた時に、それと同時に作られたルールを守っていかなければならない」のであり、その前提として、「先生・保護者・生徒の三者の間に信頼があってこそ三者会が成り立つので」あって、「自由の中にもある程度の規則があるのではないでしょうか。その"ある程度の規則"は個人の判断に任せられるのです。それは信頼されていないと任せられないことなのです」と、自分の経験に基づいてその意義を語っている[8]。

　これに対して、2001年度校長の小松芳夫は、職場の実態として、「事務的で済ませる職員会」、「ただの看板になっていた研究テーマ」、「反対すれど創造はせず」ということがあり、それを変えるためには、「職員一人ひとりが『学校経営や運営の当事者』的意識になることだ」として、「人はその組織の手足でなく、頭脳として舵取りや意思決定にも『関わったとき』、初めて真剣にその組織のことを考えると思った」から三者会に取り組んだのであり、その結果、「取り組みを重ねるうち、卒業する生徒の言葉に、こういった活動（三者会—筆者注）に誇りを感じている様子がうかがわれはじめた。それは、自分たちで学校生活に手を加え改善し、そこに発生する責任をも意識化しつつあるものであり、我々の意識も徐々に変化した」[9]と、生徒の意識の変化が、教師の意識の

変化にまで影響を与えていたことを語っている。

このように、奈半利中学校の学校づくりでは、生徒が学校づくりに主体的に参加することで、主権者として生きるためのルールやマナーを学び、そのことが、教師の教育活動に対しても影響を与えているのである。

2　子ども参加と学校づくりの理論研究

では、長野県辰野高校の三者協議会・辰高フォーラムと高知県の土佐の教育改革の事例をふまえて、学校づくりにおける子ども参加の意味を考えてみることにする。

そもそも、学校づくりは、教育活動の一環である。それは、学校づくりが、子どもが人間主体となるための教育活動であることを意味している。三者協議会や開かれた学校づくり推進委員会は、学校にとっては、学校経営のための協議機関であるが、子どもにとっては、特別活動として理解される。特別活動は、生徒集団の自主的・主体的参加がなければ成り立たない活動であり、経験的学びを通して、教科学習では十分に獲得することのできない、集団的自治を組織する力を獲得することを目的としている。つまり、民主主義を具体的に行動する主権者になるためのトレーニングとして三者協議会や開かれた学校づくり推進委員会は機能しているのであり、子どもが自らの人生を主体的に生きる契機を発見するために、学校づくりにおける子ども参加がおこなわれているのである。これは、学校において「子どもの参加の権利」を実践することにもなっており、教育条理を具体化したものだということもできる[10]。

ここで考える必要があるのは、学校づくりに子どもを参加させさえすればよいのか、ということである。特別活動が教育活動であることからすれば、学校づくりに、教師の教育的指導（学習指導と生活指導）は欠かすことができない。この教師の教育的指導は、教師の専門性と呼ばれるものでもあるが、辰野高校や奈半利中学校における学校づくりでは、教師の専門性を、教師だけで学校をつくるというような従来の専門職支配の力として把握するのではなく、子ども

理解を深めるために、教員同士で「同僚性」を形成し、生徒や父母とともに学校をつくるというような「パートナーシップ（参加協力）」の力として把握し、その力を飛躍的に向上させる努力をしている。つまり、「開かれた専門性」と呼ぶべきものである[11]。

　なぜ、教師たちは、学校づくりの当事者としての子どもの参加を考えたのだろうか。それは、学校改革にとって、「子どもの声を聴く」ということが、決定的に重要だと認識していたからだろう。それは、「学校評議委員制に子どもを含めないとしても、子どもの意見や要求を聴いて学校経営を進めることに消極的であってはならないだろう。もはや世論が許さない。保護者に対するのと同じように、子どもに対しては学校評議員制とは別な機会を設けて子どもの意見や要求を聞く機会はあってよいと思われる。また子どもを学校評議員制にかかわらせているところもある。多様なやり方が試みられてよい」[12]と指摘されているとおりである。このことを子どもの立場に即して考えてみると、三者協議会・開かれた学校づくり推進委員会では、子どもは自らの意見を繰り返し表明することで、自らを社会的存在として認識し、その意見に耳を傾ける教師などのおとなとの間に、「信頼関係」をつくることになり、その過程で、自らに関わることに参加することの重要性に気がつき、自らの責任を自覚しながら行動するようになるのである。つまり、「聴き取られる存在から参加の主体へ」[13]ということである[14]。

　ここで重要なのは、子どもが聴きとられる存在から学校づくりの参加の主体へと転化する時の、「開かれた専門性」に基づく教師の仕事の独自性である。この転化のプロセスが子どもが人間主体・主権者になるためには最も重要なのであり、そこでの教師の仕事とは、学校における教育的指導だけでなく、親・地域住民・人間発達援助者などを子どものためにコーディネートすることである。そのためには、従来の教師の専門性に基づく教育的指導を、子どもの生存・成長・学習を支えるための「援助的指導」として把握しなおす必要があるのである。ここに、「子どもに開かれ、親に開かれ、教師に開かれ、地域に開かれた学校づくり」の本質・条理があるのである[15]。

以上のことは、開かれた学校づくりの中で深められてきた、子どもの権利と教師の専門性の関係である。このことは、子どもの権利条約（1989年）とILO・UNESCO教員の地位に関する勧告（1966年）をつないで理解することで、日本の教育実践の国際的意義として確認することができる。例えば、子どもの権利条約第28条（教育への権利）は、ILO・UNESCO教員の地位に関する勧告第6項の「教育の仕事は、専門職とみなされるものとする。教師の仕事は、きびしい不断の研究を通じて獲得され、かつ維持される専門的知識および特別の技能を教員に要求する公共の役務の一形態であり、また、教員が受け持つ児童・生徒の教育および福祉に対する個人および共同の責任感を要求するものである」と重ねることで、子どもの権利は教師の専門性によって支えられていると読むことができる[16]。

　かくして、学校づくりにおける子ども参加の意味は、①子どもにとっては、学校づくりに参加することで、人間主体として、自らの人生を主体的に生きるようになり、かつ、主権者として、社会参加をするためのトレーニングをするのであり、②教師にとっては、このような子ども参加を通して、教師のもつ子ども観を、「聴き取られる存在から参加の主体へ」と転換させ、教師の専門性を、「開かれた専門性」とよぶべきものへと把握しなおすことになる、ということができるだろう。

　教師の専門性のとらえなおし、つまり、「それまでの子ども観や教育観を壊して、つくり直す作業というのは、『教師としての人間としての自分の生き方を問い直す』ことであり、教師をぎりぎりにおいつめるものである」[17]が、「学校経営は、教育の当事者としての子どもや親を視野に入れて展開されるべき性格のものである。その仕組みをどう構想するかは各学校において個性的、多様でありうる。子ども・親をパートナーとする学校経営を構想することが必要だろう。『子どもの権利条約』（批准、1994年）は、それをよりいっそう促す契機となった」[18]といわれている今日、子ども参加の学校づくりは、現代の教師と教育実践にとって、最重要の課題となっているのである[19]。

〈注〉
（1）浦野東洋一「教育改革と学校づくり」『開かれた学校づくり』同時代社，2003年，17頁。
（2）詳しくは、宮下与兵衛『学校を変える生徒たち―三者協議会が根づく長野県辰野高校』かもがわ出版，2004年、参照。
（3）詳しくは、浦野東洋一編『土佐の教育改革』学陽書房，2003年、参照。
（4）この他にも、埼玉県立草加東高等学校をはじめとして、北海道、群馬県、茨城県、東京都、静岡県、滋賀県、和歌山県などの国立・公立・私立の中学校・高等学校で、開かれた学校づくりが取り組まれている。これらの取り組みを含めて、全国で展開されている開かれた学校づくりを交流するために、「『開かれた学校づくり』全国交流集会」が、同実行委員会によって、年1回、2000年から開催されている。事例の詳しい紹介については、浦野東洋一・神山正弘・三上昭彦編著『開かれた学校づくりの実践と理論―全国交流集会10年の歩みをふりかえる』同時代社，2010年、浦野東洋一・勝野正章・中田康彦編著『開かれた学校づくりと学校評価』学事出版，2007年、日高教高校教育研究委員会・太田政男・浦野東洋一編著『高校教育改革に挑む　地域と歩む学校づくりと教育実践』ふきのとう書房，2004年、浦野東洋一編『学校評議員制度の新たな展開「開かれた学校」づくりの理論と実践』学事出版，2001年、坂田仰・加藤崇英・藤原文雄・青木朋江編著『開かれた学校づくりとこれからの教師の実践』学事出版，2003年、小池由美子『学校評価と四者協議会―草加東高校の開かれた学校づくり』同時代社，2011年、和歌山県国民教育研究所子どもと学校づくり研究班『白馬中学校調査報告書　子どもの声を生かした学校づくり』，2003年、など参照。
（5）栗林夏美「みんなでつくる辰野高校」浦野ほか，前掲『開かれた学校づくりと学校評価』，146頁。
（6）日岐正明「長野県辰野高等学校の実践」浦野ほか，前掲『開かれた学校づくりと学校評価』，119・128-129頁。
（7）宮下与兵衛「三者協議会と辰高フォーラム―長野県辰野高等学校」浦野，前掲『学校評議員制度の新たな展開』，155・158-159頁。
（8）高松佑妃「私たちの三者会・私たちの名半利中」浦野，前掲『土佐の教育改革』，86-88頁。
（9）小松芳夫「やらされて馬力が出るか」浦野，前掲『土佐の教育改革』，118-124頁。
（10）子どもの参加の権利からの学校づくりの研究としては、喜多明人編著『現代学校改革と子どもの参加の権利―子ども参加型学校共同体の確立をめざして』学文社，2004年、喜多明人『子どもの権利　次世代につなぐ』エイデル研究所，2015年、参照。

(11) ここでいう「開かれた専門性」とは、浦野東洋一が「教職員が職場でお互いに、気軽に声をかける・声をかけられる、相談し・相談される、教える・教えられる、助ける・助けられる、励まし・励まされる、ほめる・ほめられる、癒し・癒されることのできる人間関係のこと」と指摘し、田中孝彦が、「教師たちが、子ども理解を深めることを軸にしながら、支えあう関係を創り出す」と指摘するものである。浦野東洋一「開かれた学校づくりを今こそ」前掲『開かれた学校づくり』、90頁、田中孝彦「教師と学校の役割を探る」『生き方を問う子どもたち　教育改革の原点へ』岩波書店、2003年、117頁。
(12) 小島弘道「参加型学校経営の実現」『21世紀の学校経営をデザインする〈上〉—自律性を高める』教育開発研究所、2002年、110頁。
(13) 勝野正章「教員評価から開かれた学校づくりへ」『教員評価の理念と政策—日本とイギリス』エイデル研究所、2003年、141頁。
(14) 子どもの権利と教師の専門性の関係については、勝野正章「現代社会における『専門職としての教師』—『生徒による授業評価』を手がかりに考える」堀尾輝久・浦野東洋一編著『日本の教員評価に対するILO・ユネスコ勧告』つなん出版、2005年、参照。
(15) 教師の専門性と教育実践の共同性の関係については、小島弘道「教師の専門性と力量」小島弘道・北神正行・水本徳明・平井貴美代・安藤知子『教師の条件[第3版]—授業と学校をつくる力』学文社、2008年、参照。
(16) 子どもの権利条約とILOユネスコ・教員の地位に関する勧告の関係については、堀尾輝久「ILO・ユネスコ勧告—子どもの権利と教職の専門性」堀尾ほか、前掲『日本の教員評価に対するILO・ユネスコ勧告』、参照。
(17) 勝野正章「教員評価・学校評価を問う」民主教育研究所編集『季刊人間と教育』第41号、旬報社、2004年、28頁。
(18) 小島弘道編「学校経営改革のプロセス」『時代の転換と学校経営改革—学校のガバナンスとマネジメント』学文社、2007年、38頁。
(19) 学校経営論に関する最新の文献としては、小川正人・勝野正章編著『改訂版　教育行政と学校経営』放送大学教育振興会、2016年、小島弘道編『教師教育テキストシリーズ8　学校経営』学文社、2009年、小島、前掲『時代の転換と学校経営改革』、小野由美子・淵上克義・浜田博文・曽余田浩史編著『学校経営における臨床的アプローチの構築—研究−実践の新たな関係を求めて』北大路書房、2004年、小島弘道・勝野正章・平井貴美代『講座現代学校教育の高度化8　学校づくりと学校経営』学文社、2016年、など参照。

BOOK REVIEW 8

『ひきこもりからの出発―あるカウンセリングの記録』
　　横湯園子，岩波書店，2006年

　本書は篤（仮名）と横湯のカウンセリングの足跡である。
　「僕はスチューデント・アパシーのなれの果てです」と、自己紹介をしていた篤に、私は、一度だけ、会ったことがある。それは、篤が働く障害児福祉施設を訪ねた時である。そこに篤がいることは、本書やテレビを通して、ずいぶん前から知っていた。なぜだか分からないが、篤に会いたいと、ずっと思っていた。しかし、篤に会ってはいけないようにも感じていた。なぜだろうか。偶然にも篤と話す機会を得て、それぞれの人生を話していくうちに、篤と私は似ていることに気がついたのである。
　「篤と私は、どこが違うのか」。
　登校拒否・不登校、児童虐待、ひきこもりなどは、特別な子どもがなるのではなく、誰しもなりうる。いや、そうなっていることに、自分自身が気がつかない、気がつこうとしないだけなのではないか。本書を読みすすめながら、篤の話を通して、自分自身のこれまでの学校でのこと、家族とのこと、などなどが、頭の中を何度もよぎった。
　カウンセリングは個別具体的であり、その恢復過程は人によってさまざまであるが、同時に、どこかしらで共通する何かがあることも確かである。5年弱にわたる約80回ものカウンセリングの記録は、会話調で書かれており、詳細であるがゆえに、自分自身と重なってしまい、本書を読むことを止めてしまう。
　「語る」・「動く」・「つながる」。
　ジュディス・ハーマン『心的外傷と回復』を、ある一人の青年に即して解釈してみせた本書は、間口の分かりやすさをたもちつつも、奥行きが豊かであることが印象的である。このような本書を執筆した著者の横湯園子は、臨床家であると同時に、思想家と呼ぶにふさわしい人物である。北の大地で生み出された「教育臨床心理学」は、こうしたカウンセリングを通して構想されたのである。
　このように、本書は、他人事として読むならば、ただの読み物として終わってしまう。しかし、私事として読むならば、私たちの宝物を発見することができるだろう。
（2014年1月）

IX
親の教育要求と学校

　母親：「もしもしA小学校ですか？2年1組の△△の母親だけども、担任に伝えたいことがありますが。」
　職員室で電話をとった職員：「はい分かりました。あっ、担任の○○は、いま教室で給食の指導中でして手が離せなくて電話に出られないようです。緊急やお急ぎのご用件でしたら、すぐにお伝えいたしますが。」
　母親：「……ああ、そう。……じゃあ後でいいわ。△△から急ぎの電話があったと伝えてちょうだい。」
　数分後、伝言を聞いた担任教師が母親に電話をする。
　担任：「はいお待たせしました△△さんのお母様。担任の○○ですが、どのようなご用件だったでしょうか？」
　母親：「(怒った口調で) お前は、そんなに昼飯が食いたいのか！」
　担任：「はっ？(しばし絶句)……、いえそういうわけではなく低学年のクラスですから給食配膳の準備に注意を払っておかないといけないものですから……。」
　母親：「うん、もー……(憤懣やるかたない様子)。」
　担任：「で、お母様どのようなお急ぎのご用件で？」
　母親：「うちの子は、昨日から風邪気味でちょっと熱があります。学校に行く時に薬をもたせたんだけど、薬をちゃんと飲むか心配で。給食後にそれをちゃんと飲むように、先生の方から言っといてちょうだい。」
　担任：「あー、そういうことですか。分かりました、お子さんに伝えます。」
　電話を切った後の担任は「ふー」と深い嘆きのため息[1]。

学校の日常風景の中に、このような会話がごく自然に溶け込んでしまい、「親のイチャモン（無理難題要求）」・「モンスター・ペアレント」など、親が教師や学校の敵であるかのように語られ始めたのは、いつ頃からだろうか。このような問いの前提には、もともと、親と教師が予定調和的な味方であった、とする見解があるが、はたして、本当にそうなのだろうか。

　教育法学では、民法第820条（監護及び教育の権利義務）「親権を行う者は、子の監護及び教育をする権利を有し、義務を負う」を基軸とした、子どもの権利による国民の教育権という理論がある。国民の教育権とは、子どもの権利、親の子に対する義務と社会・国家に対する権利、教師の権限と責務、地域住民の素人統制と教育行政の専門的リーダーシップ、国家の責任、のそれぞれの権利・義務関係の総体のことであるが、そこには、親の教育権が明確に位置づけられている。これは、いわば、「法規範上の位置づけ」である。

　教育学では、アンリ・ワロンなどの人格発達論・認識発達論を基軸とした、子どもの発達による教養という理論がある。教養とは、民衆による文化の伝承・創造のいとなみのことであり、学校教育では、教師が子どもに対して教える教育内容のことであるが、そこには、父母の教育参加が明確には位置づけられていない。これは、いわば、「法事実上の位置づけ」である。

　このように、教育における親の位置づけは、法規範としてなのか、それとも、法事実としてなのか、という把握の仕方によって異なって見えてくる。つまり、親に即しながら個別的現象の中から普遍的本質をとらえることをしない限り、親の教育要求のホンネは見えてこないのである。

　本章では、法規範と法事実の交錯する地点にある、「親の学校に対する教育要求」を多面的に概観することで、その正当性を根拠づけることを試みたい。

1　教育における「親」への着目

　教育と教育学・教育法学において、「親」への着目は、どのような文脈でなされてきたのだろうか。1980年代までの教育学説史や教育実践記録をふりかえ

Ⅸ　親の教育要求と学校

ってみても、親への着目を見つけることは思いのほか難しい。それは、子ども
と教師がともに学校をつくっているという意識があったからではないだろうか、
と思われる。そのような中で、教育法学説において、親に関する注目すべき理
論があった。それは、「父母の教育権」である。父母の教育権は、1970年代ま
での国民の教育権論争が、「文部省・教育委員会 vs 教師」（第一の教育法関係）
という構造の下でなされてきたのに対して、1980年代のそれが、「教育委員会・
教師 vs 児童・生徒・父母」（第二の教育法関係）でなされてきたところに生み出
された教育法学理論である。

　その問題提起をした今橋盛勝は、子どもの人権に関する教育裁判を検討する
中で、日本の公教育法制における父母の法的地位が具体的には保障されていな
いことを明らかにして、父母の教育権を保障・救済するための新しい父母集団
として、「学校父母会議（父母組合）」という父母参加の教育制度を構想したの
である(2)。この発想は、法事実から法規範をつくり、その法規範から法事実
を変えようとした、ということである(3)。

　今橋の問題提起は、子どもと同等の教育権主体として父母を把握した点や、
親集団の組織化を提案した点については、1990年代以降の教育と教育学・教育
法学における親への着目にとって、重要な位置を占めている。しかし、学校父
母会議（父母組合）の具体化する教育実践については、父母と教師を対立的にと
らえていたこともあり、父母と教師の共同の視点が見られなく、十分に展開さ
れることはなかった。その具体化は、1990年代以降の「子ども・父母・教師・
地域に開かれた学校づくり」(4)を待たなければならなかった。

2　親をとらえなおす二つの視点

　この父母の教育権は、1990年代以降、法事実の変化の中から、法規範と法事
実の関係の問いなおしを含んで、理論的・実践的に具体化された。ここでは、
親をとらえなおす二つの流れを紹介することにする。

119

(1) 親の教育権

　学校教育における価値形成についての問題に、子どもの思想・良心の自由と親の教育権の関係がある。

　これは、国民の教育権と深い関わりがある。国民の教育権を思想・良心形成の自由に即して説明すれば、思想・良心を自由に形成する権利としての子どもの権利、子どもの思想・良心の自由を保障する親の教育権、教育の信条内容に対する中立性を確保する学校、信条内容に対する原理的中立性を確保する国家、という構造になる[5]。

　ここで問題となるのが、子どもの思想・良心の自由を保障するにあたっての、親の教育権と学校・国家の関係である。いいかえれば、子どもの教育において、親と学校・国家の判断はどちらが優先するのか、ということである。それは、具体的に、道徳教育にあらわれることとなる。

　憲法における良心の自由の重要性を主張する西原博史は、規範意識の形成を担っている道徳教育に関して、学校については、「学校が子どもの道徳的発達に対する責任を引き受けてはならない」[6]、国家については、「思想・良心の自由を憲法上の権利として保障する国家は、道徳的な『正しさ』に関する最終的な判断権限を自ら担うことはできない」[7]、という。そうすると、「子どもの教育に対する権利と責任が、子どもをこの世に送り出した親にあり、これは国家の中で配分された権限の問題ではなく、国家以前の人権の問題だと考える立場では、権利者が第一次的に親でなければならない」[8]というように、親が子どもに対して判断の責任を負うことになる。西原のいうところの、親の教育権とは、「思想・良心の自由に基づいた、子どもの道徳的指導に関わる一方的な決定権としての部分と、それから子どもの利益を実現するために、子どもの権利の受託者として親に帰属する部分との、二つの要素から成り立っている」[9]基本的人権である。このような論理からすると、道徳教育は、家庭教育においておこなわれ、学校教育においてはそれを越えない範囲でのみおこなわれることになる。例えば、道徳教育に関連する日の丸・君が代は、特定の価値であるために、学校教育ではおこなえない。この論理を徹底的につきつめていくと、

教育内容そのものが価値的であることから、学校教育においては、一切の事柄が教えられなくなる。さらに、グローバリゼーション下において、学校で日本語を用いて教えること、また、外国語が英語だけしか教えられていないことは、思想・良心の自由に違反するということになる。

このように、子どもの思想・良心の自由と親の教育権の関係は、親は子どもの権利を保障する義務があるため、学校・国家に対して権利を行使する、といえる。これを教育学で説明すれば、子どもの権利を保障をする親の権利は、自明の理としてあるわけではなく、親自身が自覚すべきである、ということになるのであり、親の教育権論は、法規範から法事実を問いなおす親のとらえなおし、といえるのである[10]。

(2)「非行」と向き合う親たち

少年司法の領域に属する人間発達援助実践に、「非行」と向き合う親たちの会の活動がある。

「非行」と向き合う親たちの会(略称は、「あめあがりの会」)は、1996年に発足した自助グループである。会の目的は、「この会はすべての子どもたちが、自分を大切にし、いまを生きることの喜びを感じ、自立に向かって成長できることを願って、①わが子の『非行』で悩む親同士が、互いに励まし合い、それぞれの経験から学び合い、②子どもの人権と成長が保障される環境(家庭・学校・社会)づくりをめざします」(会則第2条)である。会の活動は、例会・講演会・シンポジウム・全国交流集会の開催、通信・手記・体験記の発行・出版などをおこなっている[11]。あめあがりの会の意義については、「市場競争力への深刻な将来不安をかかえる子どもたちと共に生きようとする家族の新しい連帯は、学校の公共性を競争教育と教育の市場化批判の角度から組み替える可能性への新たな力である」[12]というように、小島喜孝によって位置づけられている。

ここでは、あめあがりの会の事務局長である、母親の春野すみれの「非行」娘と「不登校」娘に揺さぶられてみえたものという体験について紹介することにする。

長女が中学生の時に、タバコを吸うという「非行」が発覚した。その時の春野の対応から、家の中で、長女と春野はお互いに疑いあう関係になった。春野は、その時の気持ちを、「早くなんとかして戻さなくちゃという思いと、私は親なんだから自分で何とかしなくてはという思い、人に迷惑をかけて事件を起こしたらどうしようという思いで、毎日胸が張り裂けそうでした」と語っている。その後も、春野は、夜遊びや家出をする長女を追いかけて怒鳴りあい、夫婦もギクシャクし、家がガタガタになり、そういう中で、次女が「不登校」になった。春野は、体力も気力もギリギリの中で、保育園の園長をしている知り合いにSOSを出した。園長の対応について、「『あなたの気持ち、よく分かる』と言って、それを受け止めてくれた。私は涙が止まりませんでした。肩の荷が下りたようでしたね」と記憶している。それ以降、長女と次女は、徐々に、非行と不登校から変わっていった[13]。

　春野は、このような体験・経験をくぐって、「子どもがああやって激しく私を揺さぶって、私の目を開かせてくれたわけですが、子どもはあれだけのエネルギーを動員して、それまでの私の持っているキャパの内側から外側に飛び出していった。〔中略〕そういう点では、私の持っている範囲というのはとても狭かった、常識と思っていたことが常識でなくて、最良と思っていたことが最良ではなかったことに気づかされたわけです。人間の生き方って、ものすごくいろいろあるんだということ。そして、当てはめる物差しなんてないということです。頭だけでなく、本心でそういう気持ちになれたのは、子どもといっしょになって格闘してきたからですね」[14]とふりかえっている。

　このような「非行」と向き合う親たちの経験からは、青年期・思春期にある子ども・青年＝若者の変化が、親のあり様の変化を求め、それに対応する仕方で、子どもとのよりよい関係をつくるために、親が自己のふりかえりをおこなう、ということがいえる。これを教育法学で説明すれば、子どもの権利を救済をする親の権利は、自明の理としてあるわけではなく、親自身によってつくっていく、ということになるのであり、「非行」と向き合う親たちの人間発達援助実践は、法事実から法規範を問いなおす親のとらえなおし、といえるのであ

る(15)。

3 親の教育要求による学校づくりのポジティブとネガティブ

　このような親の教育要求は、学校の中で、どのようにして実現することができるのだろうか。ここでは、学校づくりの二つの流れを紹介することにする。

(1) 愛知私学の学校づくり

　親の教育要求による学校づくりのポジティブな側面をもつ教育運動として、愛知の私学運動がある。

　その中心人物である、愛知県私立学校教職員組合連合委員長の寺内義和(16)によると、愛知の私学運動の発展の経過は、①際限なく展開していく「私学助成運動」、②父母の自主組織の結成である「父母提携・父母懇談運動」、③自己運動でふくれあがっていく「高校生フェスティバル」、④学力に挑戦する「サマーセミナー」、⑤三つ巴から四つ巴への「八万人都市別文化大祭典」、⑥全国の先陣をきって実現する「急減期特別助成」、である。そこでの教訓をふまえた学校改革の基本的視点は、①こうあるべきからではなく、徹底的に要求にくらいついて、学校の構造を生徒が主体者になる方向へと組み替えていく、②学校の硬直性・閉鎖性を打ち破る、③これからめざすべき教育の陣形は、子どもを主役に教師と父母が支える三つ巴の、さらに市民も合流する四つ巴の体制である、④教職員集団（組合）の先導的役割は決定的である、ということになる(17)。

　父母懇談会、高校生フェスティバル(18)、サマーセミナー、ドーム祭典、地域別オータムフェスティバル(19)など、1990年代以降の愛知の私学運動における取り組みは、大変興味深く、また、それぞれに検討をしなければならないが、ここでは、親の教育要求と関わって、父母懇について見ていくことにする。

　父母懇とは、「私学をよくする愛知父母懇談会」を正式名称とする父母の自主組織である。父母懇は、各学校での学級通信や学級懇談会などの父母提携活動をひろげていき、それを組織化して結成された。子どもの学力や授業料など

の親の教育要求を保障するために、愛知の私学運動の取り組みが本格的にはじまったのであるが、それは、単なる技術的改善ではなく、本質的改革へと向かったのである。それはどのようなことかというと、父母と教師の提携が教育にもたらしたことについては、①子どもを見る眼を変えたこと、②教師と親の信頼を通じて、子どもとの関係ができたこと、③父母と教師がお互いに要求、期待感を浴び、ひたむきに応えようとする中で、情熱が喚起されていったこと、というように寺内によってまとめられていることである[20]。つまり、子どもの権利を軸とした開かれた学校づくりである。

このように、愛知の私学運動に見る父母の教育要求は、教師とつながることで、それぞれの教育要求を実現し、さらに、子ども・生徒とつながることで、それぞれの新たな教育要求を実現する、というプロセスをうみだしており、新しい教育の公共性を創造しているということができるだろう。その意味で、父母の教育要求は、子どもに対しては学習権を保障する義務を負っており、教師に対しては教育権を要求する権利を負っている、というポジティブな学校づくりだということができるのである[21]。

(2) イチャモン（無理難題要求）と学校づくり

親の教育要求による学校づくりのネガティブな側面をもつ教育実践として、イチャモン（無理難題要求）がある。

近年、学校の中で、「モンスター・ペアレント」と呼ばれるような現象が急増している。このような現象について、第一に、その問題把握の仕方、第二に、その対応の仕方、を小野田正利のイチャモン研究から見てみることにする。

第一、なぜイチャモンなのか。それは、「私がイチャモン（無理難題要求）という言葉を使っているのは、人の行為や行動について、それぞれの背景を見据えながら、共通の議論の土俵にあげることを目的としているのであり、人を否定してはいけません」[22]、ということ、すなわち、その親の人間として存在する価値を否定せずに、行為そのものを問題として把握する、ということである。その意味において、「モンスター・ペアレント」という呼び方は、親との共同

を阻むものである。そして、前提としての親の「自子中心主義」という発想があるうえで、親の学校への教育要求には、①要望、②苦情、③イチャモン（無理難題要求）[23]の三段階がある、という。このような見方からすると、イチャモンは、親の教育要求そのものであるといえる。そこで重要となるのが、「親のイチャモンを聴く教職の専門性」である。「イチャモン現象の裏側に『本質』が隠れて見える」[24]わけであるから、教師が子どもの声を聴くのと同様に、親の声も聴く必要があるのである。なぜならば、開かれた教職の専門性は、子どもの権利や親の権利によって規定されているからである。つまり、親のイチャモンは、開かれた教職の専門性をとらえなおす契機なのである[25]。

　第二、どのようにしてイチャモンと対決することができるのか。親のイチャモンが原因で教師の精神疾患や自殺が増加している中で、その有効な手段なのが、ロールプレイ[26]である。例えば、卒業(園)アルバムをめぐる問題、手足口病をめぐる問題、吹奏楽部をめぐる問題、けがをめぐる問題などを題材として、進行役と参加者に分かれて、それぞれの役の立場を尊重しながら、お互いに学びあうのである。そこで重要なことは、①唯一の正解などない、②教えたり教えられたりするのではなく、お互いに学びあうことこそ重要である、③ロールプレイはうまくやれなくていい、うまくやらない方がいい、④ロールプレイ中の言動は本来の人格とは無関係であり、役になりきって根にもたない、⑤みんなと違う意見や変わった考えは大歓迎である[27]、というルールである。このロールプレイを通して獲得されるべき最も重要な力量は、眼の前で起こっていることに対する「柔軟さ」である。イチャモンは、いつどこで起こるか分からず、むしろ、急にやってくる。その時に、まずは自分一人で対応しなければならないかもしれないが、モノ・コトに対して柔軟に対応する力量がなければ、問題解決を導くことはできない。

　このような開かれた教職の専門性が発揮される中で、親はイチャモンの対象から救済され、学校参加の主体へとなるのである。

　このようなイチャモンという現象は、学校の中だけで起こっているわけではなく、医療や福祉など、人間社会のいたるところで見られる。そうすると、そ

れぞれの領域に存在する人間発達援助者である、カウンセラー、スクールソーシャルワーカー、弁護士などと教師が共同をすることによって、教師が自殺することなく、その生命を守ることができ、また、教師自身が直面している問題解決の糸口を見つけることができるのではないか、と考えられる[28]。さらにいうならば、教師は、子どもの生存・成長・学習を支える新しい社会的共同に挑戦することなしに、親のイチャモンという問題を解決することはできないのである[29]。

　親のイチャモンは、つきつめていくと、「人間のもつべき理性とは何か、合理的思考とは何か、そして人はだれとどこで何によって連帯できるのか、すべきなのか、ということにもつながるもの」[30]である。教師が、「子どものために」と思って、親の学校参加による開かれた学校づくりに取り組むと、学校づくりのネガティブな側面としての親のイチャモンは学校に押しよせてくるが、同時に、それを主体的に受けとめることができるならば、学校づくりのポジティブな面としての親の教育要求は、学校を変える可能性となるのではないだろうか[31]。

〈注〉
（１）小野田正利「学校不信と教育紛争の危機管理—イチャモンの分析を通して」榊達雄編著『教育自治と教育制度』大学教育出版，2003年，123-124頁、参照。
（２）今橋盛勝「父母の教育権と教育の自由」『教育法と法社会学』三省堂，1983年，今橋盛勝『いじめ・体罰と父母の教育権』岩波ブックレット，1991年、など参照。
（３）今橋の問題提起は、堀尾輝久や兼子仁の教育法学に対する批判を含んでいた。その後、今橋は、堀尾・兼子の教育法学をミスリーディングしていたことを明確に表明している。今橋盛勝「教育権と学習権—九〇年代の課題」『永井憲一教授還暦記念　憲法と教育法』エイデル研究所，1991年、参照。
（４）浦野東洋一・神山正弘・三上昭彦編『開かれた学校づくりの実践と理論　全国交流集会一〇年の歩みをふりかえる』同時代社，2010年、など参照。
（５）西原博史「憲法教育というジレンマ—教育の主要任務か、中立的教育の例外か」戸波江二・西原博史編著『子ども中心の教育法理論に向けて』エイデル研究所，2006年，76-80頁、参照。
（６）西原博史「心の自由を育てるために」『良心の自由と子どもたち』岩波新書，2006年，186頁。西原博史『子どもは好きに育てていい　「親の教育権」入門』

NHK出版生活人新書，2008年、も参照。
（7）西原，前掲「心の自由を育てるために」，180頁。
（8）同上，181頁。
（9）同上，182-183頁。
（10）関連して、金崎満『検証七生養護学校事件　性教育攻撃と教員大量処分の真実』群青社，2005年、など参照。
（11）「非行」と向き合う親たちの会『「非行」　親・教師・調査官が語る子どもたちの「いま」』新科学出版社，2006年、能重真作・浅川道雄・春野すみれ『いつか雨はあがるから　支えあう「非行」と向き合う親たちの中で』かもがわ出版，2004年、手記・体験記については、「非行」と向き合う親たちの会編『ARASHI—その時　手記・親と子の「非行」体験』新科学出版社，1999年、「非行」と向き合う親たちの会編『絆　親・子・教師の「非行」体験第2集』新科学出版社，2002年、「非行」と向き合う親たちの会編『NAMIDA—私たちの「非行」体験第3集』新科学出版社，2004年、など参照。
（12）小島喜孝「教育改革と学校の公共性」『教育改革の忘れもの—子どもにとっての学校と公共性』つなん出版，2006年　54頁。
（13）小島喜孝「〈座談会〉子どもの非行と親の責任」，同上，278-282頁、参照。
（14）同上，284-285頁。
（15）関連して、能重真作『改訂・ブリキの勲章　非行をのりこえた45人の中学生と教師の記録』民衆社，2002年、など参照。
（16）寺内義和『大きな学力』労働旬報社，1996年、寺内義和『大きな学力〈新訂版〉』旬報社，1998年、寺内義和『されど波風体験　自分の「大きな力」に気づくとき』幻冬舎ルネッサンス，2005年、寺内義和「インタビュー　私学の運動に取り組んできて」民主教育研究所編集『季刊人間と教育』第46号，旬報社，2005年、など参照。
（17）寺内義和「『教育の公共性』と公立学校・私立学校問題」日本教育法学会編『年報第22号　教育の公共性と教育への権利』有斐閣，1993年，69-74頁、参照。
（18）高校生フェスティバルにおける日仏高校生の交流と堀尾輝久の関係については、堀尾輝久「ゆらぐ学校信仰と再生への模索」『現代社会と教育』岩波新書，1997年，204-210頁、参照。
（19）かつて、私は、愛知の地域別オータムフェスティバルを見学に行ったことがあるが、生徒・父母・教師・市民の四つ巴で、まさに、「教育の公共性」をつくりだしている、という印象だった。そこでは、舞台の上で活躍する生徒もいれば、出入口でひっそりと仕事をする生徒もいる、という姿を見た。一人ひとりが地域別オータムフェスティバルの大事な一部分を担いながら、みんなで地域別オータムフェスティバルをつくっているところに、学校の可能性があると直観した。
（20）寺内義和「生徒、教師、父母、市民が一体となった教育改革への挑戦」前掲

『されど波風体験』284-285頁、参照。
(21) 関連して、民主教育研究所、前掲『季刊人間と教育』第46号、など参照。
(22) 小野田正利「イチャモン化する社会」編著『イチャモン研究会——学校と保護者のいい関係づくり』ミネルヴァ書房、2009年、13頁。
(23) 小野田正利「悲鳴をあげる学校——ふえる学校へのイチャモン」『悲鳴をあげる学校　親の"イチャモン"から"結びあい"へ』旬報社、2006年、31頁、小野田正利「学校を知ることからはじめませんか」『ストップ！自子チュー　親と教師がつながる』旬報社、2010年、27頁、参照。
(24) 小野田正利「イチャモンはどうしたら打開できるか」前掲『悲鳴をあげる学校』、108頁。
(25) 宮盛邦友「子ども参加と学校づくり」小島弘道編『教師教育テキストシリーズ8　学校経営』学文社、2009年、(本書第8章)、参照。
(26) イチャモン・ロールプレイは、現象的に存在している問題を技術的に解決するのではなく、本質的に応答するトレーニングとして、非常に重要である。三者協議会や学校フォーラムについても、同様のロールプレイがあってよい。その意味で、このような学校経営(教育方法・教育行政)のためのアクティビティが開発される必要がある。小野田正利編著『イチャモンどんとこい！　保護者といい関係をつくるためのワークショップ』学事出版、2009年、参照。この文献は、DVD付なので、有効活用されることが望まれる。また、小野田は、『学校ナビ』(学校案内)や『保護者のためのガイドブック』を編集しているが、教育学理論が教育実践に、真の意味において、寄与するためには、このような取り組みも重要である。小野田正利・金子伊智郎「[研究事例C] 学校の『等身大の姿』をとらえるフィールドワーク—『片小ナビ』作成の最初の1年」・小野田正利「研究者は学校現場と対等の関係に立とうとしているか？—思い上がらず冷静に学校の現実を」小野由美子・淵上克義・浜田博文・曽余田浩史編著『学校経営研究における臨床的アプローチの構築—研究－実践の新たな関係性を求めて』北大路書房、2004年、参照。今後の研究課題として書き記しておく。
(27) 小野田正利「"保護者といい関係をつくる"ワークショップ」前掲『イチャモンどんとこい！』43頁、参照。
(28) 山野則子「カウンセラー・スクールソーシャルワーカーとの協同」、三木憲明・峯本耕治「弁護士からの提言」小野田、前掲『イチャモン研究会』151-204頁、参照。
(29) 宮盛邦友編著『子どもの生存・成長・学習を支える新しい社会的共同』北樹出版、2014年、参照。なお、人間発達援助者の特徴を深める際に、「感情労働」という概念は重要である。他の人間発達援助者との関係で、開かれた教職の専門性を解明するための手がかりになると思われる。小野田正利「強い者が弱い者をたたく社会」『親はモンスターじゃない！　イチャモンはつながるチャンス

だ』学事出版，2008年、106-108頁、参照。
(30) 小野田正利「はじめに」前掲『悲鳴をあげる学校』6頁。
(31) 関連して、柿沼昌芳・永野恒雄『保護者の常識と非常識　学校へのクレームをどう受けとめるか』大月書店，2008年、など参照。

BOOK REVIEW 9

『教育法から見える学校の日常』
柿沼昌芳，学事出版，2005年

　もし生徒が茶髪で登校してきたらどう指導するか。学校で生徒の財布が紛失したらどう対処するか。このような生徒指導について、教師は、多少、戸惑いをもっている。「子どもには権利があるんだ」と言ってみても、それを阻む何かが学校にはある。
　本書は、「どこの学校でも起こりうる事件を裁判ではどのように判断しているか」を判例を通して検討している。例えば、茶髪の生徒に関する裁判。「公立中学校での入学式、新入生の女子生徒が髪を茶色に染めたまま出席しようとしたので生徒指導の教諭が白髪染めスプレーで黒く染め直して式に出席させた。これを知った母親から『子どもに何をするんだ』と電話があり、自宅に説明に来た生徒指導教諭五名に父親が『子どもをみかけで判断しないで欲しい』と、殴って一週間のけがをさせた。学校が被害届を出したため高松南署は傷害容疑で父親を逮捕した」という事件から、「教師たちには『茶髪の生徒にスプレーをかけるのは異常なこと』との感覚を失ってもらいたくない」という新聞記事を引用して、「一般的に茶髪については保護者の考えを『無視』して学校が一方的に禁止できるのだろうか」と問題を投げかける。
　ところで、私が著者である柿沼昌芳と出会ったのは、担任教師に連れられて読書会に出席した高校二年生の時である。そこで、柿沼の発言を聴き、少なからず生徒指導の厳しい高校にいて、生徒は教師から生活態度などを指導されることが当たり前だと思っていた私は、自分自身の価値観を大きく揺さぶられたことを覚えている。
　柿沼は、元東京都立高校教諭である。そのため、教師の苦悩を体験的に理解しており、そのことに根ざした「現場教育法」を展開している。このことは、学校現場で起こっている具体的な事件から教育法を考えるという点で、教育法社会学的研究ではないだろうか。柿沼自身、「一年生を担任していた時、グラウンドで私のクラスと、隣のクラスの男子が体育の授業中だった。『救急車を！』の声に驚き、グラウンドを見ると男子生徒が倒れていて、体育教師が必死に人工呼吸を施している。ほんの数分だったのかもしれないが、何か長い時間が経過して救急車が到達した。その生徒は、再び学校には戻らなかった」という、つらい体験をしたことを「あとがき」に書き記している。このような体験をした著者であるからこそ、現場の教師が共感できるのではないだろうか。また、本書は、なぜ学校に子どもの権利条約が根づかないのか、ということを考えるための格好の素材でもあり、現場の教師や研究者などにひろく読まれる価値のある本である。
　　　　　　　　　　　　　　　　　　　　　　　　　　（2005年8月）

地域の中の学校

　「教育とは何か」を説明する際にふまえなければならない二つの基礎的な概念がある。一つは「子ども」であり、もう一つは「地域」である。なぜならば、子どもと地域は、教育個別の並列的・特殊的な課題ではなく、教育全体の横断的・普遍的な課題だからである。

　「教育における子ども」研究は、子どもの発達と子どもの権利として、不動の位置を占めている。しかし、「教育における地域」研究は、それに比して、あいまいな位置づけである。例えば、教育に関する岩波講座を見てみるならば、1970年代は論文「子どもの発達と家庭・地域の教育力」、1980年代は論文「発達環境と学習　地域」、1990年代は論文「地域社会における子どもの居場所づくり」[1]が掲載されているが、子どもとの関係で地域が論じられており、人間における地域そのものがもつ本質について迫るまでには至っていない。

　このような発想は、学校教育中心の教育学に原因の一端があると思われる。それは、教育は子どもを対象として学校でおこなわれる、という把握の仕方である。このような発想と表裏をなしている、社会教育中心の教育学にも原因の一端があると思われる。それは、教育はおとなを対象として地域でおこなわれる、という把握の仕方である。より重要な発想は、学校教育中心でも社会教育中心でもなく、両者を切り離さないことである。すなわち、教育は、子どもだけでなく青年＝若者・おとな・老人など生涯にわたって、学校だけでなく地域・家庭・企業などあらゆる機会あらゆる場所において、おこなわれる、という発想こそが、教育の全体理解にとって基礎にすえられなければならないのである。

　いいかえるならば、「現代社会において社会教育は、学校教育にたいして、教育の全体構造において基礎的であるという本質をになっているのではない

131

か」(2)という観点からすると、学校と地域の関係を再編成することが、子ども問題・教育問題のすべてを担っている学校に、いま、求められているのではないだろうか。このようにして、学校と地域の関係は、「地域の中の学校」として、ひとまずは把握される必要があるのである。

本章では、地域と学校をめぐる教育政策と教育実践の検討を通して、「教育における地域の復権」をめざすことにしたい。

1 教育における「コミュニティ」の位置

第一。現代の教育の中で、学校改革における地域の位置を見定める作業をおこなうことにする。その際、教育改革の批判をおこなっている藤田英典の教育の公共性論と、その創造をおこなっている志水宏吉の力のある学校論を検討することにしたい。

(1) 教育の公共性と「地域」

藤田英典は、教育の公共性について、①誰が教育を統治すべきか、②誰が教育費を負担すべきか、③誰が子どもを教育すべきか、④教育の機会はどのように平等であるべきか、⑤教育はどのような文化水準・経済水準を志向すべきか、⑥教育はどのような社会を志向すべきか、という六つの次元で問いなおされ揺らいでいることを指摘している(3)。それぞれの論点は、非常に興味深く丁寧に検討しなければならないが、ここでは、地域と学校に関わって、⑥について見ていく。

藤田は、「人間が社会的な存在である限り、子どもを教育する責任」(4)の主体として、「社会」を位置づけている。かつての学校教育は、その責任は社会にあり、社会がその改善・充実を共同的にすすめていたのに対して、いまの学校教育は、社会ではなくて個々の「親」の教育要求が優勢になりつつある。このことが、教育の公共性の変質を促進させているのである。

「社会」という概念は多義的であるが、「教育の公共性」という概念と重ねて

みた時に、それをヨーロッパ語になおしてみると、英語でいえば community、ドイツ語でいえば Gemeinschaft、フランス語でいえば communauté となるだろう。これらの用語は、「共同体」という意味であるが、同時に、教育学における「地域」という意味もある⁽⁵⁾。すなわち、藤田の教育の公共性の再編という指摘からは、教育における地域の任務が変容してきていると理解することもまた可能なのである。

　このような地域社会の変容を含んで、六つの次元全体を通して教育の公共性の意義と役割が変化していく中で、教育の公共性を教育法制として具体化している義務教育について、藤田は、「日本の義務教育は間違いなく、いま重大な岐路に立っている」⁽⁶⁾という認識を示している。

　安倍政権の教育改革は、教育委員会、義務教育費国庫負担、教科書検定・採択、教員評価、教員養成、教員管理など、矢継ぎ早に出されており、日本の公教育はドラスティックに変貌しつつある⁽⁷⁾。

　このような教育改革動向をリードする考え方について、藤田は、①新自由主義的市場主義・消費者主義、②新自由主義的ヴォランタリズム、③当事者主義による開かれた学校づくり、という三つに区分できることを指摘している⁽⁸⁾。学校改革に即していえば、①は、特色ある学校づくり、学校選択、②は、学校評議員、コミュニティ・スクール（学校運営協議会）、③は、開かれた学校づくり、ということになる⁽⁹⁾。これらの学校改革は、子どもが中心にすえられているかどうか、親が担い手・パートナーとして位置づけられているかどうか、できるだけ多くの子ども・親・教師の参加が期待されているかどうか、などによってその違いはあるものの、「地域」を抜きにしてとらえることができないことだけは共通している。その意味において、教育において「地域」は、教育の公共性として、本質的な問題を提起していると理解することができるのである。

(2) 力のある学校と「地域」

　このような教育改革の中で、重要な問題提起をしているのが、「力のある学

校」である。力のある学校は、大阪・布忍小学校をはじめとして、全国各地の学校で取り組まれている[10]。

　志水宏吉によると、「力のある学校」とは、「子どもたちをエンパワーする学校」のことであり、「教師や親や地域の人々も元気になれる学校」[11]のことである。この力のある学校のプロセスは、建物をつくることにあてはめていえば、「基礎」を構成するのが「教師集団のチームワーク」、「骨組み」を構成するのが「集団づくり」の原理となり、「一階」部分に相当するのが「基礎学力の保障」、「二階」以上の部分に相当するのが総合学習や情報教育などに代表されるような「応用的学習の展開」、ということになる[12]。すなわち、力のある学校は、外側においては、学校に直接的に関わる教師や子どもの組織化によって、内側においては、学校の独自性に基づいた学力保障によって構成されている。別の言い方をすれば、前者においては、開かれた学校づくりとの類似性があるが、後者においては、独自性がある、ということができる。そこで、開かれた学校づくりを相対化するという意味でも、力のある学校における「学力」について見ていく。

　志水は、「学力」を、「学力の樹」[13]というイメージでとらえようとしている。生い茂る「葉」は「A学力（子どもたちが学びとる個々の知識や技能）」、すくっと伸びた「幹」は「B学力（思考力・判断力・表現力）」、大地をとらえる「根」は「C学力（意欲・関心・態度）」に相当する。これら三つの学力の関係は、「三つの学力が文字通り一体となって、ひとつの学力の樹を形づくっている（統一体としての学力）」のであり、「樹はグループで育つ（子どもは、集団の中で育つ）」のである。さらに、周囲からの働きかけとして、「太陽」・「大地」は「教師」である。ここで重要なのが、学力の樹の苗木を支える「三本の竹」である。この三本の竹にあたるのが、「家庭と学校と地域」なのである。それぞれの役割は、学力の基礎を形づくる家庭、基礎学力を保障する学校、学力の樹を育てる地域となるが、ここでは、地域と学校に関わって、「地域の役割」[14]を見てみる。

　ここでいう「地域」とは、「樹をとりまく環境」のことであり、「子育ての共同性」のことである。このような意味での地域を、志水は、「教育コミュニテ

ィ」と呼んでいる。この教育コミュニティは、「協働」(コラボレーション)がキーワードとなる。すなわち、本来、地域がもっている子育ての知恵を協働によって取り戻し、それらが学校を豊かにしていく、ということなのである。これは、「地域に根ざす教育」といいかえることができるだろう。

このように、力のある学校とは、「社会関係資本が高度に蓄積された学校」、すなわち、「信頼関係のネットワークが重層的にはりめぐらされた学校」のことなのである。そして、このような力のある学校は、「教育に関わる社会関係資本が豊富に蓄積された地域」、すなわち、教育コミュニティが不可欠なのである(15)。つまり、子どもの生存・成長・学習を支える新しい社会的共同から現代の教師と教育実践を再構成する、ということができるだろう。

2 教育改革における「学校・地域・家庭の連携」の諸問題

第二。現代の教育改革の中で、学校と地域を有機的に結合させながら学校改革に挑む学校づくりにおける二つの問題を検討することにしたい。その一つは学校選択制度であり、もう一つは教育委員会制度である。

(1) 学校選択と学校づくり

学校選択制度とは、市町村教育委員会が就学校を指定する場合に、就学すべき学校について、保護者の意見をあらかじめ聴取することができるが、この保護者の意見をふまえて市町村教育委員会が就学校を指定することである。学校選択制度の関係法令としては、学校教育法施行令第5条(入学期日等の通知、学校の指定)・第8条(就学学校の変更)・第9条(区域外就学等)、学校教育法施行規則第32条[保護者の意見の聴取]・第33条[指定小・中学校・義務教育学校変更の必要事項]などに基づいている。近年、学校選択制度を導入する市町村は増加しており、ほとんどすべての都道府県において取り組まれている。それらを分類すると、①当該市町村内のすべての学校から、希望する学校に就学を認める自由選択制、②当該市町村内をブロックに分けて、そのブロック内の希望

する学校に就学を認めるブロック選択制、③従来の通学区域は残したままで、隣接する区域内の希望する学校に就学を認める隣接区域選択制、④従来の通学区域は残したままで、特定の学校について通学区域に関係なく当該市町村内のどこからでも就学を認める特認校制、⑤従来の通学区域は残したままで、特定の地域に居住する者について学校選択を認める特定地域選択制、などのタイプがある[16]。

　学校選択は、学校評議員、コミュニティ・スクール、学校評価、学校運営支援と並ぶ、文部科学省が推進する「信頼される学校づくり」の一つである。「公教育制度の正統性の揺らぎは、〔中略〕社会における価値の多元化や教育を私的消費財としてみる私事化の進行にその原因が求められる。〔中略〕多元的な公共性とインフォーマルな参加を尊重し、公共の場においても『私的』事項の安易な排除を避ける実践的な参加制度の構築を教育行政学の課題とすることで、その妥当性を主張し続けることをまだ放棄してはならないだろう」[17]、という勝野正章の指摘は、参加と選択の学校制度改革の可能性が、理論的にも実践的にもさらに分析されなければならないことを示している。

　このような学校選択制度のモデルの一つとなっているのが、東京都品川区における教育改革である。品川の教育改革については、それを主導してきた元教育長の若月秀夫へのインタビューを基にしての選択による学校改革を提唱する黒崎勲や、データに基づいての品川区の教育政策の成果を検証する小川正人などの事実を基盤とする擁護論がある一方、擁護論の問題点を検証することで地元の学校の再生をめざす佐貫浩などの規範を基盤とする批判論がある[18]。このような学校選択論争は、国民の教育権論の深化と関わっており、理論と実践の関係を問う、重要な問題提起となっている。

(2) 教育委員会と学校づくり

　教育委員会とは、国の教育行政機関としての文部科学省に対して、都道府県と市区町村に置かれている、教育事務の地方自治を管理執行する教育行政機関のことである。教育委員会制度の関係法令としては、現在は、地方教育行政の

X　地域の中の学校

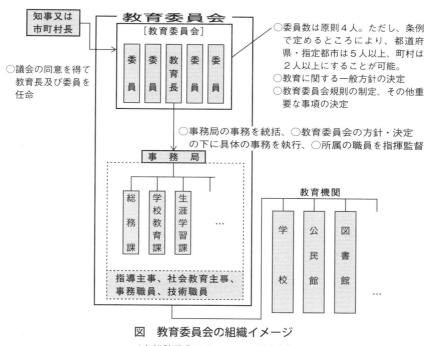

図　教育委員会の組織イメージ
（文部科学省のホームページより）

組織及び運営に関する法律（1956年公布・施行、2017年最終改正）に基づいているが、それ以前は、教育委員会法（1948年公布・施行、1956年廃止）に基づいていた。教育委員会制度のしくみは、①原則4名の委員で構成する合議制独立行政委員会である、②各自治体が設置する学校教育や社会教育などの教育機関の教育事務を管理執行する、③首長が議会の同意を得て直接に任命する教育長（従来の教育委員長と教育長を一本化）が委員会の会議を主催するとともに、委員会を対外的に代表し、教育委員会の指揮監督の下にその権限に属するすべての事務をつかさどり、所属職員を指揮監督する、となっている（図を参照）。教育委員会制度の理念は、戦後改革の中では、①教育の素人統制、②教育行政の地方分権化、③教育行政の一般行政からの独立、を掲げていた。しかし、教育委員会制度の現実は、戦後史の中では、文部科学省→都道府県教育委員会→市区町

村教育委員会、という上位下達の教育行政制度を確立してきた。そのため、教育委員会の形骸化が起こり、現在、専門的リーダーシップと素人統制の関係、教育行政の中央－地方関係、首長と教育委員会の関係などをくみかえることを課題として、教育委員会の活性化論・廃止論が活発に提言されている[19]。

教育委員会制度については、「わが国の教育委員会制度は、形式的には地方分権的教育行政制度でありながら、その内実が中央集権的教育行政の一翼を担う地方制度となっていることは否定しがたい。それゆえ、地方教育行政と教育委員会の改革は、教育改革の主要なテーマの一つであるとともに、教育行政学における理論的課題の一つとされている」[20]、と中嶋哲彦によって指摘されているが、教育委員会の理念と現実をふまえたうえで、喫緊の課題としての新たな教育委員会制度改革が求められている。

このような教育委員会制度改革を支えているのは、2000年の地方分権改革以降に、学校と地方自治体が挑戦する、独自の改革である。学校と地方自治体の改革の取り組みの中で、教育委員会制度の課題について、効果のある学校（力のある学校）と関わって、小川正人は、「『効果のある学校』の特徴＝諸要件は、教育行政が学校に『外部』から働きかけることで創り出すことが出来るものなのか、あるいは、そうした『外部』からの働きかけには限界があり、学校内部から校長、教職員、子ども、地域・保護者等の営みで『内生的』『自生的』に生み出されてくるものなのか」[21]、という大変興味深い指摘をしている。このような教育委員会の課題は、実践的には、教育委員会の機能を通しての学校の役割を問う、理論的には、教育と教育行政の関係を問う、重要な問題提起となっている。

3 教育学・教育法学における「地域」の復権

第三。現代の教育学・教育法学の中で、あらためて、教育の本質・教育条理としての地域の復権を確認することにしたい。その主題は、地域教育運動と地域の教育力である。

Ⅹ　地域の中の学校

(1) 地域教育運動

　地域教育運動とは、住民の学習権の民衆的自覚のことである。太田政男の表現を借りれば、「教育主体としての地域」ということになる[22]。

　1960・1970年代の地域教育運動の特徴は、①それ以前の教師中心の教職員組合運動から、父母・住民中心の教育運動に転換したこと、②教育運動の要求・内容が、教師・学校の中に限らず、広範囲に及んできたこと、③教育への政策批判・要求実現・問題解決型の運動を前提としながら、教育への参加要求・創造型の運動の兆しが見え始めてきたこと、④それらが地域教育運動と呼ぶしかない、地域ぐるみで、地域に根ざし、個性的な形態と総合的な運動になってきていたこと、という四点が指摘されている。

　しかし、1980年代より1990年代にかけて、①教師と父母・住民との間に、子どもや教育の問題をともに考えていくうえでの共通基盤が形成されにくくなったこと、②子どもたちの荒れの形態の変容・深刻化があり、それへの対処の処方箋の困難さが増大したこと、③学校の教育機能の大幅な低下が生じてきたこと、④いまある学校だけが唯一の教育の場ではないという考えが、少しずつひろがってきたこと、⑤学校の教育機能の後退や崩壊の危機は、同時に、地域・家族の教育機能崩壊の危機と深刻な相関関係にあること、というような消極的・否定的側面と、①ネットワーク型運動の重層的・多面的な展開がみられること、②子ども観・教育観や学校観を単一の姿に押し込めるのではなく、多様な姿・タイプの承認・創造が試みられてきたこと、というような積極的・肯定的側面が複雑に絡まり合いながら、地域教育運動は新たな展開を見せることとなった[23]。例えば、「開かれた大学」として、大学が農民大学やオープンカレッジなどを通して地域づくりに取り組んだり、「地域にねざす学び」として、自治体社会教育がアウトリーチや参加型学習などを通して協同ネットワークを組織化したり、「学びのネットワーク」として、NPOが生き方や学びなどを通してよりよい社会を実現したりするために、それぞれ取り組まれている[24]。

　このような地域教育運動の中で、教育主体としての地域は形成されていくのである。

(2) 地域の教育力

　地域の教育力とは、広義には、地域の中で計画的に営まれる教育、狭義には、地域の自然・文化・人間関係から生成する地域自体から発する教育のことである。太田の表現を借りれば、「教育的価値としての地域」ということになる[25]。

　地域の教育力は、①1940年代後半から1950年代の地域教育計画策定の試み、②1960年代後半から1970年代にかけての地域教育運動の叢生、③1990年代の学校を地域社会に開くという教育行政・社会教育・学校外教育の政策的位置づけ、という三つの時期に区分することができるとされている。

　第二期においては、地域の教育力の概念論争が、教育社会学の松原治郎と社会教育学の藤岡貞彦の間でおこなわれた。松原の主張は、長野県上田市をモデルとした、「学校教育と社会教育の連携を軸とする地域社会の教育力の活性化」という把握の仕方であり、「ラーニング・ソサエティとしての地域社会の体系化と参加システム」に特徴がある。それに対して、藤岡貞彦の主張は、沼津・三島コンビナート建設反対運動を基盤とした、「地域教育運動を通じての地域に固有な担い手による地域の教育力の再生」という把握の仕方であり、「環境権と教育権の統一的把握」に特徴がある[26]。この論争は、現在の「学社融合」や「学校を地域に開く」という教育政策や教育実践・教育運動を理解するうえで、重要な問題提起をしている。

　地域の教育力は、地域と学校の関係を課題とすることにとどまらず、地域社会と子どもの関係、すなわち、児童福祉や学校外教育などと関連づけられながら、子育てや子どもの参加の権利を課題として展開していった。例えば、子どもとおとなが共同する地域社会を構想するために、学校外教育に関わっては、子どもの居場所づくりが自治体の子育て政策が、子ども参加に関わっては、子どもNPOが学校・自治体の共同が、子ども条例に関わっては、地域教育計画が学校・家庭・地域のネットワークが、それぞれ取り組まれている[27]。

　このような地域の教育力の中で、価値としての地域は発展しているのである。

（3）地域と地球を串刺しにした教育

　かつて、歴史学者の上原専禄は、戦後の国民教育を創造するために、「地域・日本・世界を串刺しに」・「価値としての地域」・「地域の地方化・日本の被地方化と日本によるアジアの地方化」・「地域の地方化と生活の抽象化」[28]、というように、教育における「地域」の重要性を問題提起したことがあった。以後、教育学・教育法学において「地域」は、教育の本質・教育条理として掘り下げられることとなった。それは、学力テスト最高裁判決（1976年５月21日）においても、「教育に関する地方自治の原則」が、「教育の目的及び本質に適合する」という見解として示されているとおりである。

　結局のところ、地域の中の学校は、「選ぶ」のか、それとも、「創る」のか。それは、教育の本質・教育条理の根本において、子どもが「できる」のか、それとも、子どもを「つくる」のか、という思想の違いに根拠をもっているように思われる[29]。ここに、「地域」が教育の基礎概念である、という所以があるのである。

〈注〉
（１）酒匂一雄・増山均「子どもの発達と家庭・地域の教育力」『講座子どもの発達と教育７　発達の保障と教育』岩波書店，1979年、藤岡貞彦「発達環境と学習地域」『講座教育の方法２　学ぶことと子どもの発達』岩波書店，1987年、佐藤一子「地域社会における子どもの居場所づくり」『講座現代の教育７　ゆらぐ家族と地域』岩波書店，1998年。
（２）五十嵐顕「社会教育と国家―教育認識の問題として」『国家と教育』明治図書，1973年，57頁。五十嵐の問題提起を受けて、「教育の再編成原理としての社会教育」を定位した研究として、島田修一編著『社会教育―自治と協同的創造の教育学』国土社，2006年、島田修一『社会教育の再定位をめざして』国土社，2013年、参照。
（３）藤田英典「公教育・義務教育の意義と役割」『義務教育を問いなおす』ちくま新書，2005年，59頁、参照。
（４）同上，81頁。
（５）「教育の公共性」は、フランス語でいうと、communauté éducative である。communauté（共同体）の語源は、communication（コミュニケーション）と同じである。と同時に、communisme（共産主義）もまた同じである。

（6）藤田英典「あとがき」前掲『義務教育を問いなおす』，309頁。
（7）近年の教育改革批判については、佐藤学・勝野正章『安倍政権で教育はどう変わるか』岩波ブックレット，2013年、など参照。
（8）藤田，前掲「公教育・義務教育の意義と役割」，93-96頁、参照。
（9）学校改革に関して、「開かれた学校づくり全国交流集会」全10回のプログラム、学校改革の主要法令など、学校改革の主要参考文献一覧については、宮盛邦友「資料編」浦野東洋一・神山正弘・三上昭彦編『開かれた学校づくりの実践と理論　全国交流集会一〇年の歩みをふりかえる』同時代社，2010年、参照。
（10）力のある学校の実践研究については、志水宏吉『公立小学校の挑戦　「力のある学校」とはなにか』岩波ブックレット，2003年、志水宏吉『公立学校の底力』ちくま新書，2008年、志水宏吉編『「力のある学校」の探究』大阪大学出版会，2009年、など参照。
（11）志水宏吉「いかに基礎学力を保障するか―学校の役割」『学力を育てる』岩波新書，2005年，172頁。
（12）同上，172-174頁。
（13）志水宏吉「学力をどう捉えるか―『学力の樹』」，同上，38-50頁。
（14）志水宏吉「『学力の樹』をどう育てるか―地域の役割」，同上，175-202頁。
（15）なお、志水は、エスノグラフィーという質的な研究方法を用いて学校分析をおこなっているが、このような研究方法は、同時に、それを用いて分析する者のあり様、すなわち、「私」が問われる。その意味において、「一人称の教育社会学」という表現は、あるべき教育学にも通じるものがある。志水宏吉『学校にできること――人称の教育社会学』角川選書，2010年、参照。さらに、志水は、かつて、近藤邦夫とともに、臨床心理学と教育社会学の接点にある学際的研究として、「学校臨床学」を構想していた。これもまた、同じように通じるものがある。近藤邦夫・志水宏吉編著『学校臨床学への招待―教育現場の臨床的アプローチ』嵯峨野書院，2002年、参照。
（16）学校選択制度については、黒崎勲『教育の政治経済学［増補版］』同時代社，2006年、など参照。
（17）勝野正章「学校選択と参加」平原春好編『概説教育行政学』東京大学出版会，2009年，168-169頁。
（18）黒崎勲『新しいタイプの公立学校　コミュニティ・スクール立案過程と選択による学校改革』同時代社，2004年、小川正人編集代表・品川区教育政策研究会編『検証教育改革　品川区の学校選択制・学校評価・学力定着度調査・小中一貫教育・市民科』教育出版，2009年、佐貫浩『品川の学校で何が起こっているのか―学校選択制・小中一貫校・教育改革フロンティアの実像』花伝社，2010年。
（19）教育委員会制度については、三上昭彦『教育委員会制度論―歴史的動態と

〈再生〉の展望』エイデル研究所，2013年、など参照。
(20) 中嶋哲彦「教育委員会の現状と課題―学習権保障の条件整備と教育の地方自治」平原，前掲『概説教育行政学』，73頁。
(21) 小川正人「おわりに」『市町村の教育改革が学校を変える　教育委員会制度の可能性』岩波書店，2006年，146頁。
(22) 太田政男「子ども・青年の発達と学校・地域」島田修一・藤岡貞彦編『社会教育概論』青木書店，1982年，267-269頁。
(23) 姉崎洋一「地域の教育機能の向上と地域コミュニティの育成」西尾勝・小川正人編著『分権改革と教育行政〜教育委員会・学校・地域』ぎょうせい，2000年，186-192頁，参照。姉崎洋一「地域教育運動論―父母・住民論」『戦後日本の教育理論（上）　現代教育科学研究入門』ミネルヴァ書房，1985年、も参照。
(24) 大学については、姉崎洋一『高等継続教育の現代的展開―日本とイギリス』北海道大学出版会，2008年、自治体社会教育については、島田修一編著『知を拓く学びを創る―新・社会教育入門』つなん出版，2004年、NPOについては、佐藤一子編『NPOの教育力　生涯学習と市民的公共性』東京大学出版会，2004年、など参照。
(25) 太田，前掲「子ども・青年の発達と学校・地域」，269-271頁。
(26) 佐藤一子「地域の教育力をどうとらえなおすか」『子どもが育つ地域社会　学校五日制と大人・子どもの共同』東京大学出版会，2002年，43-53頁。久冨善之「教育社会学における『地域社会と教育』研究の現段階と課題」松原治郎・久冨善之編著『学習社会の成立と教育の再編―長野県上田市』東京大学出版会，1983年、も参照。
(27) 学校外活動については、増山均・齋藤史夫編著『うばわないで！子ども時代―気晴らし・遊び・文化の権利（子どもの権利条約第31条）』新日本出版社，2012年、子ども参加については、喜多明人・坪井由実・林量俶・増山均編『子どもの参加の権利―〈市民としての子ども〉と権利条約』三省堂，1996年、子ども条例については、荒牧重人・喜多明人・半田勝久編『解説子ども条例』三省堂，2012年、など参照。
(28) 上原専禄「世界・日本の動向と国民教育―地域における国民教育の研究をすすめるために」国民教育研究所編『民研20年のあゆみ―国民教育の創造をめざして』労働旬報社，1977年、参照。
(29) 中内敏夫・藤岡貞彦「発達を保障する教育運動と教育計画」前掲『講座子どもの発達と教育7』、参照。

BOOK REVIEW 10

『教育改革の忘れもの──子どもにとっての学校と公共性』
小島喜孝，つなん出版，2006年

　現代の子ども問題・学校問題は複雑な様相を呈している。いじめ問題を取り上げてみても、「いじめは犯罪だ」と言ってすむ問題ではなく、いじめられる子どもの生命を守りつつ、いじめる子どもについてもなぜいじめるのかを深くかかわって対処しなければならない。教師は、いじめを学校の課題として取り組まなければならないし、家庭や地域との連携も大事である。さらに、いじめは、個々の子ども間や一部の学校だけの問題ではなく、教育行政が全国的な課題としてその解決に向けて政策立案する必要がある。こう考えると、現代の子ども問題・学校問題の解決をめざす教育学は、学校・地域・家庭などの視点から、教育法や少年法をはじめとする子ども法などの学際的アプローチをもって研究をおこなう必要に迫られている。

　本書は、「教育改革として、その根底で置き去りにされ忘れものとされているものは何か、改革の基盤には何を置かねばならないか」という問題をもちながら、「主に九〇年代以降、教育改革とされてうちだされる国の教育政策と行政についてそれぞれの時期に検討したものであ」り、「子どもの尊厳」を基軸として、教育の全体構造をとらえようとする意欲的な作品である。その特徴である「子どもの尊厳」について、「その唯一無二の誇りある独自な存在が、子どもの尊厳である。子どもの人生は子どものものである。あらゆる支配から独立し、生と死の一度しかない自分自身の人生を創造する自由、それがそれぞれの子どもの権利である。その権利にとっては、何よりも当の子ども自身の自尊が基盤となる」という。さらに、子どもに直接存在するおとな、つまり、子どもを育てる「親」への注目も忘れていない。「日本近現代教育史における国家の座に親がとって代わる、この転換が子どもにとっての教育の中心命題の一つである」と述べている。だが、この親・子関係、おとな・子ども関係が、社会や国家の論理にからめとられることについては、批判的である。それに対する代替案として、「子どもが育つ権利を社会が大事にするためには、個としての子どもの人格の総合性に見合って社会における教育・福祉・医療・少年司法の理念や制度政策が統合されたものになっていく必要がある」ことを指摘している。

　このような「臨床とシステムの教育学」は、著者の小島喜孝によるさっぽろ子育てネットワークや「非行」と向き合う親たちの会などのアクション・リサーチによって支えられている。本書の教育学構想は、読者一人ひとりが自分自身の問題として読む時、現実を読み解くことのできる力になると確信している。　　（2007年3月）

補 現代の教員養成における開かれた教職の専門性について教育学的な検討を加える試み

　本章は、現代の教員養成における開かれた教職の専門性について教育学的な検討を加えることを試みるのを目的としている。

　「現代の教員養成」・「開かれた教職の専門性」・「教育学的な検討」という表現そのものが、すでに定義を必要としており、了解された何かを意味しているわけではない。

　それでもなお、宮盛邦友編著『子どもの生存・成長・学習を支える新しい社会的共同』（北樹出版・2014年5月）、および、本書の初版である、宮盛邦友『現代の教師と教育実践』（学文社・2014年4月）では、このことを十分に意識しながら、二著書の相互連関をもたせたうえで、前者にあっては現代の子ども論・人間学を、後者にあっては現代の学校論・公教育論を、思考した。具体的には、現代の教育を人間発達援助の一環として位置づけたうえで、「現代の教員養成」を教育専門職とその実践の独自性・固有性を高度化すると把握し、「開かれた専門性」を子どもたちの声を聴くことと人間発達援助専門職と連携することの開発に求め、「教育学的な検討」を教育思想・教育実践と教育法・教育政策をつなぐ、あるいは、ミクロ・レベルの教育とマクロ・レベルの教育の同時成立相互可能性に見定めた。

　ある一つのまとまりを構築してしまうと、このようなものの見方を自明視したくなるのであるが、それを、再度、とうえなおす努力をしなければならない。なぜならば、そのことを通してでしか、これからの私自身の研究・教育・臨床のそれぞれの活動を、より実質化することはできないからである。

1 教職課程のカリキュラムをめぐって

　今日の教師教育改革をめぐっては、政策においては、小学校・中学校一貫の教員免許状や修士課程レベルでの教員養成などが、また、実践においては、アクティブ・ラーニングなどが、それぞれ進行している。これらが登場してくる背景には、いじめなどをはじめとする、いわゆる子ども問題・学校問題が深刻化しており、それらに対応できない教職の専門性が疑問視されていることを、指摘できる。これらに共通する考え方は、教員養成において、理念よりも現実をより重視する、ということである。しかし、このような「実体」主義に基づく教師像は、つきつめるところ、なんでもこなすことのできる正義のお助けマンのような教師像であり、問題解決には至らない。むしろ、実体主義に対する「関係」主義に基づく教師像は、つきつめれば、ある問題の構造を他の問題の構造に構成してなおしていく力を有する教師像であり、問題解決の糸口を見つけ出すことができる。現在、文部科学省は、教員養成のカリキュラムの中に、発達障害に関する科目を新設する、道徳教育に関する科目を充実する、脳科学に関する知見を含める、などをめざしている。実体主義に基づく教師像から見れば、教師が覚えるべき知見は、年々、増加していくことになるが、関係主義に基づく教師像からすると、その知見を前提としたうえで、ある事柄の構造を展開して対応していく、ということになる。

　以下の表は、関係主義に基づく教員養成のカリキュラム・デザインの試案である。教育職員免許法および関連法令による範囲内においてではあるが、このような構図でもって教員養成をおこなうことで、開かれた教職の専門性が形成される、と考えられる。そして、この構図そのものが、現代教育学の構図となる、と考えている。

補　現代の教員養成における開かれた教職の専門性について教育学的な検討を加える試み

■関係主義に基づく教師の専門的力量を訓練するための教職課程カリキュラム・デザイン■

※すべての講義・演習・実習を通して、体験・経験をする、読書をする、プレゼンテーションをする、ディスカッションをする、場の運営をする、という力を訓練する。

年　次	内　　　容
1年生	A．教育理解を深める（基本） 　　近代教育と現代教育の理念と現実を通して、地球的視野に立つ教師観・教育実践観を形成する。 　　　○教育基礎論 　　　　……教育の目的と戦後教育史を理解する。 　　　○教職概論 　　　　……教師の任務と役割を理解する。 B．子ども理解・人間理解を深める（基礎） 　　子どもの臨床・発達・援助の理論と実践を通して、事実的な子ども観・人間観を形成する。 　　　○教育心理学／特別支援教育論 　　　　……発達的・関係的観点から、子どもの本質を理解する。 C．学校理解・地域社会理解を深める（基礎） 　　学校の臨床・発達・援助の理論と実践を通して、規範的な学校観・地域観を形成する。 　　　○教育制度論 　　　　……法制度的・政策的観点から、学校の機能を理解する。 D．学習理解・授業理解を深める（基礎） 　　授業の臨床・発達・援助の理論と実践を通して、事実的・規範的な学習観・授業観を形成する。 　　　○教育課程論 　　　　……子どもの権利・学校の公共性の観点から、教職の専門性を理解する。 E．教養理解を深める（基本） 　　近代と現代の理念と現実を通して、地球的視野に立つ教養観を形成する。 　　　○日本国憲法／外国語コミュニケーション／情報処理／スポーツ・健康科学 　　　　……日本国憲法を理解する。 　　　　　　外国語コミュニケーションをを理解する。 　　　　　　情報機器の操作を理解する。 　　　　　　体育を理解する。

2年生 3年生	B.	子ども理解・人間理解を深める（発展） ○特別の教科道徳教育指導論 　……ライフサイクルの視点から、発達的道徳観を養い、聴く力を構成する。 ○生徒指導・進路指導論 　……アイデンティティの視点から、援助的指導観を養い、繋がる力を構成する。 ○教育相談論 　……ライフサイクルとアイデンティティの視点から、臨床的相談観を養い、聴く力・繋がる力を構成する。
	C.	学校理解・地域社会理解を深める（発展） ○教育方法・技術論 　……学校指導の視点から、方法的・技術的教授観を養い、教える力を構成する。 ○特別活動指導論 　……学校自治の視点から、活動的教授観を養い、学ぶ力を構成する。 ○総合的な学習の時間指導論 　……学校指導と学校自治の視点から、総合的教授観を養い、教える力・学ぶ力を構成する。
	D.	学習理解・授業理解を深める（発展） ○各教科教育法／教科に関する科目 　……子どもの権利・学校の公共性の視点から、教科教育観を養い、人間形成力・実地研究力を構成する。
4年生	B.	子ども理解・人間理解を深める（事例・実地） ○介護等体験 　……特別支援教育・社会福祉の現場で感じることを通して、教師としての課題を発見する。
	C.	学校理解・地域社会理解を深める（事例・実地） ○教育実習 　……学校現場で感じることを通して、教師としての課題を発見する。
	D.	学習理解・授業理解を高める（事例・実地） ○教職実践演習 　……教育実習で体験・経験したことをふまえた上で、教師としての課題を再発見する。
大学院	A.	教育理解を深める（基本・特殊） ○教育学演習 　……外書講読・調査研究を通して、教職の専門性を高度化する。 ○教育特殊研究 　……模擬授業・模擬指導を通して、教職の専門性を高度化する。

補　現代の教員養成における開かれた教職の専門性について教育学的な検討を加える試み

 2　教員養成の型をめぐって

　前節では、教員養成の型、すなわち、私自身が考える、関係主義に基づく子ども理解・学校理解・教師理解を軸とした教員養成の型の見取り図を提示しようと試みた。この点は非常に重要な問題を含んでいて、『子どもの生存・成長・学習を支える新しい社会的共同』、および、『現代の教師と教育実践』（初版）においては、開かれた教職の専門性の中核を「対話の試み」と考えていたことからすると、大きな変化があったということになるのである。この変化の理由はいくつかの説明を必要とするのであるが、少なくとも、学習院大学において主たる任務として教員養成をさまざまな仕方で取り組んでいることが影響している、ということだけは間違いないであろう。

　では、ここでいうところの「教員養成の型」とは何なのか。それは、端的にいえば、学生自身が、自己流の訓練で教師になっていくのではなく、大学の教員によって示される型を用いてくりかえし訓練することで教師になっていく、という時の型である。もう少し丁寧に説明すると、授業中に大学の教員が話した開かれた教職の専門性に対して、学生が自分自身にとって興味・関心のある部分を都合よく学んで教師になっていく、というのではなく、大学の教員が示している型の全体に対して、学生がそれをまねしながら、その型を習得することを通して、自分自身の教師としての開かれた教職の専門性という型をつくっていく、ということなのである。その意味では、イメージとしては、芸術家やスポーツ選手などのスペシャリスト養成に近い（ただし、教員養成は、基本的に、ジェネラリスト養成であることを考えれば、スペシャリストを通してジェネラリストを養成するということになるだろう）。

　このように書くと、教員養成の型を習得するとは、静態的な結果を求めているように見えるかもしれないが、そうではなくて、実際には、むしろ、その逆である。つまり、「関係として」・「動態的に」という思考様式が、教員養成の型にとって最も重要だ、と主張したいのである。

そうすると、教員養成の型にとって重要である、「関係として」・「動態的に」とはどういうことなのか。その手がかりととして、西平直の人間形成論、および、斉藤利彦の学校文化論を見てみることにしたい。

まずは、「関係として」について。西平は、『エリクソンの人間学』（東京大学出版会・1993年）の中で、エリック・ホーンブルガー・エリクソンによる、「反省的」にして「相対的＝関係的」でありながら、しかも「参与的」にして「主観的」であるような、そうした二重性を抱え込んだものの見方が、エリクソンの思想の基本旋律である、という指摘をしている（特に、第1章）。この指摘は、そこへ至った「結果」というものの見方ではなく、そこへ至るまでの「プロセス」というものの見方を提示しており、「関係として」の感覚をあらわしている、ととらえることができる。ただし、「関係」とは、「実体」に対してであるというところを押さえておかなければならない。

次に、「動態的に」について。斉藤は、『競争と管理の学校史』（東京大学出版会・1995年）の中で、旧制中学校における競争と淘汰および生徒管理をとらえる視点として、政策立案者や教育思想家の動向の分析は中心的な意味をもたず、「日常」の場に生きる「無名」の「学ぶ」者たちの状況こそが重要な分析の対象となる、という指摘をしている（特に、序章）。この指摘は、支配する側によるあるべき「固定化」したものの見方ではなく、支配される側によるある「流動化」したものの見方を提示しており、「動態的に」の感覚をあらわしている、ととらえることができる。ただし、「動態」とは、「静態」に対してであるというところを押さえておかなければならない。

この二つは、それぞれの研究のコンテクストで語られてはいるけれども、同時に、教育学的なものの見方となっているのではないだろうか。例えば、子どもが試験で正解を答えられることだけが教育にとって重要なのだろうか、あるいは、教師の指導がよくゆきとどいていて生徒たちが静かに授業を聞いていることが教育にとって成功なのだろうか、といった問題である。

以下、「関係として」・「動態的に」という私の教職課程での授業風景を、二つほど、紹介する。

補　現代の教員養成における開かれた教職の専門性について教育学的な検討を加える試み

(1) 自己紹介という関係性——教育基礎より

　主として学部1年前期に履修する入門的科目に、「教育基礎」がある。その概要は、教育思想および教育の歴史と国際比較に基づいた教育理念に関する講義である。受講学生数は、年度によってクラスによって違うが、1クラスが30〜70名前後と130〜170名前後である。

　その初回、「自己紹介」をおこなっている。なぜならば、学部学生が大学に入学したばかりだからである。

　まずは、クラス全員が、苗字・名前（例えば、みやもりくにとも）の順番で五十音順に一列になるために、自己紹介をする。一列になったら、答え合わせをおこなう。これが終わると次は、クラス全員が、ファーストネーム・ファミリーネーム（例えば、kunitomomiyamori）の順番でアルファベット順で一列になるために、自己紹介をする。一列になったら、同様に、答え合わせをおこなう。学生の様子を見ていると、いくつかの列ができてはくずし、くずしてはつくりなおす、ということを何度もしている。一見、単純な作業ではあるが、これが意外と難しい（特に、アルファベット）。これらが終わると、最後は、全員が氏名を黒板に書く。最初に何人か黒板の前に出てきて自分の氏名を書いたら、自己紹介をした際に隣にいた都合4人のうち誰か一人の氏名を呼んで交替する、ということをくりかえす。黒板に150名前後の学生全員の名前を書くには、自分がどれくらいの大きさで氏名を書けばよいのか、これまた難しい。完成をしたら、みんなで黒板を記念撮影する。授業の中では、こういったアクティビティを楽しめる学生もいれば、困ってしまう学生もおり、ここに現代の学生の有り様が垣間見られる。

　重要なところはここからである。「さて、今日の授業、どういう意味があったでしょう」という宿題を出す。多くの学生は、アイス・ブレイクあるいは遊びだと思って授業を受けていたので、意表を突かれることとなる。次週の授業で考えてきたことを学生に発表してもらうと、たいていは、「教師になる上で自己紹介は大切だから」というような答えが出される。ある質問に対して解答は複数あるはずだから、この解答は正解である。だが、私の意図するところは

別にある。それは、これから4年間かけて一緒に教職課程を履修する学生たちの関係性を創出したい、というところである。当然、その1回でできあがるものではないが、他者とのコミュニケーションを通しての同僚性という関係性を認識する、というのを、教職課程で初めて受講した授業で学生たちが体験・経験することが、教員養成において教育を学び始める型の第一歩となる、と私は考えているのである。

(2) ホリスティックなものの見方──教職実践演習より

　主として学部4年後期に履修する総合的科目に、「教職実践演習」がある。その概要は、教師論・学校論・教科指導論・生徒指導論に基づいた教職実践に関する演習である。受講学生数は、1クラスあたり35〜50名前後である。

　私の担当は、1クラスあたり3回ほどの生徒指導に関する演習であるが、内容は、学習院大学を用いた「ホリスティック教育」である。

　第一回は、散歩をする。具体的には、目白の杜をぐるりと一周する。卒業を間近にした学生たちの多くは、4年間もすぐ近くにあるにもかかわらず、はじめてそこを訪れるそうである。木々を触ったり、落ち葉を拾ったり、というように自然に触れるのであるが、その途中で、必ず、みんなで3分間眼を閉じてみている。その時に感じたことを学生たちに後で聞いてみると、ガサガサと葉っぱのこすれる音、ガタンゴトンと電車の通り過ぎる音、ヒューっという冷たい風、何とも言えない隣の人のにおい、などなど、同じ場所にいたのに感じ方はさまざまである。

　第二回は、写真撮影をする。具体的には、THE 学習院（これこそが学習院という意味）という写真を三箇所ほど撮ってくる。思い出づくりのように勘違いした学生たちは、西門の写真、東別館の写真、大学の講義をはじめて聴いた教室の写真、サークル室の写真、などなど、これまたさまざまな写真を撮影してくる。同じ場所の写真を撮影してくる学生もいるが、対象との距離や角度など、微妙に違うところがおもしろい。ひとしきり学生たちが楽しんだ後、「さて、今日の授業、どういう意味があったでしょう」と問いかけてみる。これは本当

補　現代の教員養成における開かれた教職の専門性について教育学的な検討を加える試み

に困った、というのが学生の反応である。私の意図するところは、「感じること」、正確にいうと、開かれた教職の専門性にとって、「感じる」ということが、決定的に重要である、というところにある。メタファーとしてのアクティビティを生徒指導に引きつけてみて、教師のすぐそばにいじめがあったとしても、感じることができなければそれに気がつくことはできないし、教師がある瞬間に見た生徒のちょっとした仕草でも、感じることができればいじめを見つけることができる、という話をすると、学生たちからは、「あぁ、そういう意味なのか」という声がわいてくる。

　第三回は、描画をする。具体的には、クレヨンで教員が提示したフォルメン線描（Formenzeichnen）を描く。正確には、クレヨンで描く前に、眼で描く、指で描く、足で描く、臍で描く、ということを、ゆっくりと、何度も何度も、おこなう。最後に、クレヨンで描く。学生たちは、教員が何をしようとしているのか、全く分からず、困惑さえしている。やっとのことで描いた後、やはり、同様の問いかけをしてみる。ここまでくると、学生たちは困りはてるのに慣れてくる。私の意図するところは、「型をつくること」、正確に言うと、開かれた教職の専門性にとって、「型をつくる」ということが決定的に重要である、というところにある。メタファーとしてのアクティビティを生徒指導に引きつけてみて、誰かがつくった技術的な生徒指導をおこなうのではなくて、自分自身の型を用いて生徒指導をおこなうことで、現代日本の教育を切り拓くことができるのではないか、という話をすると、学生からは、やはり、同様の声がわいてくる。

　これらのアクティビティは、実は、シュタイナー教育からヒントを得ている。感じることと型をつくることを通して、「つながる」ということを教育といとなみの根本にすえることが、教員養成において最終確認すべき事柄である、と私は考えているのである。

3　教師教育の中核的な学習課題をめぐって

　前節のままでは、教師がおこなう教育方法にやや傾斜しており、教師が教えるべき教育内容がやや欠落していることとなる。すなわち、私自身の考える関係主義に基づく教師教育の見取り図を提示しようとするあまり、その内実たる教師教育の中核的な学習課題について十分に論じていない、ということになるのである。教師が教えるべき教育内容に関しては、『子どもの生存・成長・学習を支える新しい社会的共同』においては総合学習（特にⅢ）として、『現代の教師と教育実践』（初版）においては青年期の発達課題と地球時代の教育課題（特にⅢ）として、それぞれ提起したのであるが、それでもなお、関係主義に基づく教師教育という観点をふまえた上で、中等教育における教員養成の問題としてそれらを書き換える必要がある。

　では、この場合における教師教育の中核的な学習課題は何となるのか。それは、端的にいうと、「青年＝若者期とナショナリズム」である。これは、西平直によるアメリカの精神分析学を基盤とする人間形成論、および、斉藤利彦による明治期日本の青年期教育・中等教育を基盤とする学校文化論を、あらためて、現代日本に即して教師教育としてとらえなおす、ということでもある。その際、中学校・高等学校の教員養成を想定するならば、対象としては、人間形成論においては、青年＝若者期に焦点化しながらライフサイクルとアイデンティティを、学校文化論においては、ナショナリズムに焦点化しながら競争と管理を、それぞれ論じることになる（なお、このことを敷衍していけば、教職課程における私の講義内容についても、青年＝若者期とナショナリズムの観点から、再編成が必要である、ということになっていく）。

　以下、私の授業をふまえて、「人間形成論における青年＝若者期とライフサイクル・アイデンティティ」、および、「学校文化論におけるナショナリズムと競争・管理」を論じていく。

補　現代の教員養成における開かれた教職の専門性について教育学的な検討を加える試み

（1）人間形成における青年＝若者とライフサイクル・アイデンティティ
──道徳教育指導論／生徒・進路指導論より

　現代の青年＝若者をどうとらえるか。

　この問題を考えるにあたって、青年＝若者は、青年心理学の知見からすると、18歳前後に、「子どもからおとなへ」となっていくが、若者社会学の知見からすると、「学校から社会への移行」がおこなわれる、ということを押さえておく必要がある。このような過程を通していとなまれる人間形成では、地球時代である現代において、おとなになることがむずかしくなり、社会へ移行することが困難になっているのである。別の言い方をすれば、青年＝若者を、心理社会的に二重性をもつ存在として理解しようとする、そのところに、現代の青年＝若者をめぐる本質的問題があるのである。

　では、現代において、なぜ、青年＝若者は、おとなになって社会へ移行することがこれほどまでに困難なのか。

　この問題を近代にまで遡ってみると、ジャン＝ジャック・ルソーの『エミール』（1762年）の第4篇において、「青年期」を取り上げているところにまで行き着く。それの中心的課題は、「人間関係の学習―人間の研究」として展開されている。つまり、人間関係をめぐる問題こそ現代においても問う必要がある、ということになるのである。もう少しいうならば、より高度に社会が複雑化するにしたがって、青年＝若者は、「私」という存在をその社会に適応させなければならなくなり、そのことが、いま、難しくなっている、ということなのである。

　そのうえで、このような人間関係の問題から青年＝若者を見ると、どうなるのだろうか。

　ここで問題となるのは「私」という概念であるが、とりあえずは、精神分析学における発達論・自我論を念頭に置いておきたい。そうすると、現代という時代は、人間のもつ価値観が多様化し過ぎてしまい、「私」という存在は、他者との関係性をたやすくつくることができなくなってしまっている。ということは、裏をかえせば、「私」という存在は、自分自身との関係性もつくること

もむずかしくなってきている、ということを意味しているのではないだろうか。すなわち、現代における「私」という存在は、「他者理解」ができなくなっている、と同時に、「自己理解」もできなくなってきている、ということなのである。だから、友達をつくる、という子ども時代には特段の技術を必要としなかった行為が、青年＝若者になると、いろいろと考えあぐねてしまい、できにくくなってしまっているのである。

　こういった状況の中で、自己理解をどのように深めたらよいのだろうか。

　結論的にいうと、それは、「私」という存在を「関係として」理解する、ということである。具体的にいうと、その一は、アイデンティティをダイナミックに把握すること、いいかえれば、固定的ではない可変的な「私」の感覚 sens を鍛えることである。その二は、アイデンティティをライフサイクルから把握すること、いいかえれば、過去との関係かつ未来との関係における「私」の思考 pensée を鍛えることである。つまり、「私」はホリスティックな存在である、と理解していくことなのである。

　こうして、「私」という存在の二重性をホリスティックに理解することで、青年＝若者の希望、すなわち、現代にふさわしい人間形成論が見えてくるはずなのである。

(2) 学校文化におけるナショナリズムと競争・管理
——教職概論／教育制度より

　現代日本のナショナリズムが提起している問題とは何か。

　この問題の背景にある、法学の領域・分野においては、国家が強大なる権力を行使しながら憲法改正をすすめようとしており、政治学の領域・分野においては、国民総体の政治意識が右傾化してきている、という現実を指摘しておかなければならない。このことからすれば、ナショナリズムを法と政治の接点の問題として把握しようとする、そこのところに、現代日本におけるナショナリズムをめぐる本質的問題がある、と理解しなければならない。

　では、現代において、ナショナリズムは、なぜ、これほどまでに日本社会に

ひろがっているのだろうか。

　この問題を理解するために、ヨーロッパ近代にまで遡ってみると、ジャン＝ジャック・ルソーの『社会契約論』（1762年）において、「法と政治でもって公民を育成する」というような法と政治の関連の理念が書かれていることに注目する必要がある。しかし、一方で、日本近代における明治期以来の天皇制家族国家観に基づく公民教育論や大正期における朝鮮半島での日本人論などの統治の現実にも目を向けておかなければならない。つまり、これらのことからすれば、現代日本においては、近代的な法と政治の理念よりも統治の現実の方が先行しており、これがナショナリズムという帰属意識を形成している、というように解釈するのが妥当だと思われる。

　そのうえで、このような現実の中で、学校文化としての試験競争・学校管理は、ナショナリズムをどのように下支えしているのだろうか。

　試験競争と関わっては、子どもが競争の中に入っていき、自身の中で自発的にその意味づけをするということからすれば、そこでは、ナショナルなものへの自発的統合がおこなわれている、ととらえることができる。これは、啓発的競争という側面をもつものである。学校管理と関わっては、子どもが管理されることで、仕組まれた自身の中でその意味づけをするということからすれば、そこでは、ナショナルなものへの仕組まれた統合をおこなっている、ととらえることができる。これは、自己管理という側面をもつものである。この競争と管理は、一見すると、対立しているように見えるが、その根底において、そこに子どもの主体性への契機を見出すことができるならば、実は、子どもたち自身による真のナショナリズムの統合の可能性を含んでいる、ととらえることができる。もう少し言うならば、与えられたナショナリズムの質を問いなおすことを通して、子どもたちが真のナショナリズムをつかみとっていくことで、新しい教育ガバナンスの可能性が生まれてくるのではないだろうか、ということである。ここから、学校文化が創造されていくのである。

　そうすると、子どもたちは、どのようにしたらこのような真のナショナリズムを獲得することができるのだろうか。

それは、結論的にいうと、学校を「動態的に」理解する、ということなのである。具体的には、第一に、学校文化における競争を通して、ナショナルなものの本質を把握することである。これは、子どもにとってみれば、真のナショナリズムの感覚を身につけることである。第二に、学校文化における管理を通して、ナショナルなものの機能を把握することである。これは、子どもにとってみれば、真のナショナリズムの総体を知ることである。つまり、学校において、子どもとは法の感覚をもった政治的な主権者になるためのガバナンス主体である、と把握する必要があるということなのである。このようにとらえることで、子どもたちの中に、真のナショナリズムがつくられてくるのである。

　こうして、子どもを教育ガバナンス主体と把握することで、ナショナリズムの希望、すなわち、現代にふさわしい学校文化が見えてくるのである。

4　教職の専門性を軸とする教育学をめぐって

　そこで、地球時代という現代における開かれた教職の専門性を軸とする新しい現代教育学を創造することに挑戦する、すなわち、私自身の考える、子どもの権利と学校の公共性でもって開かれた教職の専門性を問いなおす、という臨床教育人間学的学校教育開発学という現代教育学の構築を試みたい。「子ども論・人間学と学校論・公教育論で教育学・教育科学が成立する」に関しては、子ども論・人間学である『子どもの生存・成長・学習を支える新しい社会的共同』と、学校論・公教育論である『現代の教師と教育実践』（初版）を重ねて読むことで、教育学の構想が見えてくるはずであるが、そうは言っても、教育学・教育科学そのものについては十分には展開していないので、その必要性がある、ということである。

　では、教育学とは何か。それは、端的に言うと、「教育とは何か」という問いをもつ教育目的を中核として、人間形成や国家に関する教育実践と現代思想によって構成される、総合的なかつ固有で独自な教育についての学際的な学問のことである。このような問題意識が最もよくあらわれる教職課程の科目は、

補　現代の教員養成における開かれた教職の専門性について教育学的な検討を加える試み

教育の理念ならびに教育に関する歴史および思想を講義する教育の基礎理論に関する科目である講義「教育基礎」ということになるだろう。

私が担当している講義「教育基礎」の中から、「教育とは何か」・「教育の目的的規定・社会的規定・国家的規定と教育目的としての人間教育・公民教育」・「子どもと人間」・「学校と公教育」・「子ども・親に開かれた教職の専門性」について、論じていく。

(1) 教育とは何か――教育基礎より

　4月に入学したばかりの学生にとって、「大学入試」は直近の難関であった。その過程の中で、大学入試制度に対して疑問をもちながら、あるいは、自分が本当にしたいことを我慢しながら、受験勉強に集中してきた学生は、多いはずである。これが、日本の教育のある一つの断面である。よって、その大学に入学したこと自体、学生にとってはさまざまな感情をともなって、いま、そこにいる、ということになる。

　だから、この入試が問題に満ちているので制度改革をおこなおうとすると、次なる問題が生じてくる。例えば、さまざまな理由から仕方なく入学した大学を辞めて本当に入学したかった大学に5月から入学できるとしたら、実際に移動していく学生はどれくらいいるだろうか。何の躊躇もなくそうする学生もいるだろうが、つい数か月前まで学びたかった大学であるにもかかわらず、そうできずに考え込んでしまう学生もいるだろう。なぜならば、この数か月間に納得させた自分とは何だったのか、ということがそこにはあるからである。反対に、いま自分がいる大学に落ちてしまった受験生が5月から入学できるとしたら、自分がいる大学の学生はどのように考えるのだろうか。あの大学入試は無意味になってしまい、そのようなことは絶対に許されない、と多くの学生は考えるだろう。つまり、自分自身がどのような立場から教育を見ているのかによって、同じ教育制度でもそのとらえ方は変わってしまう、ということになる。

　また、入試の内容改革をおこなうとすると、どうなるだろうか。例えば、一般入試で学力を測る筆記試験のみだけでなく、人間性を測る面接入試のみにす

れば、多くの受験生は、受験勉強ばかりの高校生活から解放されて、きっと喜ぶことだろう。たった5分の面接で自分らしさをアピールできれば、大学に入れるのである。ところが、入試結果に、「不合格」と書かれていたならば、どうだろうか。その意味するところは、単なる不合格ではなく、自分自身の人間性は不合格である、ということを意味するととらえてしまうだろう。人間性を否定されるくらいならば、たかだかその時の筆記試験で自分の覚えてきた問題が出題されなかった、という方が気は楽なはずである。つまり、人間性を測定されるよりも学力を測定される方が、よりましである、ということになる。

そうすると、大学入試の現状維持は問題があるように見えても、自分がどの立場からどのように教育をとらえるのかによって、教育の見え方は変わってくるのであり、現状維持の方がよりましではないか、というところに行き着く。

自分に深くかかわりながら、同時に、自分から離れなければいけない、このような「教育とは何か」。

(2) 教育の目的——教育基礎より

誰のため何のために教育は存在するのか。この問いは、「教育の目的」と呼ばれるものである。

例えば、子どもの学力を向上させるため、子どもに生活習慣をつけさせるため、など。このような子どもの発達に着目した教育目的は、「教育の目的的規定」と呼ばれている。また、ある集団での文化を継承するため、ある社会で能力ある人間を選抜するため、など。このような社会の発展に着目した教育目的は、「教育の社会的規定」と呼ばれている。あるいは、国家が国民を支配するため、国家そのものを成立させるため、など。このような国家の統治に着目した教育目的は、「教育の国家的規定」と呼ばれている。

これと同様のことを別の仕方から説明してみよう。旧・教育基本法には、第1条（教育の目的）が規定されている。そこには、「人格の完成」・「平和的な国家及び社会の形成者」・「真理と正義を愛し、個人の価値をたつとび、勤労と責任を重んじ、自主的精神に充ちた心身ともに健康な国民」という人間像がみら

補　現代の教員養成における開かれた教職の専門性について教育学的な検討を加える試み

れる。ここからは、教育は、人間を教育するためにあるのか、それとも、公民を育成するためにあるのか、ということを読みとることができる。前者は「教育目的としての人間教育」、後者は「教育目的としての公民教育」というように呼ばれている。

　ここで重要なのは、教育目的の三つの規定、あるいは、教育目的の二つの人間像は、それぞれにおいて同時には成立しない、というところである。つまり、これらの中からどれか一つを選択しなければならないのである。そして、どれを選ぶのかによって、その教育目的を実現する教育内容や教育方法が決定される。別の言い方をすれば、学ぶ者（子ども）の立場から教育をとらえるのか、それとも、教える者（教師）の立場から教育をとらえるのか、によって、教育そのものの見方は変わってくる、ということなのである。

　こうした教育目的をめぐる問題をよりひろい視野からとらえなおすならば、それはどうなるのだろうか。教育は、近代以前においては、神のため（宗教のため）にあった。この限りにおいて、教育には何の矛盾も生じなかった。ところが、近代になると、近代公教育の三原則の一つである世俗性（あと二つは、義務性・無償性）によって、宗教と教育が分離したことから（近代教育においてそれは分離していない）、教育は国家による「法」によって規定されることとなった。これは、教育する側の論理である。これのもつ矛盾が明らかになると、「子どもから」を合い言葉とした国際新教育運動では、教育は国民による「子ども」によって規定される必要があることが提起された。これは、教育される側の論理である。そのうえで、現代においては、教育は何によって規定できるのだろうか。それは、おそらく、教育する側と教育される側の論理を同時に成立させるための、「教育」そのものでしかないのではないだろうか。

　ここで重要なことは、教育とは、事実（現実）と規範（理念）によって構成されている、という点である。おとなが、一度つくられた人格をもついまここにある子どもをいったん否定した上で、その子どもが自分自身で成長したかのように思わせながらあるべき人間へと教育していく。この教育そのものをどのように考えるのか。

161

これらが教育の目的の基本問題なのである。

(3) 子どもと人間——**教育基礎より**

「子ども」という概念は、日本語では、二通りの使い方がある。

その一つは、「子どもが公園で遊んでいる」というような使い方。これを、さしあたり、「実体としての子ども」と呼んでおく。もう一つは、「彼の言動は子どもっぽい」というような使い方。これを、さしあたり、「関係としての子ども」と呼んでおく。このように、子どもとは、「実体としての子ども」と「関係としての子ども」、というものの見方が可能である。

これをふまえたうえで、もう一歩、子どもという概念を内側からとらえなおしてみると、「実体としての子ども」の中に「関係としての子ども」がいることに気がつく。例えば、90歳の父親である老人が、60歳の息子である老人に、「うちの子どもがね、還暦を迎えたんだ」という使い方をすることがある。この場合、父親が息子を「子ども」と呼んでいるのは、「関係としての子ども」となる。あるいは、おとなが、「私の子どもの頃はね、みんな丸刈りだったんだ」という使い方をすることがある。この場合も、おとなの中にいるかつての自分自身のイメージを「子ども」と呼んでいることからして、「関係としての子ども」となる。つまり、「実体としての子ども」そのものも、「関係としての子ども」というイメージによってつくられているのである。

そう考えると、子どもとは二重性をもつ存在である、ということになる。

それと同時に、子どもを語るのはおとなであり、子ども自身は自分を語る、ということも押さえておかなければならない。おとなは、三人称として外側からしか子どもを語ることはできないし、また、ある子どもが、「あそこで子どもがサッカーをしているよ」という言い方は、何か違和感を感じる。誰も子どもを語ることはできないのである。

さらに言うと、おとな自身は、かつての自分自身である子どもをイメージできると同時に、これからの自分自身である老人をイメージすることもできる。つまり、人間は、現在から過去をイメージできるから、現在から未来もイメー

ジすることが可能なのであり、そうすることで、いまの自分を何とかしながら生きていくことができるのである。

そう考えると、はたして、「子ども」とは誰なのだろうか。

(4) 学校と公教育——教育基礎より

現代の学校は、巨大な公教育制度として組織・運営されている。その理念は、「制度としての教育」・「法に基づく教育行政」である。

「制度としての教育」とは、国・自治体（国家）によって管理・経営されている教育、を指している。例えば、大学における教職課程において、宮盛が講義する「教育基礎」を半期15回履修して必要な評価を受けると、教員免許に必要な「2単位」を修得することができる。しかし、この「教育基礎」とすべて同じ内容であるが、私塾での宮盛の講義を聴講しても、同じ「2単位」を取得することはできない。つまり、制度としての教育とは、その「中身」ではなくその「外見」を問題にしている、ということなのである。

「法に基づく教育行政」とは、法律・法規（法）によってでしか教育行政は行政活動をおこなうことができない、ということを指している。法律は国会で制定されるが、それは国民の間接的意思を意味している。すなわち、教育行政は、法という国民の間接的意思に従わなければならない、ということなのである。

ここで問うべきは、「教育と法の連関」である。教育は人間による創造的ないとなみであるが、他方で、法は政治や権力と関わる強制力をもつ領域であり、その交錯する教育法はきわめて複雑とならざるを得ない。学校は教育行政機関であり、その意味では、学校も法律に基づかなければならないが、それを徹底化すると、学校は画一的な教育をおこなわなければならないばかりか、機能不全に陥る。一方で、日常の学校はほとんど制度を感じさせないが、学校事故がおきれば、親による学校・教師に対する訴訟にまで発展してしまう。

このような難問を解く一つの鍵として、「法を生かす者・創る者」というとらえ方があげられる。法は生かすことによって意味をもつのであり、六法全書に書かれているだけでは絵に描いた餅に過ぎない。教育に関する法・制度は教

育実践をよりよくするためにあるはずであるから、その意味において、法＝権利 Recht/droit ととらえることは、法を創る主体を要請することになる。そうすることによって、「学校」は、その当事者である子ども・親・教師にとって、現実において、生き生きとした場になっていくはずなのである。

(5) 教職の専門性――教育基礎より

　教師は教員免許状によってその専門性が担保されている、と考えられている。だから、教員養成の真っ只中にいる学生は、その過程で、教師にとって重要な資質能力を身につける必要がある、と考えているようである。例えば、どの子どもも分かりやすくよろこぶ授業の方法について、問題がおこらない生徒指導の技術について、など、すぐに役に立つ事柄には、熱心である。

　しかし、教師人生が40年近く続く中で、いつでもどこでも子どもにとって学校にとって役に立つスキルを予測しながら、それを大学で身につけることは、はたして、できるのだろうか。逆に考えれば、今から40年前に、SNSやLINEによって子どもたちのいじめが深刻になるのを予測して、これに対応するテクニックをトレーニングした教師がいるはずのないことは、明らかである。また、教師が普遍的なメソッドをもっていれば学級崩壊など起こらないはずであると考えがちであるが、実際には、若い教師だけでなく、年配の教師のクラスにおいても、学級崩壊になることがある。

　これらが意味するところは何であろうか。それは、おそらく、教職の専門性のとらえ方の問いなおし、ということを問題提起しているように思われる。つまり、何でもできる高度な専門性をもつ技術者としての教師ではなく、子ども・親によって規定された開かれた専門性をもつ教育の専門家としての教師が重要である、ということなのである。そうすると、教師とは、あらゆる知識をもった存在ではなく、子どもの声を聴きながら、そこで生起している複雑な問題を教養でもって解釈していき、同僚性によって解決していく、という開かれた専門性をもつ存在である、ということになるだろう。

　このように教育の専門家である「教師」を把握することで、困難な社会と子

補　現代の教員養成における開かれた教職の専門性について教育学的な検討を加える試み

どもと自分に立ち向かうことがはじめてできるようになるのではないだろうか。

〈参考文献〉
乾彰夫『日本の教育と企業社会——一元的能力主義と現代の教育＝社会構造—』大月書店，1990年
斉藤利彦『競争と管理の学校史——明治後期中学校教育の展開』東京大学出版会，1995年
下地秀樹・水崎富美・太田明・堀尾輝久編『地球時代の教育原理』三恵社，2016年
田中孝彦『子どもの発達と人間像』青木書店，1983年
西平直『エリクソンの人間学』東京大学出版会，1993年
西平直『教育人間学のために』東京大学出版会，2005年
堀尾輝久『現代教育の思想と構造——国民の教育権と教育の自由の確立のために—』岩波書店，1971年
堀尾輝久『教育入門』岩波新書，1989年
堀尾輝久『人間形成と教育——発達教育学への道—』岩波書店，1991年
堀尾輝久『日本の教育』東京大学出版会，1994年
堀尾輝久「地球時代とその教育——平和・人権・共生の文化を—」佐伯胖・黒崎勲・佐藤学・田中孝彦・浜田寿男男・藤田英典編集委員『講座現代の教育11　国際化時代の教育』岩波書店，1998年
堀尾輝久・河内徳子編『平和・人権・環境　教育国際資料集』青木書店，1998年
宮盛邦友「教員養成制度と求められる教師像」大津尚志・坂田仰編『はじめて学ぶ教職の基礎　教師になることを考えるあなたに』協同出版，2006年
宮盛邦友『現代の教師と教育実践』学文社，2014年
宮盛邦友編著『子どもの生存・成長・学習を支える新しい社会的共同』北樹出版，2014年
宮盛邦友「書評　同僚性の再構築をめざす反省的実践家による学びの共同体という現代学校改革—①佐藤学『学校改革の哲学』東京大学出版会，2012年4月、②佐藤学『学校を改革する　学びの共同体の構想と実践』岩波ブックレット，2012年7月、③佐藤学『学校見聞録　学びの共同体の実践』小学館，2012年7月、の刊行によせて—」学習院大学文学部教育学科・教育学研究会『学習院大学教育学・教育実践論叢』第一号，2014年
宮盛邦友「〈子どもの権利〉と〈教育における能力主義批判〉の教育学理論的分析——〈人間形成と学校文化〉としての現代教育学に向けて—」学習院大学文学部『研究年報』第61輯，2015年
宮盛邦友「開かれた学校づくりにおける〈子どもの権利〉と〈指導〉をめぐるい

くつかの問題―そのラフ・スケッチとして―」学習院大学文学部教育学科・教育学研究会『教育学・教育実践論叢』第2号，2015年
宮盛邦友「教育学は総合性の学問か、それとも、固有性・独自性の学問か―同時成立相互可能性をもつ教育学の地平をめぐって―」学習院大学文学部『研究年報』第63輯，2017年
宮盛邦友『戦後史の中の教育基本法』八月書館，2017年
宮盛邦友「戦後教育学とその批判をめぐる争点―堀尾輝久の教育学に焦点をあてて―」田中孝彦・田中昌弥・杉浦正幸・堀尾輝久編『教育の思想―戦後教育学の再検討』東京大学出版会，2019年（予定）

BOOK REVIEW 11

『子どもの権利　次世代につなぐ』
　　　　喜多明人，エイデル研究所，2015年

　「子どもの権利」は、きわめて論争的な概念である。「保護」か、「自律」か、はたまた、「関係」か。どの子ども観・指導観を選択するかによって、子どもの権利が意味するところは変わってくる。いずれにしても、本来的に矛盾を内包している子どもの権利の中心と全体が説明されなければ、子どもの権利論が成立しないということだけは、確かである。

　このような中にあって、自律派の子どもの権利論が提出された。それが本書である。著者である喜多は、教育運動としての子どもの権利条約ネットワークや、自治体教育改革としての子どもの権利条例づくりにおいて重要な役割を担ってきた、子どもの権利論の第一人者である。

　本書は、「子ども問題について、子どもの権利の視点を欠けば、決して解決しないと考えられる実践課題について問い直し、考察してきた『子どもの権利』の普及の書」である。と同時に、「この本を通して、子どもの権利を次世代につなぐ書」でもある。構成は、4部18章と資料である。（なお、本書全体を通して、自身の子どもの権利論を力説するにとどまっており、子どもの権利概念をめぐる論争的な問題は、意図的に避けられている。）

　序章では、子どもの権利と平和、子どもの権利とわがまま、という問題を手がかりとしながら、子どもの権利が社会を動かす力となる重要な視点であることを主張している。

　第1部「子どもの権利を現代に生かす」（第1章～第6章）では、子どもにとっての自己形成の権利を本質とした子どもの権利の社会的機能をふまえた上で、子ども支援のまちづくり、多様な学びの場、学校環境、教師・学校自治における子どもの権利保障がはたしている積極的意義を、北海道札内北小学校での子ども参加実践、川崎市子どもの権利条例・目黒区子ども条例などの具体的事例を通して、掘り下げている。

　第1部と対になっている第2部「いじめ・体罰と子どもの権利」（第1章～第4章）では、いじめ自死といじめ防止対策推進法、体罰・厳罰主義と重大事故に関する事後対応を重ねながら、大津いじめ事件などの具体的事例を通して、子どもの権利救済がはたしている積極的意義を、やはり、掘り下げている。

　第3部「子どもの参加の権利と戦後日本の学校」（第1章～第4章）では、教育法

学での子ども参加の理論と実践をふまえた上で、日本における子どもの参加の権利に関する歴史的展開について、日本に根ざした子どもの権利論がはっきりと見てとれる学校慣習法レベルに焦点をあてながら、旧制神奈川県立横浜第二中学校などの生徒自治会を事例として、深化させている。

第3部と対になっている第4部「子どもの権利を次世代につなぐ」(第1章〜第3章)では、世界における子どもの権利条約の国際比較的展開について、総合的子どもの権利論がはっきりと見てとれる法規範レベルに焦点をあてながら、子どもの権利運動を事例として、やはり、深化させている。

資料編「子どもの権利に関する国際史料」では、国際機関・子どもの権利運動などにおける子どもの権利に関する国際資料と国内資料が収録されている。

全体としては、喜多の言葉を借りれば、実践・運動から権利・法を問いなおす教育法社会学を基盤とする教育・福祉・司法などの総合的な子どもの権利論である、ということになるだろう。そして、現代の子ども問題・学校問題・教育問題を、「権利行使主体としての子ども」という観点から解決に向かおうとする試みは、理論と実践の統合という意味において、大変重要である。

このように概観すると、喜多の子どもの権利論は、全体を網羅した子どもの権利論であるかのように見えるが、子どもの権利の名宛人が誰なのかが不明確であり、それにともなう、子どもの権利論の中心的問題である、「子どもと親・国家(ないしは、パレンス・パトリエ)」に関する説明は見当たらない。自律派の子どもの権利論にとって、「子ども期の変容」・「子ども期の消滅」という主張は、問題外なのか。依然として、子どもの権利概念論争は続くことになるのである。　　　　　　（2016年3月）

BOOK REVIEW 12

『検証　七生養護学校事件　性教育攻撃と教員大量処分の真実』
金崎満，群青社，2005年

　近年、国会やマス・メディアなどで、「ジェンダー」という用語そのものを使わないようにすべきだ、という動きがある。このような動きに対して、例えば、日本教育学会全国理事会も「ジェンダー研究における学問の自由を守ろう」（2005年8月24日）というアピールを出して、厳しく抗議している。
　すでに市民権を得た概念であるこの「ジェンダー」という用語の言葉狩りの発端となった事件が、「七生養護学校事件」である。七生養護学校事件とは、2003年7月の東京都議会で、一東京都議会議員が養護学校の性教育について「不適切性教育」と発言したことに始まり、一部の議員の七生養護学校への「視察」、東京都教育委員会による「事情聴取」、2003年9月および12月におこなわれた七生養護学校の教員を含む都立障害児学校の管理職および教職員195名の大量処分に至る、一連の事件を指している。
　本書では、この事件の当事者である東京都立七生養護学校元校長の金崎満が、体験的検証をおこなっている。
　本書刊行の趣旨について、著者は、「どんなことが起きたのかという事実経過だけでなく、今回の事件は何を意味するのか、なぜこのような攻撃がされたのか、またその背景は何か、都教委はどんな学校をめざしているのかなどについて詳細に明らかにし」、さらに、「石原都政の『教育改革』のもとでの教育現場の実態、教育行政は学校をどのように変えようとしているのかなどについても詳しく述べ」ようとしている。金崎が、「七生養護学校で起きたことは、まさに日本の教育史上、まれにみる事件でした」と述べていることは、これまでの教育学理論に照らして考えても、まことにその通りである。
　本書の目次と内容は、以下のように構成されている。
　第1章「こんなことが許されるのか　都立七生養護学校で何が起こったのか」では、七生養護学校への都議会議員による「視察」や都教委の「事情聴取」など、一連の事件の事実経過が明らかにされている。
　第2章「地域に根ざし、人間の尊厳を守る　七生養護学校の教育実践と学校づくり」では、七生養護学校でおこなわれていた性教育実践をはじめとして、早期教育相談活動の取り組み、学校教育目標の見直しや教育課程づくり、被虐待児や情緒障害児への指導の取り組みなど、七生養護学校での教育実践が詳細に報告されている。

第3章「納得できますか、都教委の処分理由　都教委は『不適切』の理由を適切に説明せよ」では、七生養護学校の教員たちは、教育内容、学校体制、勤務実態などが「不適切」であるとして処分されたが、この件の処分理由とされた学校経営調査委員会報告書の指摘についての検討がされている。

　第4章「七生養護を守れ、命の教育を守れ　広がる父母・都民の共感の輪」では、七生養護学校在校生・卒業生保護者の会や七生養護学校の教育を支援する日野市民の会、学校教育・性教育に対する不当な介入への対策連絡協議会、日本弁護士連合会、そして七生養護学校に寄せられた励ましのメールなど、この事件を契機としてひろがっていった市民などによる教育運動の展開を取り上げている。

　第5章「みんな、民主主義が大嫌い　石原さんと都教委を取り巻く怪しい面々」では、日の丸・君が代問題、教科書問題、さらには、統一教会＝国際勝共連合、戸塚ヨットスクール事件など、七生養護学校攻撃の背景にある石原都知事の教育論や教育改革、ネオ・ナショナリズムの動向が書かれている。

　第6章「石原流『教育改革』その1　教育理念なき異常な管理強化－教職員への処分乱発は"脳幹論"と同根」では、人事考課や主幹制度、マネージメントサイクルなど、国の教育改革の最先端をいく石原流「教育改革」の実態と問題点が分析されている。

　第7章「石原流『教育改革』その2　企業型学校経営は子どもと教育のリストラをめざす」では、東京都の「企業的な政府」型行政改革に基づく企業型学校経営に対する批判と、全国各地でひろまっている、学校に自由と民主主義を取り戻すための参加と創造による学校づくりに学ぶことが提起されている。

　本書は、その記述もさることながら、新聞記事や写真、処分説明書・要望書など、豊富な資料によってこの事件の裏付けがなされていることに興味をひかれる。

　七生養護学校事件では、明らかに、子どもの成長・発達権、学習権が侵害されている。よって、両性の平等と教育研究、教育行財政研究、教育実践研究など、教育学研究として総合的に検討する必要があり、本書は、そのための重要な問題提起をしている。この図書紹介を執筆しているいまこの時も、金崎たちは、子どもの学習権と教師の教育の自由のために、「こころとからだの裁判」で闘っているのである。

（2006年6月）

〈初出一覧〉

※本書は、これまで発表してきた論文に、新たな書き下ろしを加えてまとめたものである。初出は以下の通りであるが、収録にあたって、加筆・修正をおこなっている。

Ⅰ 「現代の教師と教育実践（上）―教師の仕事の独自性、教育実践の固有性をめぐって」北海道大学大学院教育学研究院教育行政学研究グループ『公教育システム研究』第9号，2010年2月
Ⅱ 同上
Ⅲ 「子どもの悪と道徳教育―青年期の発達課題と地球時代の教育課題の接点を探る」学習院大学文学部『教育学・教育実践論叢2012』，2012年4月
Ⅳ 書き下ろし
Ⅴ 「生徒指導・教育相談・カウンセリングの関係は？」・「『提要』の内容をすべて実現できる教師がいるか」・「なぜ『子どもの権利条約』に触れないのか」・「ゼロトレランス方式の採用は見送られたのか」柿沼昌芳・永野恒雄編『「生徒指導提要」一問一答―生徒指導のバイブルを読み解く』同時代社，2012年1月
Ⅵ 「NPOとの連携・協働」・「子どもの居場所・文化活動」姉崎洋一・荒牧重人・小川正人・金子征史・喜多明人・戸波江二・広沢明・吉岡直子編『ガイドブック教育法』三省堂，2009年4月／同左『新訂版』，2015年12月
Ⅶ 「教員の地位と身分」姉崎洋一・近藤健一郎・大野栄三編『教職への道しるべ』八千代出版，2010年9月／「教員の養成・採用・研修」（近藤健一郎と共著）同左『第2版』，2013年4月／同左『第3版』，2016年3月
Ⅷ 「子ども参加と学校づくり」小島弘道編『教師教育テキストシリーズ8　学校経営』学文社，2009年5月
Ⅸ 書き下ろし
Ⅹ 書き下ろし
補 「現代の教員養成における開かれた教職の専門性について教育学的な検討を加える試み（其の一）―教職課程のカリキュラムをめぐって―」・「同左（其の二）―教員養成の型をめぐって―」・「同左（其の三）―教師教育の中核的な学習課題をめぐって―」・「同左（其の四）―教職の専門性を軸とする教育学をめぐって―」『学習院大学教職課程年報』創刊号［2014年度版］・第2号［2015年度版］・第3号［2016年度版］・第4号［2017年度版］，2015年3月・2016年5月・2017年5月・2018年5月

BOOK REVIEW

1 「堀尾輝久教育学・教育法学の新たな地平」『季刊教育法』第147号，エイデル研究所，2005年12月／2 「(無題)」『学校事務』学事出版，2005年4月号／3 「(無題)」『学校事務』学事出版，2006年1月号／4 「(無題)」『学校事務』学事出版，2006年4月号／5 「(無題)」『学校事務』学事出版，2007年2月号／6 書き下ろし／7 「子どもと地域の未来を展望する」民主教育研究所編集『季刊人間と教育』第36号，旬報社，2002年12月／8 書き下ろし／9 「生徒指導に戸惑う教師たちへ」『月刊ホームルーム』学事出版，2005年8月号／10 「臨床とシステムの教育学」『月刊ホームルーム』学事出版，2007年3月号／11 「図書紹介」日本教育学会『教育学研究』第83巻第1号，2016年3月／12 「図書紹介」日本教育学会『教育学研究』第73巻第2号，2006年6月

資料編

日本国憲法〔抄〕

教育基本法（旧法）

教育基本法（新法）

児童の権利に関する条約〔抄〕

教育ニ関スル勅語

第二次教科書裁判（検定不合格処分取消訴訟事件）第一審判決〔抄〕

学力テスト旭川事件最高裁判決〔抄〕

東京都君が代予防訴訟事件（国歌斉唱義務不存在確認等請求事件）第一審判決〔抄〕

本資料編の作成に際しては、法令集・判例集などを参照した。紙幅の都合上、日本国憲法・教育基本法・子どもの権利条約法制に直接的に関係する部分のみを抜粋している。これらの全文については、『解説教育六法』(三省堂)・文部科学省HP(http://www.mext.go.jp/)などを参照してほしい。また、教育学の専門用語については、平原春好・寺崎昌男編集代表『新版　教育小事典【第3版】』(学陽書房・2011年)などを活用してほしい。

●日本国憲法〔抄〕
（昭和二一年一一月三日公布
　昭和二二年五月三日施行）

①　日本国民は、正当に選挙された国会における代表者を通じて行動し、われらとわれらの子孫のために、諸国民との協和による成果と、わが国全土にわたつて自由のもたらす恵沢を確保し、政府の行為によつて再び戦争の惨禍が起ることのないやうにすることを決意し、ここに主権が国民に存することを宣言し、この憲法を確定する。そもそも国政は、国民の厳粛な信託によるものであつて、その権威は国民に由来し、その権力は国民の代表者がこれを行使し、その福利は国民がこれを享受する。これは人類普遍の原理であり、この憲法は、かかる原理に基くものである。われらは、これに反する一切の憲法、法令及び詔勅を排除する。
②　日本国民は、恒久の平和を念願し、人間相互の関係を支配する崇高な理想を深く自覚するのであつて、平和を愛する諸国民の公正と信義に信頼して、われらの安全と生存を保持しようと決意した。われらは、平和を維持し、専制と隷従、圧迫と偏狭を地上から永遠に除去しようと努めてゐる国際社会において、名誉ある地位を占めたいと思ふ。われらは、全世界の国民が、ひとしく恐怖と欠乏から免かれ、平和のうちに生存する権利を有することを確認する。
③　われらは、いづれの国家も、自国のことのみに専念して他国を無視してはならないのであつて、政治道徳の法則は、普遍的なものであり、この法則に従ふことは、自国の主権を維持し、他国と対等関係に立たうとする各国の責務であると信ずる。
④　日本国民は、国家の名誉にかけ、全力をあげてこの崇高な理想と目的を達成することを誓ふ。

第九条〔戦争の放棄、戦力の不保持、交戦権の否認〕日本国民は、正義と秩序を基調とする国際平和を誠実に希求し、国権の発動たる戦争と、武力による威嚇又は武力の行使は、国際紛争を解決する手段としては、永久にこれを放棄する。
②　前項の目的を達するため、陸海空軍その他の戦力は、これを保持しない。国の交戦権は、これを認めない。

第一三条〔個人の尊重、幸福追求権、公共の福祉〕すべて国民は、個人として尊重される。生命、自由及び幸福追求に対する国民の権利については、公共の福祉に反しない限り、立法その他の国政の上で、最大の尊重を必要とする。

第二三条〔学問の自由〕学問の自由は、これを保障する。

第二六条〔教育を受ける権利、教育を受けさせる義務、義務教育の無償〕すべて国民は、法律の定めるところにより、その能力に応じて、ひとしく教育を受ける権利を有する。
②　すべて国民は、法律の定めるところにより、その保護する子女に普通教育を受けさせる義務を負ふ。義務教育は、これを無償とする。

●教育基本法 (旧法)
（昭和二二年三月三一日
　法律第二五号）

　われらは、さきに、日本国憲法を確定し、民主的で文化的な国家を建設して、世界の平和と人類の福祉に貢献しようとする決意を示した。この理想の実現は、根本において教育の力にま

つべきものである。

　われらは、個人の尊厳を重んじ、真理と平和を希求する人間の育成を期するとともに、普遍的にしてしかも個性ゆたかな文化の創造をめざす教育を普及徹底しなければならない。

　ここに、日本国憲法の精神に則り、教育の目的を明示して、新しい日本の教育の基本を確立するため、この法律を制定する。

第一条（教育の目的） 教育は、人格の完成をめざし、平和的な国家及び社会の形成者として、真理と正義を愛し、個人の価値をたつとび、勤労と責任を重んじ、自主的精神に充ちた心身ともに健康な国民の育成を期して行われなければならない。

第二条（教育の方針） 教育の目的は、あらゆる機会に、あらゆる場所において実現されなければならない。この目的を達成するためには、学問の自由を尊重し、実際生活に即し、自発的精神を養い、自他の敬愛と協力によつて、文化の創造と発展に貢献するように努めなければならない。

第三条（教育の機会均等） すべて国民は、ひとしく、その能力に応ずる教育を受ける機会を与えられなければならないものであつて、人種、信条、性別、社会的身分、経済的地位又は門地によつて、教育上差別されない。

② 国及び地方公共団体は、能力があるにもかかわらず、経済的理由によつて修学困難な者に対して、奨学の方法を講じなければならない。

第四条（義務教育） 国民は、その保護する子女に、九年の普通教育を受けさせる義務を負う。

② 国又は地方公共団体の設置する学校における義務教育については、授業料は、これを徴収しない。

第五条（男女共学） 男女は、互に敬重し、協力し合わなければならないものであつて、教育上男女の共学は、認められなければならない。

第六条（学校教育） 法律に定める学校は、公の性質をもつものであつて、国又は地方公共団体の外、法律に定める法人のみが、これを設置することができる。

② 法律に定める学校の教員は、全体の奉仕者であつて、自己の使命を自覚し、その職責の遂行に努めなければならない。このためには、教員の身分は、尊重され、その待遇の適正が、期せられなければならない。

第七条（社会教育） 家庭教育及び勤労の場所その他社会において行われる教育は、国及び地方公共団体によつて奨励されなければならない。

② 国及び地方公共団体は、図書館、博物館、公民館等の施設の設置、学校の施設の利用その他適当な方法によつて教育の目的の実現に努めなければならない。

第八条（政治教育） 良識ある公民たるに必要な政治的教養は、教育上これを尊重しなければならない。

② 法律に定める学校は、特定の政党を支持し、又はこれに反対するための政治教育その他政治的活動をしてはならない。

第九条（宗教教育） 宗教に関する寛容の態度及び宗教の社会生活における地位は、教育上これを尊重しなければならない。

② 国及び地方公共団体が設置する学校は、特定の宗教のための宗教教育その他宗教的活動をしてはならない。

第一〇条（教育行政） 教育は、不当な支配に服することなく、国民全体に対し直接に責任を負つて行われるべきものである。

② 教育行政は、この自覚のもとに、教育の目的を遂行するに必要な諸条件の整備確立を目標として行われなければならない。

第一一条（補則） この法律に掲げる諸条項を実施するために必要がある場合には、適当な法令が制定されなければならない。

●教育基本法（新法）
$$\begin{pmatrix} 平成一八年一二月二二日 \\ 法律第百二〇号 \end{pmatrix}$$

教育基本法（昭和二十二年法律第二十五号）の全部を改正する。

　我々日本国民は、たゆまぬ努力によって築いてきた民主的で文化的な国家を更に発展させるとともに、世界の平和と人類の福祉の向上に貢

献することを願うものである。
　我々は、この理想を実現するため、個人の尊厳を重んじ、真理と正義を希求し、公共の精神を尊び、豊かな人間性と創造性を備えた人間の育成を期するとともに、伝統を継承し、新しい文化の創造を目指す教育を推進する。
　ここに、我々は、日本国憲法の精神にのっとり、我が国の未来を切り拓く教育の基本を確立し、その振興を図るため、この法律を制定する。

第一章　教育の目的及び理念
（教育の目的）
第一条　教育は、人格の完成を目指し、平和で民主的な国家及び社会の形成者として必要な資質を備えた心身ともに健康な国民の育成を期して行われなければならない。
（教育の目標）
第二条　教育は、その目的を実現するため、学問の自由を尊重しつつ、次に掲げる目標を達成するよう行われるものとする。
　一　幅広い知識と教養を身に付け、真理を求める態度を養い、豊かな情操と道徳心を培うとともに、健やかな身体を養うこと。
　二　個人の価値を尊重して、その能力を伸ばし、創造性を培い、自主及び自律の精神を養うとともに、職業及び生活との関連を重視し、勤労を重んずる態度を養うこと。
　三　正義と責任、男女の平等、自他の敬愛と協力を重んずるとともに、公共の精神に基づき、主体的に社会の形成に参画し、その発展に寄与する態度を養うこと。
　四　生命を尊び、自然を大切にし、環境の保全に寄与する態度を養うこと。
　五　伝統と文化を尊重し、それらをはぐくんできた我が国と郷土を愛するとともに、他国を尊重し、国際社会の平和と発展に寄与する態度を養うこと。
（生涯学習の理念）
第三条　国民一人一人が、自己の人格を磨き、豊かな人生を送ることができるよう、その生涯にわたって、あらゆる機会に、あらゆる場所において学習することができ、その成果を適切に生かすことのできる社会の実現が図られなければならない。

（教育の機会均等）
第四条　すべて国民は、ひとしく、その能力に応じた教育を受ける機会を与えられなければならず、人種、信条、性別、社会的身分、経済的地位又は門地によって、教育上差別されない。
２　国及び地方公共団体は、障害のある者が、その障害の状態に応じ、十分な教育を受けられるよう、教育上必要な支援を講じなければならない。
３　国及び地方公共団体は、能力があるにもかかわらず、経済的理由によって修学が困難な者に対して、奨学の措置を講じなければならない。

第二章　教育の実施に関する基本
（義務教育）
第五条　国民は、その保護する子に、別に法律で定めるところにより、普通教育を受けさせる義務を負う。
２　義務教育として行われる普通教育は、各個人の有する能力を伸ばしつつ社会において自立的に生きる基礎を培い、また、国家及び社会の形成者として必要とされる基本的な資質を養うことを目的として行われるものとする。
３　国及び地方公共団体は、義務教育の機会を保障し、その水準を確保するため、適切な役割分担及び相互の協力の下、その実施に責任を負う。
４　国又は地方公共団体の設置する学校における義務教育については、授業料を徴収しない。
（学校教育）
第六条　法律に定める学校は、公の性質を有するものであって、国、地方公共団体及び法律に定める法人のみが、これを設置することができる。
２　前項の学校においては、教育の目標が達成されるよう、教育を受ける者の心身の発達に応じて、体系的な教育が組織的に行われなければならない。この場合において、教育を受ける者が、学校生活を営む上で必要な規律を重んずるとともに、自ら進んで学習に取り組む意欲を高めることを重視して行われなければならない。
（大学）
第七条　大学は、学術の中心として、高い教養と専門的能力を培うとともに、深く真理を探究

して新たな知見を創造し、これらの成果を広く社会に提供することにより、社会の発展に寄与するものとする。
2　大学については、自主性、自律性その他の大学における教育及び研究の特性が尊重されなければならない。

（私立学校）
第八条　私立学校の有する公の性質及び学校教育において果たす重要な役割にかんがみ、国及び地方公共団体は、その自主性を尊重しつつ、助成その他の適当な方法によって私立学校教育の振興に努めなければならない。

（教員）
第九条　法律に定める学校の教員は、自己の崇高な使命を深く自覚し、絶えず研究と修養に励み、その職責の遂行に努めなければならない。
2　前項の教員については、その使命と職責の重要性にかんがみ、その身分は尊重され、待遇の適正が期せられるとともに、養成と研修の充実が図られなければならない。

（家庭教育）
第一〇条　父母その他の保護者は、子の教育について第一義的責任を有するものであって、生活のために必要な習慣を身に付けさせるとともに、自立心を育成し、心身の調和のとれた発達を図るよう努めるものとする。
2　国及び地方公共団体は、家庭教育の自主性を尊重しつつ、保護者に対する学習の機会及び情報の提供その他の家庭教育を支援するために必要な施策を講ずるよう努めなければならない。

（幼児期の教育）
第一一条　幼児期の教育は、生涯にわたる人格形成の基礎を培う重要なものであることにかんがみ、国及び地方公共団体は、幼児の健やかな成長に資する良好な環境の整備その他適当な方法によって、その振興に努めなければならない。

（社会教育）
第一二条　個人の要望や社会の要請にこたえ、社会において行われる教育は、国及び地方公共団体によって奨励されなければならない。
2　国及び地方公共団体は、図書館、博物館、公民館その他の社会教育施設の設置、学校の施設の利用、学習の機会及び情報の提供その他の適当な方法によって社会教育の振興に努めなければならない。

（学校、家庭及び地域住民等の相互の連携協力）
第一三条　学校、家庭及び地域住民その他の関係者は、教育におけるそれぞれの役割と責任を自覚するとともに、相互の連携及び協力に努めるものとする。

（政治教育）
第一四条　良識ある公民として必要な政治的教養は、教育上尊重されなければならない。
2　法律に定める学校は、特定の政党を支持し、又はこれに反対するための政治教育その他政治的活動をしてはならない。

（宗教教育）
第一五条　宗教に関する寛容の態度、宗教に関する一般的な教養及び宗教の社会生活における地位は、教育上尊重されなければならない。
2　国及び地方公共団体が設置する学校は、特定の宗教のための宗教教育その他宗教的活動をしてはならない。

第三章　教育行政

（教育行政）
第一六条　教育は、不当な支配に服することなく、この法律及び他の法律の定めるところにより行われるべきものであり、教育行政は、国と地方公共団体との適切な役割分担及び相互の協力の下、公正かつ適正に行われなければならない。
2　国は、全国的な教育の機会均等と教育水準の維持向上を図るため、教育に関する施策を総合的に策定し、実施しなければならない。
3　地方公共団体は、その地域における教育の振興を図るため、その実情に応じた教育に関する施策を策定し、実施しなければならない。
4　国及び地方公共団体は、教育が円滑かつ継続的に実施されるよう、必要な財政上の措置を講じなければならない。

（教育振興基本計画）
第一七条　政府は、教育の振興に関する施策の総合的かつ計画的な推進を図るため、教育の振興に関する施策についての基本的な方針及び講ずべき施策その他必要な事項について、基本的な計画を定め、これを国会に報告するとともに、公表しなければならない。

2　地方公共団体は、前項の計画を参酌し、その地域の実情に応じ、当該地方公共団体における教育の振興のための施策に関する基本的な計画を定めるよう努めなければならない。

第四章　法令の制定
第一八条　この法律に規定する諸条項を実施するため、必要な法令が制定されなければならない。

附則（省略）

●児童の権利に関する条約〔抄〕
（平成六年五月一六日　条約第二号）

第一条〔子どもの定義〕　この条約の適用上、児童とは、十八歳未満のすべての者をいう。ただし、当該児童で、その者に適用される法律によりより早く成年に達したものを除く。

第三条〔子どもの最善の利益〕　1　児童に関するすべての措置をとるに当たっては、公的若しくは私的な社会福祉施設、裁判所、行政当局又は立法機関のいずれによって行われるものであっても、児童の最善の利益が主として考慮されるものとする。
2　締約国は、児童の父母、法定保護者又は児童について法的に責任を有する他の者の権利及び義務を考慮に入れて、児童の福祉に必要な保護及び養護を確保することを約束し、このため、すべての適当な立法上及び行政上の措置をとる。
3　締約国は、児童の養護又は保護のための施設、役務の提供及び設備が、特に安全及び健康の分野に関し並びにこれらの職員の数及び適格性並びに適正な監督に関し権限のある当局の設定した基準に適合することを確保する。

第五条〔親の指導の尊重〕　締約国は、児童がこの条約において認められる権利を行使するに当たり、父母若しくは場合により地方の慣習により定められている大家族若しくは共同体の構成員、法定保護者又は児童について法的に責任を有する他の者がその児童の発達しつつある能力に適合する方法で適当な指示及び指導を与える責任、権利及び義務を尊重する。

第六条〔生命・生存・発達への権利〕　1　締約国は、すべての児童が生命に対する固有の権利を有することを認める。
2　締約国は、児童の生存及び発達を可能な最大限の範囲において確保する。

第一二条〔子どもの意見の尊重〕　1　締約国は、自己の意見を形成する能力のある児童がその児童に影響を及ぼすすべての事項について自由に自己の意見を表明する権利を確保する。この場合において、児童の意見は、その児童の年齢及び成熟度に従って相応に考慮されるものとする。
2　このため、児童は、特に、自己に影響を及ぼすあらゆる司法上及び行政上の手続において、国内法の手続規則に合致する方法により直接に又は代理人若しくは適当な団体を通じて聴取される機会を与えられる。

●教育ニ関スル勅語
（明治二三年一〇月三〇日）

朕惟フニ我カ皇祖皇宗國ヲ肇ムルコト宏遠ニ德ヲ樹ツルコト深厚ナリ我カ臣民克ク忠ニ克ク孝ニ億兆心ヲ一ニシテ世世厥ノ美ヲ濟セルハ此レ我カ國體ノ精華ニシテ教育ノ淵源亦實ニ此ニ存ス爾臣民父母ニ孝ニ兄弟ニ友ニ夫婦相和シ朋友相信シ恭儉己レヲ持シ博愛衆ニ及ホシ學ヲ修メ業ヲ習ヒ以テ智能ヲ啓發シ德器ヲ成就シ進テ公益ヲ廣メ世務ヲ開キ常ニ國憲ヲ重シ國法ニ遵ヒ一旦緩急アレハ義勇公ニ奉シ以テ天壤無窮ノ皇運ヲ扶翼スヘシ是ノ如キハ獨リ朕カ忠良ノ臣民タルノミナラス又以テ爾祖先ノ遺風ヲ顯彰スルニ足ラン

斯ノ道ハ實ニ我カ皇祖皇宗ノ遺訓ニシテ子孫臣民ノ俱ニ遵守スヘキ所之ヲ古今ニ通シテ謬ラス

之ヲ中外ニ施シテ悖ラス朕爾臣民ト俱ニ拳々服
膺シテ咸其德ヲ一ニセンコトヲ庶幾フ

●第二次教科書裁判（検定不合格処分取消訴訟
事件）第一審判決〔抄〕
　　　　　　　（昭和四五年七月一七日
　　　　　　　　東京地方裁判所民事第二部）

第四　本案の判断
一　教科書検定制度の違憲、違法性の有無
1　教育を受ける権利および教育の自由を侵害
するとの主張について
（一）　教育を受ける権利
（1）　憲法二六条は、〔中略〕と定めている
が、この規定は、憲法二五条をうけて、いわゆ
る生存権的基本権のいわば文化的側面として、
国民の一人一人にひとしく教育を受ける権利を
保障し、その反面として、国に対し右の教育を
受ける権利を実現するための立法その他の措置
を講ずべき責務を負わせたものであって、国民
とくに子どもについて教育を受ける権利を保障
したものということができる。

ところで、憲法がこのように国民ことに子ど
もに教育を受ける権利を保障するゆえんのもの
は、民主主義国家が一人一人の自覚的な国民の
存在を前提とするものであり、また、教育が次
代をになう新しい世代を育成するという国民全
体の関心事であることにもよるが、同時に、教
育が何よりも子ども自らの要求する権利である
からだと考えられる。すなわち、近代および現
代においては、個人の尊厳が確立され、子ども
にも当然その人格が尊重され、人権が保障され
るべきであるが、子どもは未来における可能性
を持つ存在であることを本質とするから、将来
においてその人間性を十分に開花させるべく自
ら学習し、事物を知り、これによって自らを成
長させることが子どもの生来的権利であり、こ
のような子どもの学習する権利を保障するため
に教育を授けることは国民的課題であるからに
ほかならないと考えられる。

そして、ここにいう教育の本質は、このよう
な子どもの学習する権利を充足し、その人間性
を開発して人格の完成をめざすとともに、この
ことを通じて、国民が今日まで築きあげられた
文化を次の世代に継承し、民主的、平和的な国
家の発展ひいては世界の平和をになう国民を育
成する精神的、文化的ないとなみであるという
べきである。

このような教育の本質にかんがみると、前記
の子どもの教育を受ける権利に対応して子ども
を教育する責務をになうものは親を中心として
国民全体であると考えられる。すなわち、国民
は自らの子どもはもとより、次の世代に属する
すべての者に対し、その人間性を開発し、文化
を伝え、健全な国家および世界の担い手を育成
する責務を負うものと考えられるのであって、
家庭教育、私立学校の設置などはこのような親
をはじめとする国民の自然的責務に由来するも
のというべきものである。このような国民の教
育の責務は、いわゆる国家教育権に対する概念
として国民の教育の自由とよばれるが、その実
体は右のような責務であると考えられる。かく
して、国民は家庭において子どもを教育し、ま
た社会において種々の形で教育を行なうのであ
るが、しかし現代において、すべての親が自ら
理想的に子どもを教育することは不可能である
ことはいうまでもなく、右の子どもの教育を受
ける権利に対応する責務を十分に果たし得ない
こととなるので、公教育としての学校教育が必
然的に要請されるに至り、前記のごとく、国に
対し、子どもの教育を受ける権利を実現するた
めの立法その他の措置を講ずべき責任を負わせ、
とくに子どもについて学校教育を保障すること
になったものと解せられる。

してみれば、国家は、右のような国民の教育
責務の遂行を助成するためにもっぱら責任を負
うものであって、その責任を果たすために国家
に与えられる権能は、教育内容に対する介入を
必然的に要請するものではなく、教育を育成す
るための諸条件を整備することであると考えら
れ、国家が教育内容に介入することは基本的に
は許されないというべきである。

この点に関し、義務教育に関する憲法二六条
二項の反面から、国家もまた教育する権利を有
する旨の見解があるが、しかし、同条項に〔中
略〕というのは、上記のような親の子どもに対

する教育の責務の遂行を保障したものと解するのが相当であって、この規定の反面から国にいわゆる教育権があるとするのは相当でないというべきである。

（２）　被告は、現代において、公教育は国政の一環として行なわれるものであるから、公教育についても民主主義の原理が妥当し、議会制民主主義をとるわが国においては国民の総意は法律に反映される建前になっており、憲法二六条一項も「法律の定めるところにより」と規定しているから、法律の定めるところにより国が教育内容に関与することは認められている、と主張する。しかしながら、憲法二六条は、前示のとおり教育を受ける権利を実質的に保障するために国が立法その他の積極的な施策を講ずべき旨を定め、また、戦前におけるごとく勅令主義あるいは法律に基づかない恣意的な教育行政を否定し、国の行う教育行政が法律によるべき旨を定めたものではあるが、法律によりさえすればどのような教育内容への介入をしてもよい、とするものではなく、また、教育の外的な事項については、一般の政治と同様に代議制を通じて実現されてしかるべきものであるが、教育の内的事項については、すでに述べたようなその特質からすると、一般の政治とは別個の側面をもつというべきであるから、一般の政治のように政党政治を背景とした多数決によって決せられることに本来的にしたしまず、教師が児童、生徒との人間的なふれあいを通じて、自らの研鑽と努力とによって国民全体の合理的な教育意思を実現すべきものであり、また、このような教師自らの教育活動を通じて直接に国民全体に責任を負い、その信託にこたえるべきものと解せられる（教育基本法一〇条）。

被告は、また、現代のように、政治、経済、社会、文化等の各方面にわたり高度に発達をみている社会においては、国は福祉国家として、社会の有為な構成員や後継者の育成を図るとともに、社会において各人が十分にその人格を向上させ、能力を伸長させることができるよう配慮する責任があり、また、すべての国民の福祉のために、国民に対し健康で文化的な生活を確保することを責務としており、教育はこの意味において欠くことのできない重要な役割をになうものである、すなわち、国は公教育制度を設け、教育の機会均等を確保し、適切な教育を施し、教育水準の維持向上に努めることが要請されているのであって、この要請に基づき、憲法、教育基本法、学校教育法等が定められ、教育内容についても、国の関与を定める法制がとられている旨主張するので、案ずるに、現代国家が福祉国家としてすべての国民に対し健康で文化的な生活を保障すべき責務を負い、教育がこのために欠くことのできない重要な役割をになうものであることはいうまでもない。しかしながら、現代国家の理念とするところは、人間の価値は本来多様であり、また多様であるべきであって、国家は人間の内面的価値に中立であり、個人の内面に干渉し価値判断を下すことをしない、すなわち国家の権能には限りがあり人間のすべてを統制することはできない、とするにあるのであって、福祉国家もその本質は右の国家理念をふまえたうえで、それを実質的に十全ならしめるための措置を講ずべきことであるから、国家は教育のような人間の内面的価値にかかわる精神活動については、できるだけその自由を尊重してこれに介入するのを避け、児童、生徒の心身の発達段階に応じ、必要かつ適切な教育を施し、教育の機会均等の確保と、教育水準の維持向上のための諸条件の整備確立に努むべきことこそ福祉国家としての責務であると考えられる。

（３）　以上のことは、近代および現代における教育に関する思想および教育に関する近代市民国家の憲法その他の教育法制に照らしても、肯定されるところであると思われる。すなわち、近代市民社会の思想は人権の思想であり、個人の尊厳の確立をめざすものであり、したがって当然子どもたちにも人格と人権とが認められたが、さらにまた、ルソーに見られるように、子どもに大人とは違った独自の権利が認識され、子どもは発達の可能態であって、子どもが将来にわたって、その可能性を開花させ、人間的に成長する権利を有することが確認された。そして、この成長・発達する権利を現実に充足するためには、子どもが学習する権利を行使しうるような機会を与えられるべきことが重要な意味を持ち、子どもに教育を受ける権利があまねく

保障されなければならないと主張され、そして、それは同時にまた新しい世代の権利であるとも考えられた。また、同時に、近代人権思想は子どもを教育する権利を親の責務としての親権に属するものとして捉え、これに対する権力の干渉を強く排除すべきことをも包含していたのであり、絶対主義的ないし家父長的な教育を否定するものであった。そして、これらの子どもの学習権＝教育を受ける権利と親の責務とが一体となって近代教育思想の中核となり、〔中略〕国の監視のもとにおいてではあるが、教育の自由が規定されるに至った。かくして、一九世紀の末になって、西欧各国に公教育制度が確立してくるのであるが、そこでは、たしかに一面では従来の教育の自由をある面では制限しつつ国家全体の公教育を確立しようとする動きもあったが、近代における教育の自由の原理はその中でも基本的には継承されたといいうるし、さらに二〇世紀に入って、生存権的基本権が各国の憲法において規定されるに至ると、子どもの権利としての教育を受ける権利が確立したといえよう。〔後略〕

こうして、一八世紀末に成立した、子どもの教育を受ける権利と教育の自由を中核とする近代教育思想は現代における実定憲法および公教育法制の中に基本的に生かされて子どもの教育を受ける権利が生存権的基本権の一つとして認められ、国民は子どもないし次の世代を教育する責務を負い、国家はそのために具体的な施策を行なう任務を担うことになったということができよう。

(二) 教育の自由

（1） 公教育としての学校において直接に教育を担当する者は教師であるから、子どもを教育する親ないし国民の責務は、主として教師を通じて遂行されることになる。この関係は、教師はそれぞれの親の信託を受けて児童、生徒の教育に当たるものと考えられる。したがって、教師は、一方で児童、生徒に対し、児童、生徒の学習する権利を十分に育成する職責をになうとともに、他方で親ないし国民全体の教育意思を受けて教育に当たるべき責務を負うものである。しかも、教育はすでに述べたとおり人間が人間に働きかけ、児童、生徒の可能性をひきだすための高度の精神的活動であって、教育に当たって教師は学問、研究の成果を児童、生徒に理解させ、それにより児童、生徒に事物を知りかつ考える力と創造力を得させるべきものであるから、教師にとって学問の自由が保障されることが不可欠であり、児童、生徒の心身の発達とこれに対する教育効果とを科学的にみきわめ、何よりも児童、生徒に対する深い愛情と豊富な経験をもつことが要請される。してみれば、教師に対し教育ないし教授の自由が尊重されなければならないというべきである。そして、この自由は、主として教師という職業に付随した自由であって、その専門性、科学性から要請されるものであるから、自然的な自由とはその性質を異にするけれども、上記のとおり国民の教育の責務に由来し、その信託を受けてその責務を果たすうえのものであるので、教師の教育の自由もまた、親の教育の責務、国民の教育の責務と不可分一体をなすものと考えるべきである。

（2） 叙上のように、教師に教育の自由を保障することは、近代および現代における教育思想および教育法制の発展に基本的に合致し、また、わが国における戦後教育改革の基本的方向と軌を一にするばかりでなく、ことに最近における教育に関する国際世論の動向にも沿うゆえんであると考えられるので、以下、そのもっとも権威あるものとして、教員の地位に関するユネスコ勧告（一九六六年）に触れることとする。〔後略〕

（3） では、以上述べたような、教師の教育ないし教授の自由は、教育思想としての自由または教育政策上認められる自由にとどまるものであるのか、あるいはわが実定法上保障されている自由であるのか。結論的にいえば、教師の教育ないし教授の自由は学問の自由を定めた憲法二三条によって保障されていると解せられる。

けだし、教育は、すでに述べたように、発達可能態としての児童、生徒に対し、主としてその学習する権利（教育を受ける権利）を充足することによって、子どもの全面的な発達を促す精神的活動であり、それを通じて健全な次の世代を育成し、また、文化を次代に継承するいとなみであるが、児童、生徒の学び、知ろうとす

る権利を正しく充足するためには、必然的に何よりも真理教育が要請される（教育基本法前文、一条参照）。誤った知識や真理に基づかない文化を児童、生徒に与えることは、児童、生徒の学習する権利にこたえるゆえんではなく、また、民主的、平和的な国家は、真理を愛し、正義を希究する個々の国民によって建設せられるものであり、現代に至る文化も真理を追求するすぐれた先人たちによって築かれたものであって、これを正しく次代に継承し、さらに豊かに発展させるためには、真理教育は不可欠であるというべきである。教育基本法二条が〔中略〕としているのも、右のことを明らかにしたものと解せられる。また、下級教育機関において教育を受ける児童、生徒は、いずれも年少であって、大学における学生のように高度の理解能力を有せず、また教えられたところを批判的に摂取する力もないから、これらの児童、生徒に対して、学問研究の結果をそのままに与えることは妥当でなく、したがって、教育は児童、生徒の心身の発達段階に応じ、児童が真に教えられたところを理解し、自らの人間性を開発していくことができるような形でなされなければならず、また、子どもが事物を批判的に考察し、全体として正しい知識を得、真実に近づくような方法がなされなければならないわけであるが、いわゆる教育的配慮は右の点を内容とするものでなければならない。そして、このような教育的配慮が正しくなされるためには、児童、生徒の心身の発達、心理、社会環境との関連等について科学的な知識が不可欠であり、教育学はまさにこのような科学である。すなわち、こうした教育的配慮をなすこと自体が一の学問的実践であり、学問と教育とは本質的に不可分一体というべきである。してみれば、憲法二三条は、教師に対し、学問研究の自由はもちろんのこと学問研究の結果自らの正当とする学問的見解を教授する自由をも保障していると解するのが相当である。もっとも、実際問題として、現在の教師には学問研究の諸条件が整備されているとはいいがたく、したがって教育ないし教授の自由は主として大学における教授（教師）について認められるというべきであろうが、下級教育機関における教師についても、基本的には、教育の自由の保障は否定されていないというべきである（前記「教員の地位に関するユネスコ勧告」六一項参照）。

この点について、下級教育機関における教育はその本質上教材、教課内容、教授方法などの画一化が要求されることがあるから、下級教育機関においては、教授ないし教育の自由は保障されないとする見解がある。たしかに、日本国民が、ひとしく教育を受ける権利を充足するためには、すべての国民がある程度の水準の教育をひとしく与えられるべきものではあるが、しかし、戦後の日本の教育理念は、のちに検討するように、戦前教育の国家権力によって中央集権的に統制された画一性に基因する弊害を除去すべきものとする視点から出発しており、また、すでに述べたように、教育は本質的に自由で創造的な精神活動であって、これに対する国家権力の介入が極力避けられるべきものであり、右の下級教育機関における公教育の画一化の要請にもおのずから限度があるというべきであるし、また下級教育機関における公教育内容の組織化は法的拘束力のある画一的、権力的な方法としては国家としての公教育を維持していく上で必要最少限度の大綱的事項に限られ、それ以外の面については、教師の教育の自由を尊重しつつ、これに対する指導助言、参考文献の発行等の法的拘束力を有しない方法によることが十分可能であり、かつ、これらが実質的に高い識見とすぐれた学問的成果に基づけばこのような方法によっても十分の指導性を発揮することができるのであるから、こうした方法によるべきである。したがって、下級教育機関における教育はその本質上教材、教課内容、教授方法などの画一化が要求されるとの理由で、下級教育機関における教授ないし教育の自由を否定するのは妥当でないというべきである。

以上のとおり、公教育制度としての学校の教師に対し憲法上教育ないし教授の自由が保障されているというべきであるが、しかし、教育ないし教授の自由といっても、児童、生徒にどのような教育を与えてもよいというのではなく、学校における教育はその本質上政治的にも宗教的にも一党一派に偏することなく、いわゆる教育の中立性が守られなければならないことはい

うまでもない（教育基本法八条二項、同九条二項、義務教育諸学校における教育の政治的中立の確保に関する臨時措置法三条等。）。このことは、先に述べたとおり、教師の教育の自由が子どもの教育を受ける権利に対応する国民（親を含む）の責務に由来するものであることにかんがみ、けだし当然であるというべきであるが、しかしまた、かかる教育の中立性は教師自らの責任において自律的に確保されなければならないものであることも多言を要しないところである。

（4） かくして、教師の教育ないし教授の自由を以上のように解する限り、教師に児童、生徒にもっとも適した教材および方法を判断する適格が認められるべきであり、教科書の採択についても主要な役割を与えられるべきであるから（前記「教員の地位に関するユネスコ勧告」六一項参照）、国が教師に対し一方的に教科書の使用を義務づけたり〔中略〕、教科書の採択に当たって教師の関与を制限したり、あるいは学習指導要領にしてもその細目にわたってこれを法的拘束力あるものとして現場の教師に強制したりすることは、叙上の教育の自由に照らし妥当ではないといわなければならない。

（三） 教科書検定制度と教育を受ける権利および教育の自由

さて、原告は、憲法二六条は児童、生徒がすぐれた学問研究の成果を自由に学び、これによって個性を尊重され、人間としての全面的な発達を自由に追求しうるような教育を受ける権利を保障したものであって、教科書検定制度は国が教科書の内容に介入し、これを規制することによって、右のような児童、生徒の教育を受ける権利を侵害するものであり、また、憲法はかかる教育を受ける権利を保障するその前提として、現場教師、教科書執筆者等に教育の自由を保障しているものというべきであって、教科書検定制度は国が教科書の内容に権力的に介入し、これら教育の関係者にこれを強制することによって右の教育の自由を侵害するものである旨を主張するのであるが、しかし、原告が本件各検定不合格処分の取消訴訟について有する利益は、前示のとおり、教科書を執筆し、出版するにあって、児童、生徒の教育を受ける権利ま

たは教師の教育の自由とは直接の関係がないものであることは上来述べてきたところにより明らかであるから、本訴において、教科書検定制度が右の教育を受ける権利または教育の自由を侵害し、違憲、違法であることを理由として、本件各検定不合格処分の取消しを求めることは許されないというべきである〔中略〕。したがって原告の右主張は採用の由なきものといわざるを得ない。

2 憲法二一条および同二三条違反の主張について

（一） 学問の自由と表現の自由〔省略〕

（二） 教科書検定制度と憲法二一条二項（検閲禁止）〔省略〕

（三） 教科書検定制度と憲法二一条一項〔省略〕

（四） 〔省略〕

3 憲法三一条違反および法治主義の原則違反の主張について

（一） 教科書検定制度と憲法三一条（適正手続の保障）〔省略〕

（二） 教科書検定制度と法治主義（法律に基づく行政）の原則〔省略〕

（三） 〔省略〕

4 教育基本法一〇条違反の主張について

（一） 戦後の教育改革と教育基本法の成立事情〔省略〕

（二） 教育基本法一〇条の趣旨

（1） 教育基本法一〇条は、〔中略〕と定めている。そして、その趣旨とするところは、前記教育基本法制定の経過に照し、その一、二項を通じ、教育行政ごとに国の教育行政は教育目的を遂行するに必要な教育施設の管理、就学義務の監督その他の教育の外的事項についての条件整備の確立を目標として行なう責務を負うが、教育課程その他の教育の内的事項については一定の限度を超えてこれに権力的に介入することは許されず、このような介入は不当な支配に該当するというにあると解するを相当とする。

この点について、被告は、本条一項は「不当な」支配を禁じたものであって、不当であるかどうかはそれが国民全体の意思に基づいているかどうかによって定まるのであり、国会において国民によって正当に選挙された代表者により制定された立法に基づく限り、行政権による教

育に対する規制ないし介入が教育の内容面にわたっても、それは不当な支配ではなく、本条一項後段に定めるとおり国民全体に責任を負うべき教育行政としては当然に教育内容についても積極的に行政を行なうべき責務があり、したがって、二項の条件整備についても教育内容以外のものに限られるいわれはなく、また本来公教育制度は当然にそのことを予想していると主張する。

しかしながら、本条一項は、教育行政のみを対象として定められたものではなく、広く教育のあり方を規定したものであって、その意味では同法二条と性格において類似するが、本条全体が（教育行政）と題しているように、主として教育行政との関連において教育のあり方を定めたものであり、このことは、一項の規定が二項を導く基礎となっており、二項では「教育行政は、この自覚のもとに」としていること、また上叙のごとく戦前の教育行政の中央集権的官僚制の弊にかんがみて本条が制定されたことからも明らかである。そして、一項にいう「教育は」というのは、「およそ教育は」という意味であって、家庭教育、社会教育、学校教育のすべてを含むことはいうまでもなく、したがって教育は「不当な支配」に服してはならないということは、とりもなおさず、いやしくも教育に関係するものはすべて「不当な支配」に服すべきでないことを意味するといってよい。ここに「不当な支配」というとき、その主体は主としては政党その他の政治団体、労働組合その他の団体等国民全体でない一部の党派的勢力を指すものと解されるが、しかし同時に本条一項前段は、教育の自主性、自律性を強くうたったものというべきであるから、議院内閣制をとる国の行政当局もまた「不当な支配」の主体たりうることはいうまでもない。さらに本条一項後段で、「教育は、……国民全体に対し直接に責任を負って行われるべきものである。」というのは、同項前段の「不当な支配に服することなく」といわば表裏一体となって、教育における民主主義の原理をうたったものというべきである。すなわち、憲法はその前文において、「そもそも国政は、国民の厳粛な信託によるものであって、その権威は国民に由来し、その権力は

国民の代表者がこれを行使し、その福利は国民がこれを享受する。」と定めているが、この民主主義の原理は教育ないし教育行政についてもいいうるところである。したがって、ここで「国民全体」といっているのは、さきに述べた「不当な支配」に服してはならない旨を確認したものと解せられる。このことは、同項において国民全体に対し「直接に」責任を負うと規定していることからも窺われるし、また、前記のように、教育基本法が、戦前の我国教育行政の中央集権的画一的国家的統制に対する批判の上に成り立っており、その成立過程において、米国使節団報告書、教育刷新委員会の建議等で中央集権的画一的国家統制の排除が常に提唱されてきたところからも明らかである。さらに、ここで「責任を負う」ということは、具体的に法的な責任を負うとか、あるいはまた、国民の一般意思を国会に反映させ、国会で制定された法律に基づいて行なわれる行政のルートを通じてのみ、国民に対して責任を負うということを意味するわけではない。ここで「教育は……責任を負う」というのは、教育および教育行政のあるべき姿を定めたものであって、責任というのも行政的な責任を意味するのでなく、教育自体によって「直接に」国民全体に対しいわば文化的ないし教育的意味での責任を負うべき旨を定めたものと解すべきである。けだし、文言のうえからそのように解されるばかりでなく、実質的に考えても、すでに述べたように、国民（親を含む）は子どもの教育を受ける権利に対応して子どもを教育する責務があり、教師は右国民の責務の信託を受けて児童、生徒の教育に当たり、国民に対し責任を負うものというべきであるからである。また、本条二項は、本条一項をうけて、教育行政の任務と限界を明らかにしたものである。すなわち、憲法二六条は国に対し子どもの教育を受ける権利ひいて国民の子どもに対する教育の責務を実質的に保障すべき責務を課したものであることは前叙のとおりであり、本条二項は、このことを前提として、国は教育目的達成のため諸条件の整備確立という任務を果たすべきことを明らかにしているのである。そして、ここに「この自覚のもとに」とは、一項の教育行政のあり方についての規定をうけ、

そこで定められた原理を自覚して、という趣旨と解され、また、「教育の目的を達成するに必要な諸条件の整備」とは、右の憲法二六条の趣旨および本法の他の諸規定に明示されたところを具体的に達成するために、各種の諸制度、条件を整備すべきことを意味すると解される。したがって、上記のように、本条一項において教育の自主性、自律性をうたっており、教育行政は「この自覚のもとに」行なわれなければならないのであるから、本条二項にいう「条件整備」とは、教育の内容面に権力的に介入するものであってはならず、教育が自主的、創造的に行なわれるよう教育を守り育てるための諸条件を整えること、いいかえれば、教育は学校教育にあっては教師と生徒との間で両者の人格的、精神的なつながりをもととして行なわれるのであるから、この実際の教育ができるだけ理想的に行なわれるように配慮し、その環境を整えることを意味すると解すべきである。かくて、教育施設の設置管理等のいわゆる教育の「外的事項」については、原則として教育行政の本来の任務とすべきところであり、また、教育課程、教育方法等のいわゆる「内的事項」については、公教育制度の本質にかんがみ、不当な法的支配にわたらない大綱的基準立法あるいは指導助言行政の限度で行政権は権限を有し、義務を負うものと解するのが相当である。したがって被告の前記主張は失当というべきである。

（2）　叙上のとおり、教育基本法一〇条の趣旨は、その一、二項を通じて、教育行政ことに国の教育行政は教育の外的事項について条件整備の責務を負うけれども、教育の内的事項については、指導、助言等は別として、教育課程の大綱を定めるなど一定の限度を超えてこれに権力的に介入することは許されず、このような介入は不当な支配に当たると解すべきであるから、これを教科書に関する行政である教科書検定についてみるに、教科書検定における審査は教科書の誤記、誤植その他の客観的に明らかな誤り、教科書の造本その他教科書についての技術的事項および教科書内容が教育課程の大綱的基準の枠内にあるかの諸点にとどめられるべきものであって、審査が右の限度を超えて、教科書の記述内容の当否にまで及ぶときには、検定は教育基本法一〇条に違反するというべきである。

（三）　教科書検定制度と教育基本法一〇条

さて、原告は、現行の教科書検定制度は、検定の基準として、教育の目標との一致、教科の目標との一致、立場の公正の三項目の絶対条件および取扱内容、正確性、内容の選択、内容の程度、組織・配列・分量・表記・表現、使用の便宜等、地域差、学校差、造本創意工夫等にわたって各教科ごとに設けられた数十項目の必要条件を定めており、これらによって教科書の内容のすみずみにまで立ち入って審査を加え、これに適合しないと認めるときは、当該教科書を不合格とし、あるいは条件付合格として不適当と認める部分の修正を求め、もって教科書の内容を右の検定基準に適合せしめようとするものであって、明らかに文部大臣が設定しうる大綱的基準の範囲を超えて教科書の内容に不当に介入しようとするものであって、教育基本法一〇条に違反し、無効である旨主張するので、案ずるに、原告の主張するとおり、現行の検定基準には前示教育基本法に違背するものがあると認められるし、また、教育基本法は前記認定の事情のもとに成立したものであって、憲法の諸規定をうけ、これを教育において具体化するため教育に関する理念あるいは方針等の基本的なあり方を定めるものであって他の教育諸法規の基本法たる性格をもち、同法一一条がこの法律に掲げる諸条項を実施するために必要がある場合には適当な法令が制定されなければならないとしているのもこのためと解せられるのであるが、しかし、教育基本法の法的効力が他の法律に優越するとはいえないから、学校教育法（二一条、八八条、これらの規定の変遷についてはすでに述べた）に基づく現行教科書検定制度が教育基本法一〇条に違反し無効であるとは断じがたい。それゆえ原告の上記主張もまた採用できないといわざるを得ない。

二　本件各検定不合格処分の違憲、違法性の有無

1　教科書検定制度が違憲または違法であるから本件各検定不合格処分は違憲または違法であるとの主張について〔省略〕

2　本件各検定不合格処分が違憲または違法であるとの主張について〔省略〕

（一） 本件各検定不合格処分の処分理由との関係について〔省略〕
（二） 本件改訂検定の各改訂箇所について〔省略〕
（三） 結語〔省略〕

● 学力テスト旭川事件最高裁判決〔抄〕
（昭和五一年五月二一日 最高裁判所大法廷）

理　由
一　論旨〔省略〕
二　本件学力調査の適法性に関する問題点〔省略〕
三　本件学力調査と地教行法五四条二項（手続上の適法性）〔省略〕
四　本件学力調査と教育法制（実質上の適法性）

　原判決は、本件学力調査は、その目的及び経緯に照らし、全体として文部大臣を実質上の主体とする調査であり、市町村教委の実施行為はその一環をなすものにすぎず、したがってその実質上の適否は、右の全体としての調査との関連において判断されなければならないとし、文部大臣の右調査は、教基法一〇条を初めとする現行教育法秩序に違反する実質的違法性をもち、ひいては旭川市教委による調査実施行為も違法であることを免れない、と断じている。本件学力調査は文部大臣において企画、立案し、その要求に応じて実施されたものであり、したがって、当裁判所も、右調査実施行為の実質上の適法性、特に教基法一〇条との関係におけるそれは、右の全体としての調査との関連において検討、判断されるべきものとする原判決の見解は、これを支持すべきものと考える。そこで、以下においては、このような立場から本件学力調査が原判決のいうように教基法一〇条を含む現行の教育法制及びそれから導かれる法理に違反するかどうかを検討することとする。

1　子どもの教育と教育権能の帰属の問題
（一）　子どもの教育は、子どもが将来一人前の大人となり、共同社会の一員としてその中で生活し、自己の人格を完成、実現していく基礎となる能力を身につけるために必要不可欠な営みであり、それはまた、共同社会の存続と発展のためにも欠くことのできないものである。この子どもの教育は、その最も始源的かつ基本的な形態としては、親が子との自然的関係に基づいて子に対して行う養育、監護の作用の一環としてあらわれるのであるが、しかしこのような私事としての親の教育及びその延長としての私的施設による教育をもってしては、近代社会における経済的、技術的、文化的発展と社会の複雑化に伴う教育要求の質的拡大及び量的増大に対応しきれなくなるに及んで、子どもの教育が社会における重要な共通の関心事となり、子どもの教育をいわば社会の公共的課題として公共の施設を通じて組織的かつ計画的に行ういわゆる公教育制度の発展をみるに至り、現代国家においては、子どもの教育は、主としてこのような公共施設としての国公立の学校を中心として営まれるという状態になっている。

　ところで、右のような公教育制度の発展に伴って、教育全般に対する国家の関心が高まり、教育に対する国家の支配ないし介入が増大するに至った一方、教育の本質ないしはそのあり方に対する反省も深化し、その結果、子どもの教育は誰が支配し、決定すべきかという問題との関連において、上記のような子どもの教育に対する国家の支配ないし介入の当否及びその限界が極めて重要な問題として浮かびあがるようになった。このことは、世界的な現象であり、これに対する解決も、国によってそれぞれ異なるが、わが国においても戦後の教育改革における基本的問題の一つとしてとりあげられたところである。本件における教基法一〇条の解釈に関する前記の問題の背景には右のような事情があり、したがって、この問題を考察するにあたっては、広く、わが国において憲法以下の教育関係法制が右の基本的問題に対していかなる態度をとっているかという全体的な観察の下で、これを行わなければならない。

（二）　ところで、わが国の法制上子どもの教育の内容を決定する権能が誰に帰属するとされているかについては、二つの極端に対立する見解があり、そのそれぞれが検察官及び弁護人の主張の基底をなしているようにみうけられる。

すなわち、一の見解は、子どもの教育は、親を含む国民全体の共通関心事であり、公教育制度は、このような国民の期待と要求に応じて形成、実施されるものであって、そこにおいて支配し、実現されるべきものは国民全体の教育意思であるが、この国民全体の教育意思は、憲法の採用する議会制民主主義の下においては、国民全体の意思の決定の唯一のルートである国会の法律制定を通じて具体化されるべきものであるから、法律は、当然に、公教育における教育の内容及び方法についても包括的にこれを定めることができ、また、教育行政機関も、法律の授権に基づく限り、広くこれらの事項について決定権限を有する、と主張する。これに対し、他の見解は、子どもの教育は、憲法二六条の保障する子どもの教育を受ける権利に対する責務として行われるべきもので、このような責務をになう者は、親を中心とする国民全体であり、公教育としての子どもの教育は、いわば親の教育義務の共同化ともいうべき性格をもつのであって、それ故にまた、教基法一〇条一項も、教育は、国民全体の信託の下に、これに対して直接に責任を負うように行われなければならないとしている、したがって、権力主体としての国の子どもの教育に対するかかわり合いは、右のような国民の教育義務の遂行を側面から助成するための諸条件の整備に限られ、子どもの教育の内容及び方法については、国は原則として介入権能をもたず、教育は、その実施にあたる教師が、その教育専門家としての立場から、国民全体に対して教育的、文化的責任を負うような形で、その内容及び方法を決定、遂行すべきものであり、このことはまた、憲法二三条における学問の自由の保障が、学問研究の自由ばかりでなく、教授の自由をも含み、教授の自由は、教育の本質上、高等教育のみならず、普通教育におけるそれにも及ぶと解すべきことによっても裏付けられる、と主張するのである。

当裁判所は、右の二つの見解はいずれも極端かつ一方的であり、そのいずれをも全面的に採用することはできないと考える。以下に、その理由と当裁判所の見解を述べる。

2 憲法と子どもに対する教育権能
（一）　憲法中教育そのものについて直接の定めをしている規定は憲法二六条であるが、同条は、〔中略〕と定めている。この規定は、福祉国家の理念に基づき、国が積極的に教育に関する諸施設を設けて国民の利用に供する責務を負うことを明らかにするとともに、子どもに対する基礎的教育である普通教育の絶対的必要性にかんがみ、親に対し、その子女に普通教育を受けさせる義務を課し、かつ、その費用を国において負担すべきことを宣言したものであるが、この規定の背後には、国民各自が、一個の人間として、また、一市民として、成長、発達し、自己の人格を完成、実現するために必要な学習をする固有の権利を有すること、特に、みずから学習することのできない子どもは、その学習要求を充足するための教育を自己に施すことを大人一般に対して要求する権利を有するとの観念が存在していると考えられる。換言すれば、子どもの教育は、教育を施す者の支配的権能ではなく、何よりもまず、子どもの学習をする権利に対応し、その充足をはかりうる立場にある者の責務に属するものとしてとらえられているのである。

しかしながら、このように、子どもの教育が、専ら子どもの利益のために、教育を与える者の責務として行われるべきものであるということからは、このような教育の内容及び方法を、誰がいかにして決定すべく、また、決定することができるかという問題に対する一定の結論は、当然には導き出されない。すなわち、同条が、子どもに与えるべき教育の内容は、国の一般的な政治的意思決定手続によって決定されるべきか、それともこのような政治的意思の支配、介入から全く自由な社会的、文化的領域内の問題として決定、処理されるべきかを、直接一義的に決定していると解すべき根拠は、どこにもみあたらないのである。

（二）　次に、学問の自由を保障した憲法二三条により、学校において現実に子どもの教育の任にあたる教師は、教授の自由を有し、公権力による支配、介入を受けないで自由に子どもの教育内容を決定することができるとする見解も、採用することができない。確かに、憲法の保障する学問の自由は、単に学問研究の自由ばかりでなく、その結果を教授する自由をも含む

と解されるし、更にまた、専ら自由な学問的探求と勉学を旨とする大学教育に比してむしろ知識の伝達と能力の開発を主とする普通教育の場においても、例えば教師が公権力によって特定の意見のみを教授することを強制されないという意味において、また、子どもの教育が教師と子どもとの間の直接の人格的接触を通じ、その個性に応じて行われなければならないという本質的要請に照らし、教授の具体的内容及び方法につきある程度自由な裁量が認められなければならないという意味においては、一定の範囲における教授の自由が保障されるべきことを肯定できないではない。しかし、大学教育の場合には、学生が一応教授内容を批判する能力を備えていると考えられるのに対し、普通教育においては、児童生徒にこのような能力がなく、教師が児童生徒に対して強い影響力、支配力を有することを考え、また、普通教育においては、子どもの側に学校や教師を選択する余地が乏しく、教育の機会均等をはかる上からも全国的に一定の水準を確保すべき強い要請があること等に思いをいたすときは、普通教育における教師に完全な教授の自由を認めることは、とうてい許されないところといわなければならない。もとより、教師間における討議や親を含む第三者からの批判によって、教授の自由にもおのずから抑制が加わることは確かであり、これに期待すべきところも少なくないけれども、それによって右の自由の濫用等による弊害が効果的に防止されるという保障はなく、憲法が専ら右のような社会的自律作用による抑制のみに期待していると解すべき合理的根拠は、全く存しないのである。

（三）　思うに、子どもはその成長の過程において他からの影響によって大きく左右されるいわば可塑性をもつ存在であるから、子どもにどのような教育を施すかは、その子どもが将来どのような大人に育つかに対して決定的な役割をはたすものである。それ故、子どもの教育の結果に利害と関心をもつ関係者が、それぞれその教育の内容及び方法につき深甚な関心を抱き、それぞれの立場からその決定、実施に対する支配権ないしは発言権を主張するのは、極めて自然な成行きということができる。子どもの教育は、前述のように、専ら子どもの利益のために行われるべきものであり、本来的には右の関係者らがその目的の下に一致協力して行うべきものであるけれども、何が子どもの利益であり、また、そのために何が必要であるかについては、意見の対立が当然に生じうるのであって、そのために教育内容の決定につき矛盾、対立する主張の衝突が起こるのを免れることができない。憲法がこのような矛盾対立を一義的に解決すべき一定の基準を明示的に示していないことは、上に述べたとおりである。そうであるとすれば、憲法の次元におけるこの問題の解釈としては、右の関係者らのそれぞれの主張によって立つ憲法上の根拠に照らして各主張の妥当すべき範囲を画するのが、最も合理的な解釈態度というべきである。

そして、この観点に立って考えるときは、まず親は、子どもに対する自然的関係により、子どもの将来に対して最も深い関心をもち、かつ、配慮をすべき立場にある者として、子どもの教育に対する一定の支配権、すなわち子女の教育の自由を有すると認められるが、このような親の教育の自由は、主として家庭教育等学校外における教育や学校選択の自由にあらわれるものと考えられるし、また、私学教育における自由や前述した教師の教授の自由も、それぞれ限られた一定の範囲においてこれを肯定するのが相当であるけれども、それ以外の領域においては、一般に社会公共的な問題について国民全体の意思を組織的に決定、実現すべき立場にある国は、国政の一部として広く適切な教育政策を樹立、実施すべく、また、しうる者として、憲法上は、あるいは子ども自身の利益の擁護のため、あるいは子どもの成長に対する社会公共の利益と関心にこたえるため、必要かつ相当と認められる範囲において、教育内容についてもこれを決定する権能を有するものと解さざるをえず、これを否定すべき理由ないし根拠は、どこにもみいだせないのである。もとより、政党政治の下で多数決原理によってされる国政上の意思決定は、さまざまな政治的要因によって左右されるものであるから、本来人間の内面的価値に関する文化的な営みとして、党派的な政治的観念や利害によって支配されるべきでない教

育にそのような政治的影響が深く入り込む危険があることを考えるときは、教育内容に対する右のごとき国家的介入についてはできるだけ抑制的であることが要請されるし、殊に個人の基本的自由を認め、その人格の独立を国政上尊重すべきものとしている憲法の下においては、子どもが自由かつ独立の人格として成長することを妨げるような国家的介入、例えば、誤った知識や一方的な観念を子どもに植えつけるような内容の教育を施すことを強制するようなことは、憲法二六条、一三条の規定上からも許されないと解することができるけれども、これらのことは、前述のような子どもの教育内容に対する国の正当な理由に基づく合理的な決定権能を否定する理由となるものではないといわなければならない。

3　教基法一〇条の解釈

次に、憲法における教育に対する国の権能及び親、教師等の教育の自由についての上記のような理解を背景として、教基法一〇条の規定をいかに解釈すべきかを検討する。

（一）　教基法は、憲法において教育のあり方の基本を定めることに代えて、わが国の教育及び教育制度全体を通じる基本理念と基本原理を宣明することを目的として制定されたものであって、戦後のわが国の政治、社会、文化の各方面における諸改革中最も重要な問題の一つとされていた教育の根本的改革を目途として制定された諸立法の中で中心的地位を占める法律であり、このことは、同法の前文の文言及び各規定の内容に徴しても、明らかである。それ故、同法における定めは、形式的には通常の法律規定として、これと矛盾する他の法律規定を無効にする効力をもつものではないけれども、一般に教育関係法令の解釈及び運用については、法律自体に別段の規定がない限り、できるだけ教基法の規定及び同法の趣旨、目的に沿うように考慮が払われなければならないというべきである。

ところで、教基法は、その前文の示すように、憲法の精神にのっとり、民主的で文化的な国家を建設して世界の平和と人類の福祉に貢献するためには、教育が根本的重要性を有するとの認識の下に、個人の尊厳を重んじ、真理と平和を希求する人間の育成を期するとともに、普遍的で、しかも個性豊かな文化の創造をめざす教育が今後におけるわが国の教育の基本理念であるとしている。これは、戦前のわが国の教育が、国家による強い支配の下で形式的、画一的に流れ、時に軍国主義的又は極端な国家主義的傾向を帯びる面があったことに対する反省によるものであり、右の理念は、これを更に具体化した同法の各規定を解釈するにあたっても、強く念頭に置かれるべきものであることは、いうまでもない。

（二）　本件で問題とされている教基法一〇条は、教育と教育行政との関係についての基本原理を明らかにした極めて重要な規定であり、〔中略〕と定めている。この規定の解釈については、検察官の主張と原判決が大筋において採用したと考えられる弁護人の主張との間に顕著な対立があるが、その要点は、(1)第一に、教育行政機関が法令に基づいて行政を行う場合は右教基法一〇条一項にいう「不当な支配」に含まれないと解すべきかどうかであり、(2)第二に、同条二項にいう教育の目的を遂行するに必要な諸条件の整備確立とは、主として教育施設の設置管理、教員配置等のいわゆる教育の外的事項に関するものを指し、教育課程、教育方法等のいわゆる内的事項については、教育行政機関の権限は原則としてごく大綱的な基準の設定に限られ、その余は指導、助言的作用にとどめられるべきものかどうかである、と考えられる。

（三）　まず、(1)の問題について考えるのに、前記教基法一〇条一項は、その文言からも明らかなように、教育が国民から信託されたものであり、したがって教育は、右の信託にこたえて国民全体に対して直接責任を負うように行われるべく、その間において不当な支配によってゆがめられることがあってはならないとして、教育が専ら教育本来の目的に従って行われるべきことを示したものと考えられる。これによってみれば、同条項が排斥しているのは、教育が国民の信託にこたえて右の意味において自主的に行われることをゆがめるような「不当な支配」であって、そのような支配と認められる限り、その主体のいかんは問うところでないと解しなければならない。それ故、論理的には、教育行政機関が行う行政でも、右にいう「不当な支

配」にあたる場合がありうることを否定できず、問題は、教育行政機関が法令に基づいてする行為が「不当な支配」にあたる場合がありうるかということに帰着する。思うに、憲法に適合する有効な他の法律の命ずるところをそのまま執行する教育行政機関の行為がここにいう「不当な支配」となりえないことは明らかであるが、上に述べたように、他の教育関係法律は教基法の規定及び同法の趣旨、目的に反しないように解釈されなければならないのであるから、教育行政機関がこれらの法律を運用する場合においても、当該法律規定が特定的に命じていることを執行する場合を除き、教基法一〇条一項にいう「不当な支配」とならないように配慮しなければならない拘束を受けているものと解されるのであり、その意味において、教基法一〇条一項は、いわゆる法令に基づく教育行政機関の行為にも適用があるものといわなければならない。

（四）そこで、次に、上記（2）の問題について考えるのに、原判決は、教基法一〇条の趣旨は、教育が「国民全体のものとして自主的に行われるべきものとするとともに」、「教育そのものは人間的な信頼関係の上に立ってはじめてその成果をあげることにかんがみ、教育の場にあって被教育者に接する教員の自由な創意と工夫とに委ねて教育行政機関の支配介入を排し、教育行政機関としては、右の教育の目的達成に必要な教育条件の整備確立を目標とするところにその任務と任務の限界があることを宣明」したところにあるとし、このことから、「教育内容及び教育方法等への（教育行政機関の）関与の程度は、教育機関の種類等に応じた大綱的基準の定立のほかは、法的拘束力を伴わない指導、助言、援助を与えることにとどまると解すべきである。」と判示している。

思うに、子どもの教育が、教師と子どもとの間の直接の人格的接触を通じ、子どもの個性に応じて弾力的に行われなければならず、そこに教師の自由な創意と工夫の余地が要請されることは原判決の説くとおりであるし、また、教基法が前述のように戦前における教育に対する過度の国家的介入、統制に対する反省から生まれたものであることに照らせば、同法一〇条が教育に対する権力的介入、特に行政権力によるそれを警戒し、これに対して抑制的態度を表明したものと解することは、それなりの合理性を有するけれども、このことから、教育内容に対する行政の権力的介入が一切排除されているものであるとの結論を導き出すことは、早計である。さきにも述べたように、憲法上、国は、適切な教育政策を樹立、実施する権能を有し、国会は、国の立法機関として、教育の内容及び方法についても、法律により、直接に又は行政機関に授権して必要かつ合理的な規制を施す権限を有するのみならず、子どもの利益のため又は子どもの成長に対する社会公共の利益のためにそのような規制を施すことが要請される場合もありうるのであり、国会が教基法においてこのような権限の行使を自己限定したものと解すべき根拠はない。むしろ教基法一〇条は、国の教育統制権能を前提としつつ、教育行政の目標を教育の目的の遂行に必要な諸条件の整備確立に置き、その整備確立のための措置を講ずるにあたっては、教育の自主性尊重の見地から、これに対する「不当な支配」となることのないようにすべき旨の限定を付したところにその意味があり、したがって、教育に対する行政権力の不当、不要の介入は排除されるべきであるとしても、許容される目的のために必要かつ合理的と認められるそれは、たとえ教育の内容及び方法に関するものであっても、必ずしも同条の禁止するところではないと解するのが、相当である。

もっとも、原判決も、教育の内容及び方法に対する教育行政機関の介入が一切排除されていると解しているわけではなく、前述のように、権力的介入としては教育機関の種類等に応じた大綱的基準の設定を超えることができないとするにとどまっている。原判決が右にいう大綱的基準としてどのようなものを考えているかは必ずしも明らかでないが、これを国の教育行政機関についていえば、原判決において、前述のような教師の自由な教育活動の要請と現行教育法体制における教育の地方自治の原則に照らして設定されるべき基準は全国的観点からする大綱的なものにも限定されるべきことを指摘し、かつ、後述する文部大臣の定めた中学校学習指導要領を右の大綱的基準の限度を超えたものと断

じているところからみれば、原判決のいう大綱的基準とは、弁護人の主張するように、教育課程の構成要素、教科名、授時数等のほか、教科内容、教育方法については、性質上全国的画一性を要する度合が強く、指導助言行政その他国家立法以外の手段ではまかないきれない、ごく大綱的な事項を指しているもののように考えられる。

　思うに、国の教育行政機関が法律の授権に基づいて義務教育に属する普通教育の内容及び方法について遵守すべき基準を設定する場合には、教師の創意工夫の尊重等教基法一〇条に関してさきに述べたところのほか、後述する教育に関する地方自治の原則をも考慮し、右教育における機会均等の確保と全国的な一定の水準の維持という目的のために必要かつ合理的と認められる大綱的なそれにとどめられるべきものと解しなければならないけれども、右の大綱的基準の範囲に関する原判決の見解は、狭きに失し、これを採用することはできないと考える。これを前記学習指導要領についていえば、文部大臣は、学校教育法三八条、一〇六条による中学校の教科に関する事項を定める権限に基づき、普通教育に属する中学校における教育の内容及び方法につき、上述のような教育の機会均等の確保等の目的のために必要かつ合理的な基準を設定することができるものと解すべきところ、本件当時の中学校学習指導要領の内容を通覧するのに、おおむね、中学校において地域差、学校差を超えて全国的に共通なものとして教授されることが必要な最小限度の基準と考えても必ずしも不合理とはいえない事項が、その根幹をなしていると認められるのであり、その中には、ある程度細目にわたり、かつ、詳細に過ぎ、また、必ずしも法的拘束力をもって地方公共団体を制約し、又は教師を強制するのに適切でなく、また、はたしてそのように制約し、ないしは強制する趣旨であるかどうか疑わしいものが幾分含まれているとしても、右指導要領の下における教師による創造的かつ弾力的な教育の余地や、地方ごとの特殊性を反映した個別化の余地が十分に残されており、全体としてはなお全国的な大綱的基準としての性格をもつものと認められるし、また、その内容において

も、教師に対し一方的な一定の理論ないしは観念を生徒に教え込むことを強制するような点は全く含まれていないのである。それ故、上記指導要領は、全体としてみた場合、教育政策上の当否はともかくとして、少なくとも法的見地からは、上記目的のために必要かつ合理的な基準の設定として是認することができるものと解するのが、相当である。

4　本件学力調査と教基法一〇条

　そこで、以上の解釈に基づき、本件学力調査が教基法一〇条一項にいう教育に対する「不当な支配」として右規定に違反するかどうかを検討する。

　本件学力調査が教育行政機関である文部大臣において企画、立案し、その要求に応じて実施された行政調査たる性格をもつものであることはさきに述べたとおりであるところ、それが行政調査として教基法一〇条との関係において適法とされうるかどうかを判断するについては、さきに述べたとおり、その調査目的において文部大臣の所掌とされている事項と合理的関連性を有するか、右の目的のために本件のような調査を行う必要性を肯定することができるか、本件の調査方法に教育に対する不当な支配とみられる要素はないか等の問題を検討しなければならない。

　（一）　まず、本件学力調査の目的についてみるのに、右調査の実施要綱には、前記二の１の（１）で述べたように、調査目的として四つの項目が挙げられている。このうち、文部大臣及び教育委員会において、調査の結果を、（イ）の教育課程に関する諸施策の樹立及び学習指導の改善に役立たせる資料とすること、（ハ）の学習の改善に役立つ教育条件を整備する資料とすること、（ニ）の育英、特殊教育施設などの拡充強化に役立てる等今後の教育施策を行うための資料とすること等は、文部大臣についていえば、文部大臣が学校教育等の振興及び普及を図ることを任務とし、これらの事項に関する国の行政事務を一体的に遂行する責任を負う行政機関（文部省設置法四条）として、全国中学校における教育の機会均等の確保、教育水準の維持、向上に努め、教育施設の整備、充実をはかる責務と権限を有することに照らし、これらの権限と合

理的関連性を有するものと認めることができるし、右目的に附随して、地教委をしてそれぞれの所掌する事項に調査結果を利用させようとすることも、文部大臣の地教委に対する指導、助言的性格のものとして不当ということはできない。また、右四項目中（ロ）の、中学校において、本件学力調査の結果により、自校の学習の到達度を全国的な水準との比較においてみることにより、その長短を知り、生徒の学習の指導とその向上に役立たせる資料とするという項目は、それが文部大臣固有の行政権限に直接関係せず、中学校における教育実施上の目的に資するためのものである点において、調査目的として正当性を有するかどうか問題であるけれども、右は、本件学力調査全体の趣旨、目的からいえば、単に副次的な意義をもつものでしかないと認めるのが相当であるのみならず、調査結果を教育活動上利用すべきことを強制するものではなく、指導、助言的性格のものにすぎず、これをいかに利用するかは教師の良識ある判断にまかされるべきものと考えられるから、右の（ロ）が調査目的の一つに掲げられているからといって、調査全体の目的を違法不当のものとすることはできないというべきである。

（二） 次に、本件学力調査は、原判決の認定するところによれば、文部省が当時の中学校学習指導要領によって試験問題を作成し、二の1で述べたように、全国の中学校の全部において一せいに右問題による試験を行い、各地教委にその結果を集計、報告させる等の方法によって行われたものであって、このような方法による調査が前記の調査目的のために必要と認めることができるかどうか、及び教育に対する不当な支配の要素をもつものでないかどうかは、慎重な検討を要する問題である。

まず、必要性の有無について考えるのに、全国の中学校における生徒の学力の程度がどの程度のものであり、そこにどのような不足ないしは欠陥があるかを知ることは、上記の（イ）、（ハ）、（ニ）に掲げる諸施策のための資料として必要かつ有用であることは明らかであり、また、このような学力調査の方法としては、結局試験によってその結果をみるよりほかにはないのであるから、文部大臣が全国の中学校の生徒の学力をできるだけ正確かつ客観的に把握するためには、全国の中学校の生徒に対し同一試験問題によって同一調査日に同一時間割で一せいに試験を行うことが必要であると考えたとしても、決して不合理とはいえない。それ故、本件学力調査は、その必要性の点において欠けるところはないというべきである。

（三） 問題となるのは、上記のような方法による調査が、その一面において文部大臣が直接教育そのものに介入するという要素を含み、また、右に述べたような調査の必要性によっては正当化することができないほどに教育に対して大きな影響力を及ぼし、これらの点において文部大臣の教育に対する「不当な支配」となるものではないか、ということである。

これにつき原判決は、右のような方法による本件学力調査は教基法一〇条にいう教育に対する「不当な支配」にあたるとし、その理由として、（1）右調査の実施のためには、各中学校において授業計画の変更を必要とするが、これは実質上各学校の教育内容の一部を強制的に変更させる意味をもつものであること、また、（2）右調査は、生徒を対象としてその学習の到達度と学校の教育効果を知るという性質のものである点において、教師が生徒に対する学習指導の結果を試験によって把握するのと異なるところがなく、教育的価値判断にかかわる教育活動としての実質をもっていること、更に、（3）前記の方法による調査を全国の中学校のすべての生徒を対象として実施することは、これらの学校における日常の教育活動を試験問題作成者である文部省の定めた学習指導要領に盛られている方針ないしは意向に沿って行わせる傾向をもたらし、教師の自由な創意と工夫による教育活動を妨げる一般的危険性をもつものであり、現に一部においてそれが現実化しているという現象がみられること、を挙げている。

そこでまず、右（1）及び（2）の点について考えるのに、本件学力調査における生徒に対する試験という方法が、あくまでも生徒の一般的な学力の程度を把握するためのものであって、個々の生徒の成績評価を目的とするものではなく、教育活動そのものとは性格を異にするものであることは、さきに述べたとおりである。も

っとも、試験という形態をとる以上、前者の目的でされたものが後者の目的に利用される可能性はあり、現に本件学力調査においても、試験の結果を生徒指導要録に記録させることとしている点からみれば、両者の間における一定の結びつきの存在を否定することはできないけれども、この点は、せっかく実施した試験の結果を生徒に対する学習指導にも利用させようとする指導、助言的性格のものにすぎないとみるべきであるから、以上の点をもって、文部省自身が教育活動を行ったものであるとすることができないのはもちろん、教師に対して一定の成績評価を強制し、教育に対する実質的な介入をしたものとすることも、相当ではない。また、試験実施のために試験当日限り各中学校における授業計画の変更を余儀なくされることになるとしても、右変更が年間の授業計画全体に与える影響についてみるとき、それは、実質上各学校の教育内容の一部を強制的に変更させる意味をもつほどのものではなく、前記のような本件学力調査の必要性によって正当化することができないものではないのである。

次に、(3)の点について考えるのに、原判決は、本件学力調査の結果として、全国の中学校及びその教師の間に、学習指導要領の指示するところに従った教育を行う風潮を生じさせ、教師の教育の自由が阻害される危険性があることをいうが、もともと右学習指導要領自体が全体としてみて中学校の教育課程に関する基準の設定として適法なものであり、これによって必ずしも教師の教育の自由を不当に拘束するものとは認められないことはさきに述べたとおりであるのみならず、本件学力調査は、生徒の一般的な学力の実態調査のために行われたもので、学校及び教師による右指導要領の遵守状況を調査し、その結果を教師の勤務評定にも反映させる等して、間接にその遵守を強制ないしは促進するために行われたものではなく、右指導要領は、単に調査のための試験問題作成上の基準として用いられたにとどまっているのである。もっとも、右調査の実施によって、原判決の指摘するように、中学校内の各クラス間、各中学校間、更には市町村又は都道府県間における試験成績の比較が行われ、それがはねかえってこれらのものの間の成績競争の風潮を生み、教育上必ずしも好ましくない状況をもたらし、また、教師の真に自由で創造的な教育活動を畏縮させるおそれが絶無であるとはいえず、教育政策上はたして適当な措置であるかどうかについては問題がありうべく、更に、前記のように、試験の結果を生徒指導要録の標準検査の欄に記録させることとしている点については、特にその妥当性に批判の余地があるとしても、本件学力調査実施要綱によれば、同調査においては、試験問題の程度は全体として平易なものとし、特別の準備を要しないものとすることとされ、また、個々の学校、生徒、市町村、都道府県についての調査結果は公表しないこととされる等一応の配慮が加えられていたことや、原判決の指摘する危険性も、教師自身を含めた教育関係者、父母、その他社会一般の良識を前提とする限り、それが全国的に現実化し、教育の自由が阻害されることとなる可能性がそれほど強いとは考えられないこと（原判決の挙げている一部の県における事例は、むしろ例外的現象とみるべきである。）等を考慮するときは、法的見地からは、本件学力調査を目して、前記目的のための必要性をもってしては正当化することができないほどの教育に対する強い影響力、支配力をもち、教基法一〇条にいう教育に対する「不当な支配」にあたるものとすることは、相当ではなく、結局、本件学力調査は、その調査の方法において違法であるということはできない。

(四) 以上説示のとおりであって、本件学力調査には、教育そのものに対する「不当な支配」として教基法一〇条に違反する違法があるとすることはできない。

5 本件学力調査と教育の地方自治

なお、原判決は、文部大臣が地教委をして本件のような調査を実施させたことは、現行教育法制における教育の地方自治の原則に反するものを含むとして、この点からも本件学力調査の適法性を問題としているので、最後にこの点について判断を加える。

(一) 思うに、現行法制上、学校等の教育に関する施設の設置、管理及びその他教育に関する事務は、普通地方公共団体の事務とされ（地方自治法二条三項五号）、公立学校における教

育に関する権限は、当該地方公共団体の教育委員会に属するとされる（地教行法二三条、三二条、四三条等）等、教育に関する地方自治の原則が採用されているが、これは、戦前におけるような国の強い統制の下における全国的な画一的教育を排して、それぞれの地方の住民に直結した形で、各地方の実情に適応した教育を行わせるのが教育の目的及び本質に適合するとの観念に基づくものであって、このような地方自治の原則が現行教育法制における重要な基本原理の一つをなすものであることは、疑いをいれない。そして、右の教育に関する地方自治の原則からすれば、地教委の有する教育に関する固有の権限に対する国の行政機関である文部大臣の介入、監督の権限に一定の制約が存することも、原判決の説くとおりである。このような制限は、さまざまな関係において問題となりうべく、前記中学校学習指導要領の法的効力に関する問題もその一つであるが、この点についてはすでに触れたので、以下においては、本件学力調査において、文部大臣が地教行法五四条二項によっては地教委にその調査の実施を要求することができないにもかかわらずこれを要求し、地教委をしてその実施に至らせたことが、教育に関する地方自治の原則に反するものとして実質的違法性を生じさせるものであるかどうかを、検討する。

（二）　文部大臣は、地教行法五四条二項によっては地教委に対し本件学力調査の実施をその義務として要求することができないことは、さきに三において述べたとおりであり、このような要求をすることが教育に関する地方自治の原則に反することは、これを否定することができない。しかしながら、文部大臣の右要求行為が法律の根拠に基づかないものであるとしても、そのために右要求に応じて地教委がした実施行為が地方自治の原則に違反する行為として違法となるかどうかは、おのずから別個の問題である。思うに、文部大臣が地教行法五四条二項によって地教委に対し本件学力調査の実施を要求することができるとの見解を示して、地教委にその義務の履行を求めたとしても、地教委は必ずしも文部大臣の右見解に拘束されるものではなく、文部大臣の右要求に対し、これに従うべ

き法律上の義務があるかどうか、また、法律上の義務はないとしても、右要求を一種の協力要請と解し、これに応ずるのを妥当とするかどうかを、独自の立場で判断し、決定する自由を有するのである。それ故、地教委が文部大臣の要求に応じてその要求にかかる事項を実施した場合には、それは、地教委がその独自の判断に基づきこれに応ずべきものと決定して実行に踏み切ったことに帰着し、したがって、たとえ右要求が法律上の根拠をもたず、当該地教委においてこれに従う義務がない場合であったとしても、地教委が当該地方公共団体の内部において批判を受けることは格別、窮極的にはみずからの判断と意見に基づき、その有する権限の行使としてした実施行為がそのために実質上違法となるべき理はないというべきである。それ故、本件学力調査における調査の実施には、教育における地方自治の原則に反する違法があるとすることはできない。

五　結び

　以上の次第であって、本件学力調査には、手続上も実質上も違法はない。〔後略〕

──────────

●東京都君が代予防訴訟事件（国歌斉唱義務不存在確認等請求事件）第一審判決〔抄〕

$$\begin{pmatrix}平成一八年九月二一日\\東京地方裁判所民事第三六部\end{pmatrix}$$

第一　請求〔省略〕
第二　事案の概要〔省略〕
第三　争点に対する判断
一　前提事実〔省略〕
二　争点（1）（**本案前の答弁**）について〔省略〕
三　争点（2）（入学式、卒業式等の式典において国歌斉唱の際に国旗に向かって起立し、国歌を斉唱する義務、ピアノ伴奏をする義務の存否）について

（1）　国民は、憲法一九条により、思想・良心の自由を有するところ、宗教上の信仰に準ずる世界観、主義、主張等を全人格的にもつことは、それが内心の領域にとどまる限りはこれを

制約することは許されず、外部に対して積極的又は消極的な形で表されることにより、他者の権利を侵害するなど公共の福祉に反する場合に限り、必要かつ最小限度の制約に服すると解するのが相当である。

ところで、我が国において、日の丸、君が代は、明治時代以降、第二次世界大戦終了までの間、皇国思想や軍国主義思想の精神的支柱として用いられてきたことがあることは否定し難い歴史的事実であり、国旗・国歌法により、日の丸、君が代が国旗、国歌と規定された現在においても、なお国民の間で宗教的、政治的にみて日の丸、君が代が価値中立的なものと認められるまでには至っていない状況にあることが認められる。このため、国民の間には、公立学校の入学式、卒業式等の式典において、国旗掲揚、国歌斉唱をすることに反対する者も少なからずおり、このような世界観、主義、主張を持つ者の思想・良心の自由も、他者の権利を侵害するなど公共の福祉に反しない限り、憲法上、保護に値する権利というべきである。この点、確かに、入学式、卒業式等の式典において国歌斉唱の際に起立しないこと、国歌斉唱しないこと、ピアノ伴奏をしないことを選択する理由は様々なものが考えられ、教職員に対して、入学式、卒業式等の式典において国歌斉唱の際に、国旗に向かって起立し国歌を斉唱すること、ピアノ伴奏をすることを命じたとしても、特定の思想、良心を抱くことを直接禁止するものとまではいえない。しかし、前記日の丸、君が代に関する現在の状況に照らすと、宗教上の信仰に準ずる世界観、主義、主張に基づいて、入学式、卒業式等の式典において国歌斉唱の際に国旗に向かって起立し、国歌を斉唱することを拒否する者、ピアノ伴奏をすることを拒否する者が少なからずいるのであって、このような世界観、主義、主張を持つ者を含む教職員らに対して、処分をもって上記行為を強制することは、結局、内心の思想に基づいてこのような思想を持っている者に対し不利益を課すに等しいということができる。したがって、教職員に対し、一律に、入学式、卒業式等の式典において国歌斉唱の際に国旗に向かって起立し、国歌を斉唱すること、ピアノ伴奏をすることについて義務を課すことは、思想・良心の自由に対する制約になるものと解するのが相当である。

上記の考え方に対し、被告らは、本件通達に基づき校長が教職員に対し、入学式、卒業式等の式典において、国歌斉唱を命じ、ピアノ伴奏を命じることは、教職員に対し一定の外部的行為を命じるものであり、当該教職員の内心領域における精神活動までを制約するものではなく、思想、良心の自由を侵害していないと主張する。確かに、そのような考え方も成り立ち得ないわけではない。しかし、人の内心領域の精神的活動は外部的行為と密接な関係を有するものであり、これを切り離して考えることは困難かつ不自然であり、入学式、卒業式等の式典において、国旗に向かって起立したくない、国歌を斉唱したくない、或いは国歌をピアノ伴奏したくないという思想、良心を持つ教職員にこれらの行為を命じることは、これらの思想、良心を有する者の自由権を侵害しているというべきであり、上記被告らの主張は採用することができない。

(2) 上記(1)のとおり、教職員に対し、入学式、卒業式等の式典において国歌斉唱の際に国旗に向かって起立し、国歌を斉唱すること、ピアノ伴奏をすることについて義務を課すことが、思想・良心の自由に対する制約になるとしても、思想、良心の自由といえどもそれが外部に対して積極的又は消極的な形で表されることにより、他者の基本的人権を侵害するなど公共の福祉に反する場合には、必要かつ最小限度の制約に服するものと解するのが相当である。そうだとすると、原告らが教職員又は教職員であった者であることから、原告ら教職員に対し、入学式、卒業式等の式典において国歌斉唱の際に、国旗に向かって起立し国歌を斉唱する義務、国歌のピアノ伴奏をする義務を課すことが、公共の福祉による必要かつ最小限度の制約又は教職員の地位に基づく制約として許されるかどうかということが問題となる。

この点に関し、被告らは、原告ら教職員は学習指導要領の国旗・国歌条項に基づき、生徒に対して国歌斉唱の指導を行うため、入学式、卒業式等の式典において国歌斉唱の際に国旗に向かって起立し、国歌を斉唱すること、ピアノ伴

奏をすることが職務内容の一部となっており、校長から本件通達に基づいた職務命令を受けた場合には、入学式、卒業式等の式典会場の指定された席で国旗に向かって起立し、国歌を斉唱する義務、ピアノ伴奏をする義務を負っている旨主張する。そこで、以下、原告ら教職員は、学習指導要領の国旗・国歌条項、本件通達及びこれに基づく各校長の本件職務命令により、入学式、卒業式等の式典において国歌斉唱の際に国旗に向かって起立し、国歌を斉唱する義務、国歌斉唱時にピアノ伴奏をする義務を負っているか否か、換言すると、学習指導要領の国旗・国歌条項、本件通達及びこれに基づく各校長の本件職務命令により、原告ら教職員の思想、良心の自由を制約することは公共の福祉による必要かつ最小限の制約として許されるのか否かについて検討することにする。

(3) 学習指導要領の国旗・国歌条項に基づく義務について

ア　まず最初に、原告ら教職員が、学習指導要領の国旗・国歌条項に基づき、入学式、卒業式等の式典において国歌斉唱の際に国旗に向かって起立し、国歌を斉唱する義務、ピアノ伴奏をする義務を負っているか否かについて検討する。この点に関し、教育基本法一〇条〔中略〕と規定していることとの関係で、学習指導要領の国旗・国歌条項が法的効力を有しているのか否かが問題となる。

イ　学習指導要領の法的効力について

国は、憲法上、適切な教育政策を樹立、実施する権能を有し、国会は、国の立法機関として、教育の内容及び方法について、法律により、直接又は行政機関に授権して必要かつ合理的な規制を施す権限を有している。のみならず、子どもの利益のため又は子どもの成長に対する社会公共の利益のため、必要かつ合理的な規制を施すことが要請される場合もあり得るのであって、国会が教育基本法一〇条においてこのような権限の行使を自己限定したものと解することは困難である。むしろ、教育基本法一〇条は、国の教育統制権能を前提としつつ、教育行政の目標を教育の目的の遂行に必要な諸条件の整備確立に置き、その整備確立のための措置を講ずるに当たり、教育の自主性尊重の見地から、これに対する不当な支配とならないようにすべきとの限定を付したものと解するのが相当である。したがって、教育に対する行政権力の不当、不要の介入は排除されるべきであるとしても、許容される目的のために必要かつ合理的と認められる措置は、たとえ教育の内容及び方法に関するものであっても、教育基本法一〇条に反しないものと解するのが相当である。そして、文部科学大臣は、前記争いのない事実等〔中略〕のとおり、学校教育法四三条、七三条に基づき、高等学校及び盲学校、ろう学校及び養護学校高等部の教科に関する事項を定める権限を有しており、上記高等学校等における教育内容及び方法について、それぞれ教育の機会均等の確保等の目的のために必要かつ合理的な基準として、学校教育法施行規則五七条の二、七三条の一〇に基づき、学習指導要領を定めている。したがって、このような目的のもとに定められた学習指導要領は、原則として法規としての性質を有するものと解するのが相当である。もっとも、国の教育行政機関が、法律の授権に基づいて普通教育の内容及び方法について遵守すべき基準を設定する場合には、上記のとおり教育の自主性尊重の見地のほか、教育に関する地方自治の原則をも考慮すると、教育における機会均等の確保と全国的な一定の水準の維持という目的のために必要かつ合理的と認められる大綱的な基準に止めるべきものと解するのが相当である。そうだとすると、学習指導要領の個別の条項が、上記大綱的基準を逸脱し、内容的にも教職員に対し一方的な一定の理論や観念を生徒に教え込むことを強制するようなものである場合には、教育基本法一〇条一項所定の不当な支配に該当するものとして、法規としての性質を否定するのが相当である。(最大判昭和五一年五月二一日〔中略〕、最一判平成二年一月一八日〔中略〕参照)

ウ　これを学習指導要領の国旗・国歌条項についてみてみると、同条項は、日本人としての自覚を養い、国を愛する心を育てるとともに、生徒が将来、国際社会において尊敬され、信頼される日本人として成長していくためには、生徒に国旗、国歌に対する正しい認識を持たせ、それらを尊重する態度を育てることが重要なこと

であること、入学式、卒業式等は、学校生活に有意義な変化や折り目を付け、厳粛で清新な気分を味わい、新しい生活への動機付けを行い、集団への所属感を深めるうえでよい機会となることから、このような入学式、卒業式等の意義を踏まえたうえで、これらの式典において、国旗を掲揚するとともに、国歌を斉唱するとの趣旨で設けられた規定と解される。このような学習指導要領の国旗・国歌条項の趣旨に照らすと、国旗、国歌に関する定めは、その性質上、全国的になされることが望ましいものといえ、教育における機会均等の確保と全国的な一定の教育水準の維持という目的のために、国旗・国歌条項を学習指導要領の一部として規定する必要性はあるというべきである。そうだとすると、学習指導要領の国旗・国歌条項が、教育の自主性尊重、教育における機会均等の確保と全国的な一定の水準の維持という目的のために必要かつ合理的と認められる大綱的な基準を逸脱するものでなく、内容的にも一方的な一定の理論や理念を生徒に教え込むことを教職員に強制するものでない限り、法的効力を有すると解するのが相当である。

エ　そこで、学習指導要領の国旗・国歌条項をみてみるに、同条項は、「入学式や卒業式などにおいては、その意義を踏まえ、国旗を掲揚するとともに、国歌を斉唱するよう指導するものとする。」と規定するのみであって、それ以上に国旗、国歌についてどのような教育をするかについてまでは定めてはいない。また、学習指導要領の国旗・国歌条項は、国旗掲揚・国歌斉唱の具体的方法等について指示するものではなく、入学式、卒業式のほかにどのような行事に国旗掲揚・国歌斉唱を行うかについて、各学校に指示するものでもなく、国旗掲揚・国歌斉唱を実施する行事の選択、国旗掲揚、国歌斉唱の実施方法等については、各学校の判断に委ねており、その内容が一義的なものになっているということはできない。さらに、学習指導要領の国旗・国歌条項は、教職員が生徒に対して日の丸、君が代を巡る歴史的事実等を教えることを禁止するものではなく、教職員に対し、国旗、国歌について一方的な一定の理論を生徒に教え込むことを強制するものとはいえない。

オ　以上によれば、学習指導要領の国旗・国歌条項は、前記イの学習指導要領全般の法的効力に関する基準に照らしても、法的効力を有すると解するのが相当である。もっとも、学習指導要領の国旗・国歌条項の法的効力は、前記ウのとおり、その内容が教育の自主性尊重、教育における機会均等の確保と全国的な一定水準の維持という目的のために必要かつ合理的と認められる大綱的な基準を定めるものであり、かつ、教職員に対し一方的な一定の理論や理念を生徒に教え込むことを強制しないとの解釈の下で認められるものである。したがって、学習指導要領の国旗・国歌条項が、このような解釈を超えて、教職員に対し、入学式、卒業式等の式典において国歌斉唱の際に国旗に向かって起立し、国歌を斉唱する義務、ピアノ伴奏をする義務を負わせているものであると解することは困難である。

カ　小括

以上の検討結果によれば、学習指導要領の国旗・国歌条項は、法的効力を有しているが、同条項から、原告ら教職員が入学式、卒業式等の式典において国歌斉唱の際に国旗に向かって起立し、国歌を斉唱する義務、ピアノ伴奏をする義務までを導き出すことは困難であるというべきである。

(4)　**本件通達に基づく義務について**

ア　被告都教委は、地教行法二三条五号に基づき、都立学校の教育課程、学習指導、生徒指導等に関する事項につき管理、執行権限を有し、被告都教委教育長は、同法一七条一項に基づき、上記権限に属する事務をつかさどるところ、Y教育長は、上記権限に基づいて、都立学校の各校長に対する職務命令として本件通達を発したものと認められる。ところで、被告都教委教育長が地教行法一七条一項、二三条五号に基づき発する通達ないし職務命令についても、前記(3)の学習指導要領と同様に、教育基本法一〇条の趣旨である教育に対する行政権力の不当、不要の介入の排除、教育の自主性尊重の見地のほか、教育における機会均等の確保と一定の水準の維持という目的のために必要かつ合理的と認められる大綱的な基準に止めるべきものと解するのが相当である。そうだとすると、

被告都教委教育長の発する通達ないし職務命令が、上記大綱的基準を逸脱し、内容的にも教職員に対し一方的な一定の理論や観念を生徒に教え込むことを強制するようなものである場合には、教育基本法一〇条一項所定の不当な支配に該当するものとして違法になるものと解するのが相当である。

イ　以上の観点から、本件通達をみることにする。本件通達は、被告都教委教育長から都立学校の各校長に対して発せられたものであり、教職員に対して発せられたものではない。したがって、原告ら教職員は、本件通達に基づいて、直ちに入学式、卒業式等の式典において国歌斉唱の際に国旗に向かって起立し、国歌を斉唱すること、ピアノ伴奏をすることについて義務を負うことはない。しかし、本件通達の内容は、入学式、卒業式等の式典における国旗掲揚、国歌斉唱の具体的方法等について詳細に指示するものであり（前記争いのない事実等〔中略〕）、国旗掲揚、国歌斉唱の実施方法等については、各学校の裁量を認める余地はほとんどないほどの一義的な内容になっている。また、前記前提事実〔中略〕によれば、①被告都教委は本件通達発令と同時に都立学校の各校長らに対し「適格性に課題のある教育管理職の取扱いに関する要綱」を発表したこと、②被告都教委は、本件通達発令後、都立学校の各校長に対し、入学式、卒業式等の式典における国歌斉唱の実施方法、教職員に対する職務命令の発令方法、教職員の不起立等の現認方法及び被告都教委への報告方法等について詳細な指示を行ったこと、③都立学校の各校長は、被告都教委の指示に従って、教職員に対し、入学式、卒業式等の式典において国歌斉唱の際に起立して国歌を斉唱すること、ピアノ伴奏をするよう職務命令を発したこと、④都立学校の各校長は、教職員が上記職務命令に違反した場合、これを服務事故として被告都教委に報告したこと、⑤被告都教委は、上記職務命令に違反した教職員について、一回目は戒告、二回目及び三回目は減給、四回目は停職との基準で懲戒処分を行うとともに、再発防止研修を受講させたこと、⑥被告都教委は、定年退職後に再雇用を希望する教職員について、入学式、卒業式等の式典において国歌斉唱の際に起立して国歌を斉唱しないなどの職務命令違反があった場合、再雇用を拒否したことが認められる。前記各認定事実に照らすと、本件通達及びこれに関する被告都教委の一連の指導等は、入学式、卒業式等の式典における国旗掲揚、国歌斉唱の実施方法等、教職員に対する職務命令の発令等について、都立学校の各校長の裁量を許さず、これを強制するものと評価することができるうえ、原告ら教職員に対しても、都立学校の各校長の職務命令を介して、入学式、卒業式等の式典において国歌斉唱の際に起立して国歌を斉唱すること、ピアノ伴奏をすることを強制していたものと評価することができる。そうだとすると、本件通達及びこれに関する被告都教委の都立学校の各校長に対する一連の指導等は、教育の自主性を侵害するうえ、教職員に対し一方的な一定の理論や観念を生徒に教え込むことを強制することに等しく、教育における機会均等の確保と一定の水準の維持という目的のために必要かつ合理的と認められる大綱的な基準を逸脱しているとの誹りを免れない。したがって、本件通達及びこれに関する被告都教委の都立学校の各校長に対する一連の指導等は、教育基本法一〇条一項所定の不当な支配に該当するものとして違法と解するのが相当であり、ひいては、原告ら都立学校の教職員の入学式、卒業式等の式典において国歌斉唱の際に、国旗に向かって起立しない自由、国歌を斉唱しない自由、国歌をピアノ伴奏しない自由に対する公共の福祉の観点から許容されている制約とは言い難いというべきである。

なお、国旗・国歌法は、日の丸を国旗、君が代を国歌と規定するのみであって、国旗掲揚、国歌斉唱の実施方法等に関しては何ら規定を置いておらず、前記前提事実〔中略〕によれば、同法の立法過程においても、政府関係者によって、同法が国民生活殊に国旗、国歌の指導にかかわる教職員の職務上の責務に何ら変更を加えるものではないとの説明がされていたことが認められ、同法が教職員に対し、国旗掲揚及び国歌斉唱の義務を課したものと解することはできない。そうだとすると、本件通達及びこれに関する被告都教委の一連の指導等は、国旗・国歌法の立法趣旨にも反した、行き過ぎた指導とい

わざるを得ない。

ウ　以上のとおり、本件通達及びこれに関する被告都教委の一連の指導等は、教育基本法一〇条に反し、憲法一九条の思想・良心の自由に対し、公共の福祉の観点から許容された制約の範囲を超えているというべきであって、これにより、原告ら教職員が、入学式、卒業式等の式典において国歌斉唱の際に、国旗に向かって起立し、国歌を斉唱する義務、ピアノ伴奏をする義務を負うものと解することはできない。

（5）　校長の職務命令に基づく義務について

ア　都立学校の各校長は、学校教育法二八条三項、五一条、七六条に基づき、校務をつかさどり、所属職員を監督する権限を有しており、所属職員に対して職務命令を発することができ、所属教職員は、原則として、各校長の職務命令に従う義務を負う（地方公務員法三二条）ものの、当該職務命令に重大かつ明白な瑕疵がある場合には、これに従う義務がないものと解するのが相当である（最三小判昭和五三年一一月一四日〔中略〕）。

イ　これを本件についてみてみると、前記（3）ウの学習指導要領の国旗・国歌条項の制定趣旨からすれば、都立学校の卒業式、入学式等の式典において、国旗を掲揚すること、国歌を斉唱することは、生徒らに対する教育の一環ということができ、都立学校においてこのような教育が行われること自体は正当なものということができよう。そうだとすると、原告ら教職員は、「教育をつかさどる者」として（学校教育法二八条三項、五一条、七六条）、生徒に対して、一般的に言って、国旗掲揚、国歌斉唱に関する指導を行う義務を負うものと解されるから、入学式、卒業式等の式典が円滑に進行するよう努力すべきであり、国旗掲揚、国歌斉唱を積極的に妨害するような行為に及ぶこと、生徒らに対して国旗に向かって起立し、国歌を斉唱することの拒否を殊更に煽るような行為に及ぶことなどは、上記義務に照らして許されないものといわなければならない。

しかし、原告ら教職員は、前記（3）、（4）のとおり、国旗・国歌法、学習指導要領の国旗・国歌条項、本件通達により、入学式、卒業式等の式典において国歌斉唱の際に国旗に向かって起立し、国歌を斉唱するまでの義務、ピアノ伴奏をするまでの義務はなく、むしろ思想、良心の自由に基づき、これらの行為を拒否する自由を有しているものと解するのが相当である。また、原告ら教職員が入学式、卒業式等の式典において国歌斉唱の際に国旗に向かって起立すること、国歌を斉唱することを拒否したとしても、格別、式典の進行や国歌斉唱を妨害することはないうえ、生徒らに対して国歌斉唱の拒否を殊更煽るおそれがあるとまではいえず、学習指導要領の国旗・国歌条項の趣旨である入学式、卒業式等の式典における国旗・国歌に対する正しい認識を持たせ、これを尊重する態度を育てるとの教育目標を阻害するおそれがあるとまではいい難い。さらに、原告らのうち音楽科担当教員は、音楽科の授業においてピアノ伴奏をする義務を負っているものの、入学式、卒業式等の式典における国歌斉唱の伴奏は音楽科の授業とは異なり、必ずしもこれをピアノ伴奏で行わなければならないものではないし、仮に音楽科担当教員が国歌斉唱の際のピアノ伴奏を拒否したとしても、他の代替手段も可能と考えられ、当該教員に対し伴奏を拒否するか否かについて予め確認しておけば式典の進行等が滞るおそれもないはずである。そして、原告ら教職員が入学式、卒業式等の式典において国歌斉唱の際に国旗に向かって起立して国歌を斉唱すること、ピアノ伴奏をすることを拒否した場合に、これとは異なる世界観、主義、主張等を持つ者に対し、ある種の不快感を与えることがあるとしても、憲法は相反する世界観、主義、主張等を持つ者に対しても相互の理解を求めているのであって（憲法一三条等参照）、このような不快感等により原告ら教職員の基本的人権を制約することは相当とは思われない。

そうだとすると、原告ら教職員が、入学式、卒業式等の式典において国歌斉唱の際に、国旗に向かって起立し、国歌を斉唱すること、ピアノ伴奏をすることを拒否したとしても、都立学校における教育目標、規律等を害することもなく、生徒、保護者、他の教職員等他者の権利に対する侵害となることもないから、原告らが都立学校の教職員の地位にあることを考慮しても、同人らの上記行為を制約することは、必要

かつ最小限度の制約を超えるものであり、憲法19条に違反するものと解するのが相当である。したがって、都立学校の各校長が、本件通達に基づき、原告ら教職員に対し、入学式、卒業式等の式典において国歌斉唱の際に国旗に向かって起立し、国歌を斉唱せよとの職務命令を発することには、重大かつ明白な瑕疵があるというべきである。そうだとすると、原告ら教職員は、本件通達に基づく各校長の職務命令に基づき、入学式、卒業式等の式典において国歌斉唱の際に国旗に向かって起立し、国歌を斉唱する義務、ピアノ伴奏をする義務を負うものと解することはできない。

（6） 小括

以上検討したとおり、原告ら教職員は、思想・良心の自由に基づき、入学式、卒業式等の式典において国歌斉唱の際に国旗に向かって起立し、国歌を斉唱することを拒否する自由、ピアノ伴奏をすることを拒否する自由を有しているところ、違法な本件通達に基づく各校長の職務命令に基づき、上記行為を行う義務を負うことはないものと解するのが相当である。そうすると、被告都教委が、原告ら教職員が本件通達に基づく各校長の職務命令に基づき、入学式、卒業式等の式典において国歌斉唱の際に国旗に向かって起立しないこと、国歌を斉唱しないこと、ピアノ伴奏をしないことを理由として懲戒処分等をすることは、その裁量権の範囲を超え若しくはその濫用になると認められるから、在職中の原告らが上記行為を行う義務のないことの確認のほかに、被告都教委が上記懲戒処分等をしてはならない旨命ずるのが相当である〔中略〕。

原告らの請求は、前記「第一 請求」の第一ないし第四項の記載を文字通り読めば、原告ら教職員は、学校の入学式、卒業式等の式典会場で、およそいかなる場合においても、国旗に向かって起立する義務がないこと、国歌を斉唱する義務がないこと、ピアノ伴奏をする義務がないこと、前記各義務を怠ったために懲戒処分されないことを求めているもののように解される。しかし、上記で検討したとおり、本件通達及びこれに基づく各校長の職務命令が違法なのであって、原告らの請求は、本件通達及びこれに基づく各校長の職務命令に従う義務がないことを求め、また、上記職務命令に違反したことを理由に処分されないことを求める限度で理由があるので、その限度で認容し、その余は理由がなく棄却するのが相当である。

四　争点（3）（国家賠償請求権の存否）について〔省略〕

第四　結論

国旗・国歌法の制定・施行されている現行法下において、生徒に、日本人としての自覚を養い、国を愛する心を育てるとともに、将来、国際社会において尊敬され、信頼される日本人として成長させるために、国旗、国歌に対する正しい認識を持たせ、それらを尊重する態度を育てることは重要なことである。そして、学校における入学式、卒業式等の式典は、生徒に対し、学校生活に有意義な変化や折り目を付け、厳粛で清新な気分を味わさせ、新しい生活への動機付けを行い、集団への所属感を深めさせる意味で貴重な機会というべきである。このような入学式、卒業式等の式典の意義、役割を考えるとき、これら式典において、国旗を掲げ、国歌を斉唱することは有意義なものということができる。しかし、他方で、このような式典において、国旗、国歌に対し、宗教上の信仰に準ずる世界観、主義、主張に基づいて、国旗に向かって起立したくない教職員、国歌を斉唱したくない教職員、国歌のピアノ伴奏をしたくない教職員がいることもまた現実である。このような場合において、起立したくない教職員、斉唱したくない教職員、ピアノ伴奏したくない教職員に対し、懲戒処分をしてまで起立させ、斉唱等させることは、いわば、少数者の思想良心の自由を侵害し、行き過ぎた措置であると思料する次第である。国旗、国歌は、国民に対し強制するのではなく、自然のうちに国民の間に定着させるというのが国旗・国歌法の制度趣旨であり、学習指導要領の国旗・国歌条項の理念と考えられる。これら国旗・国歌法の制度趣旨等に照らすと、本件通達及びこれに基づく各校長の原告ら教職員に対する職務命令は違法であると判断した次第である。〔後略〕

索　引

あ行

愛知私学　123
アイデンティティの権利　49
あいまいな組織としての学校　92
家永三郎教科書検定訴訟　6
意見表明権　17, 40
イチャモン（無理難題要求）　124
イチャモン・ロールプレイ　128
今橋盛勝　119
上原専禄　141
内田義彦　19
浦野東洋一　98
『エミール』　155
エリクソン，ホーンブルガー，エリック　150
援助的指導　111
大田堯　22
公の性質　94
小笠原彩子　70
小川正人　138
親の教育権　120
親の教育要求　124

か行

カウンセリング　67
学習権　7
学習指導要領　65
学力　52
学力テスト裁判　6
学校開放　83
学校教育法　93, 135
学校選択　135
学校と公教育　163
学校の公共性　49
学校文化におけるナショナリズムと競争・管理　156
学校文化論　154
学校論・公教育論　51, 145
勝野正章　100
神　49
川原茂雄　38
環境　37
関係主義に基づく教師像　146
関係として　150
　　——の子ども　162
義務制　161
旧制中学校　150
教育　161
教育委員会　136
教育学・教育科学論　51
教育基本法　93, 95
　　——の再発見　10
『教育基本法の解説』　94
教育公務員特例法　94
教育実践　3, 158
教育主体としての地域　139
教育条理　3, 50, 141
教育相談　67
教育的価値　3
　　——としての地域　140
教育とは何か　159
教育と福祉の結合　62, 88
教育の公共性　124, 132, 141
教育の国家的規定　160
教育の社会的規定　3, 160
教育の独自性　3
教育の本質　3, 33, 50, 141
教育の目的　160
教育の目的的規定　3, 160
教育目的　49
教員の地位に関する勧告　96, 112
教員評価制度　97
教員養成の型　149
教師　3
　　——の教育的指導　110
教師教育の中核的な学習課題　154
教職課程のカリキュラム　146

201

教職の専門性　　100, 125, 164
　　──を軸とする教育学　　158
共生　　37
共同専門家委員会（CEART）　　96
近代公教育の三原則　　161
形式的評価　　98
研修　　95
現代教育学　　51, 158
現代思想　　158
権利行使の主体　　103
公民教育　　49, 161
国際人権規約　　7
国民の学習権　　82
国民の教育権　　52, 120
国家の復権　　5
国旗・国歌予防訴訟　　6
子ども　　49, 161
子どもが育つ地域社会　　87
子ども・青年＝若者　　54
子どもと人間　　162
子どもの悪　　41
子どもの居場所・文化活動　　86
子どもの権利　　49
　　──の再定義　　10
子どもの権利条約　　7, 17, 40, 71, 103
子どもの声を聴く　　40, 68, 111
子どもの生存・成長・学習を支える新しい
　社会的共同　　86, 126
子ども理解のカンファレンス　　9, 40
子ども論・人間学　　145
子ども・若者育成支援推進法　　73, 88
児美川孝一郎　　54
コミュニケーション的行為の授業　　50
コミュニティ　　132

さ行

埼玉県立草加東高校　　98
斉藤利彦　　150
佐藤広也　　55
佐藤学　　8
佐直昭芳　　26
佐貫浩　　52

参加の権利　　110
自己紹介という関係性　　151
事実（現実）と規範（理念）　　161
施設の運営管理　　82
思想・良心の自由　　121
実体としての子ども　　162
指定管理者制度　　82
指導　　54
自分史づくり　　25
志水宏吉　　134
市民性　　53
社会教育　　79
　　──職員　　82
社会教育法　　80
『社会契約論』　　157
シュタイナー教育　　153
生涯学習　　79, 82
生涯学習の振興のための施策の推進体制等
　の整備に関する法律　　81
人格形成学校　　33, 50
人格＝認識形成学校　　49, 50, 52, 55
人権　　37
神聖　　35
性　　35
生活記録運動　　25
生活指導　　67
生活綴方教育　　23
生産　　35
政治　　35
生徒指導　　67
生徒指導提要　　65
制度としての教育　　91, 163
青年期の発達課題　　34
青年＝若者期とナショナリズム　　154
生命　　35
世界人権宣言　　7
世俗性　　161
ゼロ・トレランス　　69
戦後改革　　4
戦後史　　5
全体の奉仕者　　94
総括的評価　　98

索　引

総合的人間学としての教育学　3
た行
大豆探偵団　57
大東学園高等学校　36
大日本帝国憲法・教育勅語体制　4
田中孝彦　9, 42
誰でもおこなえる専門性　74
断絶と連続の構造　4
地域　131
　──の教育力　140
地域教育運動　139
力のある学校　133
地球時代　7
　──の教育課題　37
地方教育行政の組織及び運営に関する法律　97, 136-137
地方公務員法　93
動態的に　150
道徳教育　34
同僚性　111, 164
特定非営利活動促進法　83
土佐の教育改革　107
な行
長野県辰野高校　104
西平直　150
西原博史　120
日本国憲法　94
日本国憲法・教育基本法法制　4, 79, 93
丹羽徳子　23
人間学・子ども論　51
人間教育　49, 161
人間形成における青年＝若者とライフサイクル・アイデンティティ　155
人間形成と国家　158
人間形成論　154
人間発達援助実践　80
人間発達援助者としての教師　9, 39
は行
ハーマン, ジュディス　20

反省的実践家としての教師　8
ピアジェ, ジャン　33
「非行」と向き合う親たちの会　121
一人ひとりのものであると同時にみんなのもの　49, 94
ヒューマニズム　45
開かれた学校づくり　74, 98, 103
開かれた教職の専門性　10, 50, 111, 164
藤田英典　132
父母の教育権　119
ブルデュー, ピエール　33
フロム, エーリッヒ　42
文化学習協同ネットワーク　86
平和　37
法　49, 161
法的拘束力　65
法に基づく教育行政　91, 163
法律上の教員　93
法律に定める学校　93
法を生かす者・創る者としての教師　92, 163
堀尾輝久　50
ホリスティック　44
　──教育　152
　──なものの見方　152
本質・条理　111
ま行
学びの共同体　8
民法　118
無償性　161
や行
柳田国男民俗学　21
横湯園子　68
ら行
ライフサイクルの権利　49
ルソー, ジャック＝ジャン　155, 157
わ行
ワロン, アンリ　118

著者紹介

宮盛　邦友（みやもり・くにとも）

1978年、神奈川県生まれ。中央大学大学院文学研究科教育学専攻博士後期課程単位取得満期退学。立正大学非常勤講師・法政大学兼任講師など、北海道大学大学院助教を経て、現在、学習院大学文学部教育学科准教授。専攻は、教育学、教育思想、臨床教育学、教育法学。主な著書に、『戦後史の中の教育基本法』（八月書館・2017年）、編著『子どもの生存・成長・学習を支える新しい社会的共同』（北樹出版・2014年）などがある。

現代の教師と教育実践【第2版】

2014年4月17日　第1版第1刷発行
2019年4月19日　第2版第1刷発行

　　　　　　　　　　　　　　　著者　宮盛　邦友

発行者　田中　千津子　　〒153-0064　東京都目黒区下目黒3-6-1
　　　　　　　　　　　　電話　03（3715）1501 代
発行所　㈱学文社　　　　FAX　03（3715）2012
　　　　　　　　　　　　http://www.gakubunsha.com

カバー写真：PhotoMaterial〔http://photomaterial.net/b0002/〕
© Kunitomo MIYAMORI 2019, Printed in Japan
乱丁・落丁の場合は本社でお取替えします。　　印刷　新灯印刷（株）
定価は売上カード，カバーに表示。

ISBN978-4-7620-2850-2